I0826622

# LES
# OEUVRES

# DU SIEUR

# THEOPHILE.

A PARIS,

Chez IACQVES QVESNEL, ruë S. Iacques, à l'Enseigne des deux Colombes, prés S. Benoist.

M. DC. XXI.

*Auec priuilege du Roy.*

# EPISTRE AV LECTEVR.

PVis que ma conuersation est publique, & que mon nom ne se peut cacher; ie suis biẽ aise de faire publier mes escrits, qui se trouueront assez cõformes à ma vie, & tres-esloignez du bruict qu'on a faict courir de moy: Ie sçay bien que dans l'aueugle confusion d'vne reputation ignorante on a parlé de moy comme d'vn homme à perir pour exemple, sans que iamais l'Eglise ny le Palais ayent reprins ny mon discours, ny mes actions. Et depuis qu'il me ſouuient d'auoir veſcu parmy les hommes, ie n'en ay iamais pratiqué qui ne me ſoient encore amis: Tous ceux qui parlent mal de moy ne ſont ny de ma conuerſation, ny de ma cognoiſſance. Ie me puis vanter d'auoir aſſez de vertu pour imputer à l'enuie les meſdiſances qui m'ont perſecuté: Ces outrages ne m'ont point affligé l'eſprit, ny deſtourné le train de ma vie: Ie ſçay que les iniures de ma fortune ont faict celles de ma reputation en mon banniſſemēt. I'eſtois infame & criminel, depuis mon rappel innocent, & homme de bien; & la meſme façon de viure, qui s'appelloit autresfois desbauche, s'appelle auiourd'huy reformation. Les eſprits des hommes ſont foibles & diuers par tout, principalement à la Cour, où les amitiez ne sont que d'interest ou de fantaisie : le merite ne se iuge que par la prosperité, & la vertu n'a point d'esclat que dans les ornemens du vice : l'eloquence n'a plus de grace qu'à persuader la liberté, & les mauuaises mœurs : la pointe & la facilité de l'esprit ne paroist plus qu'à mesdire ; estre habile c'est bien trahir : la raison est incogneuë, la Religion encore plus : le Roy ne void que des reuoltes : Dieu n'entend que des impietez, tant le siecle est maudit du Ciel & de la terre : les gens de lettre ne sçauent rien : la plus-part des Iuges sont criminels, passer pour honneste homme c'est ne l'estre point. Dans ce rebours de toutes choses, i'ay de l'obligation à mes infamies, qui au vray sens se doiuent expliquer des faueurs de la renommee. Sur ceste foy ie ne changeray ny mon nom, ny mes pensées; & veux sortir sans masque deuant les plus censeurs des escholes les plus Chrestiennes. Ie ne sçache ny Latin, ny François, ny Vers, ny Prose, qui redoute la presse ny la lecture des plus delicats: Ie parle pour la conscience, car du stile & de l'imagination ie ne suis ny fort, ny presomptueux: & ceste publication est plustost de l'humilité de mon ame, que de la vanité de mon esprit.

# SVR LE TRAICTÉ DE l'immortalité de l'ame de Monsieur Theophile.

*Esprits qui cherchez curieux*
*Cõment se meuuet tous les Cieux,*
*Et qui mesurez les planettes :*
*Hommes debiles de pouuoir,*
*Qui dans le soin de tout sçauoir*
*Encore ignorez qui vous estes.*

*Ne portez plus vos yeux si haut,*
*Considerez en leur defaut*
*Vos curiositez extremes,*
*Quittez le soin que vous prenez,*
*Et dans ce discours apprenez*
*A vous bien cognoistre vous-mesmes.*

*C'est en vain que vous recherchez*
*Les secrets qui vous sont cachez :*
*Si par cét air meslé de flame,*
*Et par ces eternels ressorts,*
*Qui font mouuoir tout vostre corps,*
*Vous ne recognoissez vostre ame.*

C'est par elle que nous viuons,
C'est par elle que nous sçauons
Nostre bien & nostre dommage:
C'est elle qui dans ce bas lieu
S'ose dire semblable à Dieu,
Comme estant sa viuante image.

Bien qu'elle soit sans liberté
Dans ce pauure corps agité
Qu'elle soustient, & qui la porte,
Elle ayme si fort sa prison,
Qu'elle deffend à sa raison
De iamais en ouurir la porte.

C'est ce que vous en pouuez voir:
Mais si vous desirez sçauoir
Comme hors de son domicile,
Elle vit eternellement
A la gloire, ou dans le tourment,
Apprenez-le de Theophile.

Ce discours qu'il en a tracé,
Si docte, & si bien agencé,
Monstre qu'il sçait bien son essence,
Sa gloire, & son eternité,
Et cét aueu de verité
Faict enrager la mesdisance.

ESprits de feu, sçauants genies,
Qui charmez de vos harmonies
Tout ce qui vous peut escouter,
Et qui pouuez faire resoudre
L'ire mesme de Iupiter
A n'vser iamais de la foudre.

Poëtes qui nous enchantez
Par les doux airs que vous chantez,
Quand amour en faict les paroles,
Qui ne viuez que de plaisirs,
Et n'adorez que les Idoles
De vos agreables desirs.

Vous qui d'vne façon hardie
Faites marcher la tragedie
En sa pompeuse grauité,
Et qui d'vn los tout magnifique
Consacrez à l'eternité
La grandeur d'vn acte heroïque.

Peintres dont les pinceaux parlans
Auecques des traicts excellens
Tirent les choses inuisibles,
Le bruict, les pensers, les accords,
Les vents courroucez ou paisibles,
Et l'ame au trauers de son corps.

*Vous qui dedans la solitude*
*D'vn bois, d'vn antre, ou d'vn estude,*
*Imaginez vos beaux escrits,*
*Lors que la saincte Poësie*
*Vous anime, & vous rend espris*
*De sa plus douce frenesie.*

*Venez rendre hommage en ce lieu*
*A cét esprit que vostre Dieu*
*Recognoist mesme pour son maistre:*
*Ployez tous icy les genoux,*
*Vous deuez bien le recognoistre,*
*Puis qu'vn Dieu l'a fait deuant vous.*

*Tirez à ce coup des merueilles*
*De vos laborieuses veilles,*
*Pour honorer d'vn iuste los*
*Ce grand & ce diuin oracle,*
*Qui faict voir en tous ces propos*
*Les effets de quelque miracle.*

*C'est vous acquerir du bon heur,*
*C'est trauailler à vostre honneur,*
*Que de chanter à sa louange,*
*Puis qu'ainsi vos noms & le mien*
*Seront placez en tiltre d'Ange*
*Pour iamais auecques le sien.*

Ie mets pour viure en la memoire
Le plus riche habit de ma gloire
Dedans ce liure tout exprés,
En recognoissant la nature,
Comme en vn coffre de Ciprés
Pour le garder de pourriture.

Mais vrayment c'est bien sans raison,
Que i'en fais la comparaison
Puis qu'en ces choses l'on remarque
Vne contraire qualité:
Car l'vn se dedie à la Parque,
Et l'autre à l'immortalité.

Beaux Vers, les Demons de ma ioye,
Qui par vne secrette voye
Emportez mon ame en des lieux
Où vont les plus hautes pensées,
Demander audience aux Dieux
Pour en estre recompensees.

Que le Ciel ne m'a-t'il doüé
D'vn esprit qui fust aduoüé
Du iugement le plus seuere,
I'escrirois les perfections
De vostre Autheur que ie reuere,
Sans me seruir de fictions.

*Muse, aurois-tu bien le courage*
*D'entreprendre vn si grand ouurage?*
*Sonde ta force, esprouue toy,*
*Ou l'on diroit voyant mon stile,*
*Que pour faire parler de moy,*
*Ie parlerois de Theophile.*

*Arrestons nous doncques icy,*
*Et ne soyons plus en soucy*
*Comme i'accorderay ma lire,*
*Puis qu'à ce coup sans en parler,*
*Ie diray ce qu'on ne peut dire,*
*Et que l'on ne doit pas celer.*

# A MONSIEVR THEOPHILE.

*Oy qui te sens loüer, qui reçois de la vie*
*Cette seule faueur qui vient apres la mort,*
THEOPHILE, *iouy librement de ce sort,*
*Qui te met au dessus du pair & de l'enuie.*

*Quand ton ame sera de la Parque rauie,*
*Dez qu'elle aura franchy ce naturel effort,*
*Vn soucy plus diuin la saisira d'abord,*
*Et ta ioye en sera pleinement assouuie.*

*Tu fouleras aux pieds les feux & les destins,*
*Tous les Dieux à l'enuy te feront des festins.*
*Mais si la soif te prẽd, si ta bouche s'allume,*
*Quel breuuage assez doux fera rire tes yeux,*
*Puis qu'estãt icy bas tu fais boire à ta plume*
*Ce qui se boit au Ciel de plus delicieux?*

# A THEOPHILE, SVR SA PARAPHRASE DE LA MORT DE Socrate, ou de l'immortalité de l'ame.

## ODE.

*Oy qui leuant le cœur aux Cieux,*
*Iadis remercias les Dieux,*
*D'estre* HOMME, *d'estre* GREC, & SAGE:
PLATON, *grand demon de sçauoir,*
*Si ton ombre peut conceuoir*
*L'honneur qu'on te fait en nostre aage,*
*Il t'apprend que c'est ton deuoir*
*De rendre aux Dieux vn autre hommage.*

*Peu s'en falloit que le plus beau*
*De tes enfans, dans le tombeau*

N'accreust le rang des ombres vaines:
Ta gloire alloit perir aussi,
Dont tous les Dieux en grand soucy,
T'ont consacré les doctes peines
D'vn grand esprit qui est icy,
Ce que tu estois dans Athenes.

Tu dois à tes diuins escrits
L'honneur d'auoir rauy le prix
A tous les sages de ta ville,
A parler comme vn homme fait:
Mais ores si ta langue sçait
Des Dieux le parler & le stile,
Il faut aduoüer en effect
Que tu le dois à THEOPHILE.

Oyant le parler des mortels,
Ioinct à celuy des immortels
Dedans ces cahiers: il me semble
Qu'à bon droict cét esprit faché
De voir à tort son nom taché,
Comme dans vn Concile assemblé,
Pour estre absous de ce peché,
Les hommes & les Dieux ensemble.

Ces discours si bien agencez,
Sont tout autant de traits lancez
Dans le cœur de la calomnie.

*C'est un prodige de bon heur,*
*Qu'en mesme temps ce grand sonneur*
*Donne à Platon nouuelle vie:*
*Et fait triompher son honneur*
*De la malice & de l'enuie.*

*Lors que ta vertu sans t'ayder,*
*Se veid contrainte de ceder*
*A tes mauuaises destinees:*
*Apollon dans ses pleurs baigné,*
*Si tost qu'il te veid esloigné,*
*Te suiuit iusqu'aux Pyrenees,*
*Où tu te veis accompagné*
*Des Muses qu'il auoit menees.*

*Les rochers mesmes se fendoient,*
*Les neiges mesmes se fondoient,*
*Lors que tu formois ta complainte.*
*Aux premiers accens de ta voix,*
*L'horreur des antres & des bois*
*Fut de compaßion atteinte:*
*Et tousiours depuis ceste fois*
*La douceur y demeure emprainte.*

*Quelle cruauté ne gemit,*
*Quelle constance ne fremit,*
*Quand tu descris ce lieu funeste?*
*Mais auec ces belles couleurs,*

*Voyant*

*Voyant esclatter tes douleurs,*
*Pardonne moy si ie proteste,*
*Qu'ainsi t'obligeant aux malheurs,*
*Encore tu leur dois de reste.*

*En fin laissant ces aspres monts,*
*Et ces rochers, de qui les fronts*
*Seruent de buttes aux tonnerres:*
*Laissant les sangliers & les loups,*
*Et les corbeaux, & les hiboux,*
*Hostes de ces steriles terres:*
*Tes muses sous vn Ciel plus doux,*
*Se vindrent loger à* BOVSSERRES.

*Là se voit vn petit chasteau,*
*Ioignant le pied d'vn grand costeau,*
*Où Bacchus seant en son throsne,*
*Haut esleué sur vn arceau,*
*Estend ses bras au bord de l'eau,*
*Le long des riues de Garone:*
*Qui glorieux de ton berceau,*
*Mesprise la Seine & le Rhosne.*

*Là* THEOPHILE *auec plaisir*
*Nous considerions à loisir*
*La force & le poids des mysteres,*
*Que ces vieux sages ont tracez:*
*Puis nos esprits s'estans lassez,*

*A réuasser sur ces bons Peres :*
*Nous noyons nos ennuys passez,*
*Dedans le nectar de* BOVS SERES.

*Ie ne sçay si nostre Apollon,*
*M'inspiroit dedans ce vallon:*
*Ou bien ce Dieu, qui nous anime*
*Par la force de sa liqueur:*
*Malgré l'hyuer, & sa rigueur,*
*Ma plume enfantoit de la rime,*
*Sentant la force, & la vigueur*
*De quelque veine bien sublime.*

*Non ce n'est rien que pur abus,*
*Tout ce qu'on dit de ce Phœbus:*
*C'estoit l'effect de ta presence:*
*La vertu qu'on ne peut nommer,*
*Ce feu, qui te fait renommer*
LE GRAND POETE *de la France,*
*Est assez fort pour m'enflammer*
*Du moindre rayon qu'il eslance.*

*Quand* CLORIS *tenoit ta raison*
*Aux delices de sa prison,*
*Et quand tu chantois ses trophees*
*L'extreme douceur de ta voix*
*Remplissant tout ce petit bois,*
*Fit dire aux Faunes & aux Fees*

Que tu ſurpaſſois mille fois
Les Amphions & les Orphees.

Ces lieux aux ſiecles à venir
Conſerueront le ſouuenir
De ſes beautez & ton martyre.
Iamais ſes riuages fleuris
Dans les ſaules qu'ils ont nourris
N'orront murmurer le Zephire,
Que le beau nom de ta Cloris
Qu'ils t'ont veu ſi ſouuent eſcrire.

Ta veine ainſi ſans faire effort,
Peut forcer les loix de la mort,
Faiſant qu'vne beauté mortelle
Puiſſe immortellement florir;
Et tout enſemble ſans tarir,
Dedans l'inuention nouuelle
D'vn liure qui ne peut mourir,
Nous faire voir l'ame immortelle.

Ceux qui t'oſent calomnier,
Pourront ils deſormais nier,
Que malgré leur malice noire
Tu ayes par tout l'vniuers,
Immortalizé dans tes vers
Ton innocence, auec ta gloire:
Et fait mourir de ces peruers

L'honneur auecques la memoire?

Grand esprit que tes vers sacrez
Soyent desormais à Dieu sacrez,
Dans la douceur d'vn graue stile,
Dy ses miracles inoüis:
Ne tiens ces talents enfoüis;
Le monde attend que THEOPHILE,
A chanter l'honneur de LOVYS,
Doit rauir l'honneur à VIRGILE.

Cet argument qu'on peut traiter,
Et sans mentir & sans flatter
Est digne d'exercer tes veilles:
Ie sçay bien que pour le loüer
Ta langue se peut desnoüer
Auec des graces nompareilles:
Toutesfois il faut aduoüer
Que c'est trop peu pour ses merueilles.

Ta muse ayant ia surmonté
Ce que les François ont chanté,
Et rendu leurs bouches muettes;
Fait voir au monde à ceste fois
Que du destin les iustes loix
Ayent pour des raisons secrettes
Gardé pour le plus grands des Roys
Le premier Prince des Poetes.

## EXTRAICT DV PRIVILEGE DV ROY.

PAr grace & priuilege du Roy, il est permis à Pierre Billaine de faire imprimer, vendre & distribuer *les œuures du Sieur Theophile*, auec deffences à tous Libraires, Imprimeurs & autres de ce Royaume de l'imprimer ou faire imprimer, vendre & distribuer, ny en extraire aucunes pieces, pendant le temps & espace de six ans, à peine de mil liures d'amende & de confiscation des exemplaires qui se trouueront auoir esté contrefaicts, le tout ainsi qu'il est plus au long contenu esdites lettres de priuilege. Donné à Paris le sixiesme iour de Mars. 1621.

*Par le* ROY *en son Conseil.*

COLBERT.

L*Edict Billaine a consenty & accordé que Iacques Quesnel, marchand* Libraire *à Paris iouïsse dudit priuilege pour sa part suiuant l'accord fait entre eux.*

# ADVIS AV LECTEVR.

EN l'ab ſence de l'Autheur nous auons imprimé ce que nous auons peu recueillir de ſes Oeuures, vous ne ſçauriez y trouuer de l'ordre iuſques à la ſeconde Editió, où nous eſperons qu'il prendra la peine de les renger & de les corriger.

# TRAICTE' DE L'IMMORTALITE' DE L'AME, OV LA MORT DE SOCRATE



PAR THEOPHILE.

## PHÆDON.

*MOY qui dans la Cité d'Athenes*
*Visitay Socrate en prison,*
*Et qui vis comment le poison*
*Acheua ses dernieres penes ;*
*Ie t'adjure, par les discours*
*Dont il voulut finir ses iours,*
*De le voir peint dans mon ouurage,*
*Où i'ay faict aussi peu d'effort,*
*Qu'en fit ce genereux courage,*
*Dans les atteintes de sa mort.*

*Quelques Dieux, comme par enuie,*
*Le voyant si bien raisonner,*

Apres l'auoir faict condamner,
Alongerent vn peu sa vie,
Affin que la mort eust loisir
Auparauant que le saisir,
De se peindre plus effroyable,
Et sans cesse luy discourir
De son Arrest impitoyable,
Pour le faire long temps mourir.

Vne aduenture inopinee
Tentant sa resolution,
Laissa sans execution
La sentence desia donnee.
Ce Nauire qui dure tant
Où Thesée mit en partant
Quelques voiles noires & blanches,
Qui rendu mille fois nouueau,
Et changé de toutes ses planches,
Encore est le mesme vaisseau.

D'vne religion fidelle,
Ce Nauire auec des presens
Partoit d'Athenes tous les ans,
Pour faire son voyage en Dele:
En l'attente de son retour,
Les arrests mortels de la Cour
Retenoient leur sanglant tonnerre,
Et ne donnoient iamais la mort

Au plus coulpable de la terre,
Que le vaisseau ne fust au port.

Ce Nauire estoit lors sur l'onde,
Et pendant son esloignement
Socrate sans estonnement
Attendoit à sortir du monde,
Dans ces importunes langueurs,
Encore parmi les rigueurs
De la Iustice inexorable,
Il m'estoit permis de le voir
Et d'vn confort peu secourable
Luy rendre mon dernier deuoir.

Quelques vns que les mœurs & l'age
Attachoient à son amitié,
Par vn mesme effort de pitié,
Luy rendoient mesme tesmoignage.
Tous à l'object de son ennuy
Estoient moins resolus que luy.
Et consolés à sa parole
Le voyant sec parmi nos pleurs,
Comme moy venoient à l'escole
De bien viure dans les malheurs.

Tous les iours dans cet exercice
Il nous enseignoit de mourir,
Sans perdre temps à discourir

*Des cruautés de la Iustice.*
*A la fin quand le iuste cours*
*De ses incomparables iours*
*Fut acheué par les Estoilles;*
*Le peuple, sur le bord de l'eau*
*Reuid blanchir les tristes voiles,*
*Et moüiller l'ancre du vaisseau.*

*Le iour venu que la Nature auare*
*Redemandoit vne chose si rare,*
*Et que la loy pressante du Destin*
*Deuoit sa proye à l'Infernal mastin,*
*Sans espargner non plus ceste belle ame*
*Que le plus sot du populaire infame;*
*Nous reuenons pour la derniere fois*
*A l'entretien d'vne si docte voix.*
*Ce cœur diuin se tint tousiours plus ferme,*
*Lors qu'il se vid plus proche de son terme,*
*Sans que l'horreur de son trespas certain*
*Y fist paroistre vn mouuement humain:*
*L'Esprit plus fort voyant sa derniere heure,*
*Et qu'on le presse à changer de demeure,*
*S'il n'est celeste, ou tout à faict brutal,*
*Quoy qu'il discoure il craint le coup fatal.*
*Il faloit bien qu'vne diuine essence*
*Au grand Socrate eust donné la naissance.*
*Vn sens humain n'est iamais assés fort,*
*Pour se resoudre à soustenir la mort.*

*Luy dans l'obiect de sa fin toute proche,*
*D'vn front de marbre, & d'vne ame de roche*
*Monstroit de l'œil, du geste, & du propos,*
*Qu'il demeuroit dans vn profond repos,*
*Et que pour voir des pleurs à son martyre*
*Il eust falu quelque chose de pire,*
*Et ne souffrit iamais dans la prison*
*Qu'vn seul souspir fist honte à sa raison.*
*A ses genoux sa femme desolee,*
*Les yeux troublés, affreuse, escheuelee,*
*Qui ne pouuoit à force de douleurs*
*Se soulager d'vne goutte de pleurs,*
*Tenant le fils vnique de Socrate,*
*Luy reprochoit vne ame presque ingrate,*
*De ne laisser aux bords du monument*
*A tous les siens vn souspir seulement.*
*Mon cher espoux, Socrate, disoit elle*
*Pourquoy ne m'est cet'heure aussi mortelle?*
*Helas apres que le dernier sommeil*
*T'aura priué des clartés du Soleil,*
*Dans les horreurs du Cocite effroyable*
*Tes tristes yeux n'auront rien d'agreable.*
*Fussions nous mesmes en ces lieux pleins d'effroy,*
*Tu ne verras ny tes amis, ny moy.*

Socrate sans s'esmouuoir, pour la desolation de sa femme comme du tout insensible à sa perte, & à la douleur des siens, Ie vous prie (dit-il) ramenés moy ceste femme en la maison. Vn des domestiques de Criton qui se trouua là, la conduisit chez elle.

*Puis il s'assit, & tout se reposant,*
*D'vn esprit graue & d'vn discours plaisant,*
*Auant se taire il nous fit prendre enuie*
*De l'aller suiure au sortir de la vie.*

Tout au mesme instant qu'on luy eut osté les fers, il porta les mains sur les meurtrisseures qui luy demangeoient, & goustant sans estre diuerty la douceur de ce soulagement.

*Voyés (dit il) comme au plus grand malheur*
*La volupté suit de pres la douleur,*
*I'ay ce soulas, à cause de la chene,*
*Et ce plaisir à cause de ma peine*

Que c'est vne chose merueilleuse (disoit-il) que ce sentiment que les hommes appellent plaisir, & qu'il a vn estrange rapport à la douleur qui semble estre son contraire : car ils ne peuuent estre ensemble, & si nous ne sçaurions gouster de l'vn sans participer à l'autre, & s'entretouchent tous deux, comme s'ils tenoient à quelque bout. Æsope sans doute s'il eust iamais resué la dessus, eust faict quelque fable de ceste meditation. Que Dieu voulant accorder deux choses si ennemies, & n'en faire qu'vne, comme il ne le peut du tout, au moins les auroit-il faict ioindre par leurs extremités, si biẽ que l'vn se trouuast tousiours à la suitte de l'autre, ce qui me vient d'arriuer tout maintenant : car les chaisnes qui me faisoient mal aux pieds, n'ont pas esté si tost laschees, que i'en ay eu de la ioye, & de l'allegement.

Là dessus vn des amis nommé Cebes l'interrompit pour sçauoir de luy, à quel sujet il s'estoit amusé à faire des vers en la prison : car il y en auoit faict depuis peu, ce qui ne luy estoit arriué iamais auparauant. Cebes l'interrogeoit de cela, & pour sa curiosité, & pour celle de quelques autres, mais notamment d'vn certain Euenus Poëte, qui l'auoit fort prié de s'en enquerir.

Tu respondras à Euenus, dit Socrates, que ce que i'en ay faict, n'a esté ny pour luy plaire, ny pour faire des vers à l'enui de luy, ce qui n'estoit pas aisé : mais seulement pour me purger l'ame, & pour tirer experience de quelque songe, qui m'auoit ordonné de faire des chansons, car vn songe qui m'est reuenu souuent, tantost d'vne forme, tantost d'vne autre m'a tousiours dit, fay Socrate, fay Socrate, fay des vers.

*Moy sans cognoistre l'aduanture*

*De ces mysteres trop couuers,*
*Ie voulois voir si ma nature*
*Seroit propre au mestier des vers.*
*Lors les Deesses des Poëtes,*
*Auparauant pour moy muetes,*
*Pousserent leur charmantes voix,*
*Et passant dans ma fantaisie*
*Firent vn peu de poësie,*
*D'vn peu de fureur que i'auois.*

Plus ceste vision reuenoit à moy pour me solliciter à cest exercice, plus ie me trouuois disposé à l'entreprendre.

*Comme des bouts de la barriere,*
*Ceux qui vont courir pour le prix*
*Sont suiuis auecques des cris*
*Iusqu'à la fin de la carriere.*
*Ceste importune vision,*
*D'vne pressante affection,*
*Me commandoit que i'escriuisse,*
*Et me parloit à tout propos*
*Des douceurs de mon exercice,*
*Sans me donner iamais repos.*

Si bien que m'estant resolu de luy obeyr, & voulant aussi que mon esprit se rendist net auant que partir du monde, i'ay prins le temps de versifier pendant les festes qui ont retardé l'execution de mon arrest; i'ay commencé mon Poeme par Apollon, à qui on faisoit alors des sacrifices.

*Et ceste influence elle mesme*
*Qui nous met les vers dans le sein,*
*Comme ayant formé mon dessein*
*A receu mon premier Poeme.*

Apres ie me mis à escrire des fables, iugeant qu'vn Poëte doit trauailler en ceste matiere plustost qu'en autre discours, & m'en resouuenant de quelques vnes, ie les ay traitees en l'ordre qu'elles me sont venuës à la memoire, ce sont des fables que i'ay prises d'Æsope: car de moy, ie ne me trouue point l'esprit inuentif pour cela, c'est ce que tu as à respondre à Euenus, saluë-le de ma part.

*Et de grace conseille luy*
*Que s'il est sage, il me doit suiure,*
*Car sans plus c'est dés-auiourd'huy*
*Que ie veux acheuer de viure.*

Qu'il me suiue donc, mes Iuges veulent que ie parte à ce soir. Simias tout esbahi de de ceste recommandation: & quoy Socrate (dit-il) qu'est-ce que tu enuoyes là dire à ce Poëte? à ce que ie cognois de luy, ie ne pense pas qu'il te croye. Comment, dit Socrate, n'est-il point Philosophe? Simias luy respondit qu'il l'estimoit tel: Il approuuera donc mon conseil( dit Socrate )& luy &tous ceux qui tiennent quelque chose de la bonne Philosophie, non pas pour cela, qu'il se doiue tuer luy-mesme : car on dit qu'il ne le faut pas faire: & sur ces mots, il s'aduança sur les bords de la couchette tout assis,& appuyant ses pieds à terre, il continuë à s'entretenir auec nous.

Comment accordes-tu cela,luy dit Cebes, qu'vne personne ne se doiue point donner la mort, & qu'vne Philosophie doiue desirer de suiure celuy qui s'en va mourir?

SOCRATE.

N'auez-vous iamais rien appris de cecy en conferant auec Philolaux, qui vous a esté si familier?

SIMIAS.

Rien pour tout d'asseuré, ny de facile.

SOCRATE.

Ny moy non plus ( dit Socrate : ) car i'en parle par ouyr dire, & ne laisseray de vous en dire de bon cœur tout ce que i'en ay ouy, aussi ne sera-il point hors de propos, que sur le point de mon depart, ie songe vn peu quel il doit estre, & m'imagine ce que ie dois penser de l'autre sejour: c'est la plus seante, & la plus vtile occupation qui nous puisse entretenir depuis le matin, iusqu'à la nuict.

*On ne doit point songer ailleurs,*
*Et de tous les discours des hommes,*
*Ce sont sans doute les meilleurs,*
*De penser tousiours d'où nous sommes.*

## CEBES.

Et pourquoy (Socrate) n'est-il pas permis de se tuer? car il est vray que Philolaux & d'autres m'ont dit autresfois qu'il ne le faut pas faire: mais ils ne m'en ont point laissé de raison qui me contente.

## SOCRATE.

Il faut que vous m'escoustiez attentiuement, mesme apres m'auoir bien entendu, ne doutez pas que vous ne trouuiez estrange, pourquoy c'est vne chose pure, simple, & sans exemple, & qui est seule sans arriuer iamais à l'homme, que la permission de se tuer, comme luy arriuent toutes autres choses, veu mesme qu'il est meilleur à quelques vns de mourir, que de viure.

*Lors que nos destins sont pressez*

*Des malices de la fortune,*
*Et que nos yeux sont offensez,*
*Du Soleil qui nous importune,*
*Lors qu'on ne vit qu'à la douleur,*
*Que iamais l'Astre du malheur*
*Ne se peut lasser de nous nuire,*
*Et qu'au lieu de nous secourir,*
*Nostre esprit tasche à nous destruire,*
*Se doit-on point faire mourir?*
*Et pourquoy des mains estrangeres,*
*Me gueriront-elles demain,*
*Puis qu'aujourd'huy ma propre main,*
*Peut finir toutes mes miseres?*

Cebes sousriant, a a, Iupiter, dit-il, voila la coustume des Thebains; cela veritablemẽt, dit Socrate, semble bien absurde, & si peut estre a-il quelque raison, car pour le discours de ces secrets qui nous apprend, que les hommes sont dans ceste vie comme en vne prison, dont il n'est permis de se sauuer, c'est à mon sens vn discours bien haut & tres-difficile à comprendre. Toutesfois Cebes, tu crois bien qu'il y a de l'apparence que les Dieux ont soin de nous.

CEBES.

Ouy.

SOCRATE.

Et que les hommes sont vne des possessions dont les Dieux iouyssent.

CEBES.

Ie le croy.

SOCRATE.

Considere, Cebes, que si quelqu'vn des esclaues qui sont à toy, se tuoit luy-mesme sans ta permission, tu t'en fascherois, & le ferois mesme punir apres sa mort.

CEBES.

Sans doubte.

SOCRATE.

Ainsi trouué-je raisonnable que les hommes ne se tuent point eux-mesmes, & qu'ils doiuent attendre de Dieu la necessité de mourir, comme tu vois qu'il me l'impose maintenant, par l'Arrest qu'on m'a prononcé.

CEBES.

Il est tres-clair, mais ce que vous disiez vn peu auparauant, que les Philosophes ayment le desir de la mort, n'est point receuable, si cecy a lieu que Dieu est nostre curateur, & que nous sommes en sa possession, il n'y a point d'apparance que les hommes qui sont sages fussent faschez de ce laisser gouuerner aux Dieux, qui le sont encore plus qu'eux: car l'homme prudent doit plus craindre en sa propre conduite, & lors qu'il est en sa liberté, qu'alors que Dieu prend la peine de le gouuerner, & de le conduire. Mais bien vn fol sans doute trouueroit bon de quitter son maistre, sans considerer qu'il se faut tousiours tenir à ce qui est bon, & celuy qui à bon sens, veut tousiours demeurer où il faict meilleur. Or se departir de la vie, c'est sortir de la tutelle, en laquelle Dieu nous tient, & où les sages ayment à demeurer, c'est pourquoy ils ne peuuent mourir qu'à regret, & les fols seulement se peuuent resiouyr à la mort.

Socrates ayant ouy cela, print plaisir à la subtilité de Cebes, & se tournant vers nous; tousiours, dit-il, ce Cebes examine tout iusqu'au bout, & ne se laisse point facilement persuader à qui que ce soit: & moy, respondit Simias, ie crois que ce que Cebes nous vient de dire est quelque chose: car à quel propos les hommes qui sont sages, voudroient-ils laisser ceux qu'ils trouuent estre plus sages qu'eux, & les fuyr? Là Cebes dit à Socrate, c'est à vous à qui parle Simias, qui nous abandonnant sans regret, quittez aussi sans remords les Dieux que vous confessez vous-mesme estre bons

& capables de vous gouuerner. Vous auez raison, dit Socrate, vous voulez que ie me deffende en iugement. Il est vray, respondit Simias. C'a dit Socrate, ie m'en vay respondre encore plus exactement que ie n'ay faict deuant les Iuges.

*Si pour m'enuelopper de mortelles tenebres*
*I'aymois à me plonger dans les ruisseaux funebres,*
*Dont Charon tient le port*
*Auec la seule enuie*
*De me rendre à la mort,*
*Pour souffrir les regrets d'auoir perdu la vie,*
*Mon desir seroit plein de crime*
*Et quiconque raisonne ainsi,*
*N'a point de cause legitime*
*Qui le fasse partir d'icy.*

*Mais ie sçay qu'esloignãt la masse de la terre*
*Où tant d'aduersitez m'ont tousiours faict la guerre,*
*Ie seray comme vn Dieu*
*Et que dans l'autre monde*
*Ie dois trouuer vn lieu,*
*Où pour les gens de bien toute douceur abõde.*
*Là les fatales ordonnances*
*Donnent la ioye & les tourments:*
*Les bons prennent les recompenses*

*Et les mauuais les chastiments.*

C'est ce que ie croy veritablement mes amis, & d'où ie dois prendre plus d'occasion d'esperer que de craindre.

*Là les hommes sont d'vne race*
*Presque pareille au sang des Dieux;*
*C'est où les grands Iuges des Cieux*
*Feront interiner ma grace.*

Pour estre bien asseuré de rencontrer au sortir de ceste vie vne societé d'hommes tant excellens, ie ne m'en oserois point vanter, mais d'y trouuer des Dieux tous puissans & tous bons, ie le tient tout certain, & l'afferme autant que ie puis affermer chose du monde.

*C'est pourquoy sans aucun remords*
*Visitant le pays des morts,*
*Mon esprit ioyeux imagine*
*Qu'il est icy comme estranger,*
*Et qu'il va d'vn lieu passager,*
*Vers le lieu de son origine.*

Voudrois-tu bien, dit Simias, t'en aller d'auec nous, auec ceste cognoissance, sans nous en faire part, puis que c'est vn bien qui nous touche à tous, aussi bien qu'à toy? Ne pense point t'estre acquité enuers nous d'aucune sorte de deuoir, si tu ne nous apprends

prends ceste doctrine, & ne nous persuade point ton opinion.

SOCRATE.

I'y feray tout ce que ie pourray, mais sçachons vn peu plustost ce que Criton nous veut dire: car ie vois qu'il y a desia long temps qu'il veut parler à moy. Ie n'ay autre chose à vous dire, respondit Criton, que ce que le bourreau m'a desia dit cent fois, que vous ne deuez point tant parler, pour ce que cela vous eschauffe, & peut empescher l'operation du poison, il s'en est troué à qui il a falu reïterer la prise deux ou trois fois pour ce subjet. Laissez-le là, dit Socrate, qu'il face sa charge, & appreste du poison pour trois ou quatre fois s'il veut. Ie sçauois bien, dit Criton, que ie ne tirerois autre chose de vous pour cet aduis, mais le bourreau m'en importune, il y a desia long temps.

SOCRATE.

Laissez-le là. Or mes Iuges, ie m'en vay vous rendre raison, pourquoy vn homme qui a consommé tout son âge en l'estude de la Philosophie, doit attendre la mort auec asseurance, & qu'il doit esperer de grands biens au sortir de ce monde: &

voyez mes amis, comme quoy il me semble que cela se doit entendre.

*Celuy qui dans des solitudes*
*De trop d'amour de discourir,*
*S'enseuelit en ses estudes,*
*Semble-t'il pas tousiours mourir:*
*Perclus des appetits monde,*
*Dans la stupidité profonde,*
*Où le tient sa forte raison?*
*Il a tousiours la mort dans l'ame,*
*Et ne songe que de prison,*
*De precipices & de flamme.*
*Dans le cours de l'âge mortel,*
*Le Philosophe est desia tel,*
*Qu'vn autre apres l'ame rauie,*
*Le mal luy passe pour le bien*
*Et quand il meurt il ne faict rien,*
*Que ce qu'il faict toute sa vie.*

Il faudroit donc bien trouuer estrange que les Philosophes qui ne trauaillent toute leur vie qu'à chercher la mort, fussent faschez de la trouuer, & qu'ils se plaignissent d'auoir en fin obtenu ce qu'ils auoient tant domandé. Simias riant dist à Socrate, vous me faictes rire, & si ie n'en ay point d'enuie: car plusieurs à mon opinion, s'ils auoient ouy cecy, le trouueroient fort à propos contre les Philosophes. Et nos Atheniens aduouëroient infailliblement, que les Philosophes meurent à la verité, & que pourtant ils n'ignorent pas qu'ils meritent la mort. Ils ne le diroiēt pas peut estre sans raison, dit Socrate, s'ils adioustoient qu'ils ne l'ignoroient pas, c'est à dire, que les Philosophes n'ignoroient point qu'ils meritent l'honneur de mourir, car veritablement ils n'ont iamais sceu, comme quoy les Philosophes s'estudient à mourir, & sont dignes de la mort : mais laissons ces gens là, & parlons à nous mesmes. Pensons-nous que la mort soit quelque chose? sans doute c'est quelque chose, dit Simias.

## SOCRATE.

Est-ce autre chose que la separation de l'ame d'auec le corps? & si estre mort ce n'est point auoir le corps à part sans ame, & l'ame aussi separee du corps se soustenāt d'elle mesme ; la mort peut-elle estre quelque autre chose? Rien du tout, dit Simias. SOCRATE: Prenez bien garde, si nous sommes bien d'accord vous & moy en cecy, & vous trouuerez plus aisément ce que vous demandez? Croyez-vous que ce soit à faire au Philosophe de s'estudier aux voluptez, & employer son soing à la desbauche, comme au plaisir des viandes delicates, & des bons vins?

*Est-ce pour le plaisir infame,*
*D'engloutir des mets pretieux*
*Et pour des vins delicieux,*
*Que ie dois trauailler mon ame?*

SIMIAS.

Ceste volupté est trop lasche, pour occuper vn Philosophe.

SOCRATE.

*Crois-tu que le plaisir d'aymer,*
*Qui ne vient point dans la pensee,*
*Sans rendre nostre ame insensee,*
*Soit digne de nous animer?*

SIMIAS.

Non, ie crois que ceste mollesse est indigne d'vn homme de bon sens, & qu'vn esprit pour robuste qu'il soit, demeurant long temps en ceste frenaisie, est en danger de s'affoiblir, & de se mettre en fin hors d'esperance d'amendement.

SOCRATE.

*L'aise d'estre vestu de soye*
*De voir l'or & les diamants,*

*Esclater sur ses vestements,*
*Est-ce vne veritable ioye?*

SIMIAS.

Ny cela encore : car vn Philosophe ne se doit point empescher l'esprit du soin de ses petites choses, ny s'en seruir qu'en la necessité de l'vsage de la vie.

SOCRATE.

Vous sçauez bien que l'estude & l'occupation d'vn Philosophe, ne doit point estre apres le corps : mais qu'il s'en doit esloigner, pour vacquer seulement à la culture de l'esprit.

SIMIAS.

Il me le semble ainsi.

SOCRATE.

De là vous voyez comme le Philosophe plus que nul autre homme, tasche de separer & d'affranchir l'esprit de la contagion, & du commerce du corps.

SIMIAS.

Il est vray.

SOCRATE.

Et cependant, la pluspart estiment vn

homme mort, qui n'a point le goust des voluptez corporelles.

*Ceux que la vanité n'a iamais peu saisir,*
*Ceux à qui les thresors n'õt iamais fait d'enuie,*
*Qui ne lãguissent point dãs l'amoureux plaisir,*
*Dont le jeu ny le vin n'ont touché le desir,*
*On les estime morts au milieu de la vie.*

SIMIAS.

C'est veritablement l'erreur de la plus part des hommes.

SOCRATE.

Au reste, il ne faut point penser que l'esprit se puisse en aucune sorte ayder du corps, pour paruenir à la cognoissance des choses : car les sens corporels ne sont point entiers ny asseurez. La veuë & l'ouye sont les principaux, & puis que ceux-là nous trompent manifestement, que faut-il attendre des autres? Il faut donc que l'ame se retire à part, & que les yeux fermez & les oreilles closes sans aucun diuertissement de douleur ny de ioye, elle se ramasse en soy mesme, laisse là le corps à part, & sans doute en cet estat, elle se dispose à sentir la verité des choses, & à la cognoistre. C'est où tu vois combien l'esprit d'vn Philosophe tient le corps à mespris : car il fuit de luy, & meine sa vie à part. Encore, Simias, ie te veux faire aduiser de cecy, ce que nous appellons, ou iuste, ou bon, ou beau, est-ce quelque chose, ou si ce n'est rien?

SIMIAS.

C'est sans doute quelque chose.

SOCRATE.

Cela se peut-il voir des yeux corporels, non plus que santé, grandeur, force, & toute autre essence; c'est à dire, ce qu'vne chose est : les yeux le voyent-ils? ou quelque autre sens corporel le peut-il comprendre? Certes nullement : car c'est vn effet de la pensee, & de la meditation de l'ame, & pour y venir, il faut se porter entierement dans l'imagination, s'esloigner de tous les objects par où le corps nous peut destourner, & resuer profondement dans l'ame, sans rien communiquer du discours aux facultez du corps, qui ne faict que troubler l'esprit, & luy mettre des nuées au deuant de la verité. De là, tu vois que les Philosophes se doiuent tenir en leur opinion, & raisonner ainsi entr'eux-mesmes. Il est dõc clair & facile à trouuer par la voye de noſtre propre ſens, que tant que nous aurons vn corps, & que noſtre ame ſera meſlee à la contagion de tant de mal, il nous eſt impoſſible de bien obtenir ce que nous deſirons. Car le corps nous donne des empeſchemens ſans nombre, qui nous viennent de la neceſſité de ſa nourriture, & quel moyen de venir à la pure cognoiſſance de la verité au trauers des cõuoitiſes, amours, craintes, eſperances, & d'vne infinité d'images que les vapeurs donnent au cerueau, d'air & de fumee? Les guerres & ſeditions ne nous entrent dans l'eſprit que par la cupidité, ou par l'alteration du corps; car tout ſe faict pour l'amour de l'argent, & on eſt contraint de chercher de l'argent pour l'amour du corps, d'autant qu'il eſt neceſſaire à ſon vſage, & cela ne laiſſe point à l'eſprit la liberté qu'il luy faut pour l'eſtude de la Philoſophie. Vn object aymable peut à l'inſtant deſtourner l'ame la plus tenduë à ſon diſcours.

*Qu'vne beauté vienne à paſſer,*
*Deuant les yeux d'vn homme ſage,*
*L'effort que faict vn beau viſage,*
*Luy diuertira le penſer,*
*Et luy ſaiſira le courage.*

Et telles autres nuées qui ſeſleuent ordinairement du corps, pour faire ombre à l'esprit, & troubler l'imagination.

*L'homme n'a point de liberté*
*Et ce que la diuinité,*
*Nous donne d'ardeur & de flame,*
*Relasche ses plus beaux efforts,*
*Tant que le sentiment du corps,*
*Participe à celuy de l'ame.*
*Ce que nostre espoir a de beau,*
*Est renfermé dans le tombeau,*
*C'est où le sage doit attendre,*
*L'euenement de ses desirs*
*Et le comble de ses plaisirs,*
*Que l'Enfer ne luy peut deffendre.*

Ainsi la contagion du corps estant si contraire à la contemplation, il s'ensuiuroit que nous ne pouuons estre sçauans, ou que c'est apres la mort, & que tant que nous viuons, à mesure que nous nous tenons separez du corps, nous faisons plus de chemin vers ceste science, que nous attendons parfaicte apres ceste vie,

*Quittans la masse de la cher*
*Parmi les vers ensevelie,*
*Le sçauoir qui nous est si cher*
*Alors succede à la folie.*

C'est à lors que nous allons recueillir les fruicts de la Philosophie, & que de nous mesmes, sans trauail, nous trouuerons la vraye sagesse, & la cognoissance de ce qui est entier, c'est à dire du vray, & nostre ame simple & pure, loing de la contagion du corps, & de ses frenesies, se trouue dans vne cōuersation bien-heureuse, d'autres esprits ainsi purs & sages: autrement pleins d'infection, & des grossieres humeurs que le corps tire de la terre, serions-nous dignes de la societé des esprits purs, qui demeurent là haut?

SIMIAS.

Ceux qui ont enuie d'apprendre, doiuent sans doute ainsi parler & croire. S'il est ainsi, dit Socrate, celuy qui s'en va en l'autre monde où ie vay, doit estre bien aise: car il s'en va où il est asseuré de trouuer en abondance, ce qu'il a cherché icy auec tant de soing durant la vie.

*Et ne crois point que ie m'estonne,*
*Pour la contrainte de partir,*
*Ny que ie pense à diuertir,*
*Le congé que la mort me donne.*
*Ie beny le Iuge, & la Loy,*
*Ceste rigueur ne m'est point dure,*
*Et quiconque aura l'ame pure,*
*Aymera la mort comme moy.*

Et ceste purification d'esprit n'est autre chose que le retirer d'auec le corps autant qu'on peut.

*L'ame n'est point nette & purgee,*
*Tant qu'elle demeure engagee,*
*Souz la stupidité du corps,*
*Et languit tousiours asseruie*
*Aussi bien dans la nuict des mors,*
*Que dans les clairtez de la vie.*
*Il luy faut donner des obiects*
*Loing des ressentimens abiects,*
*Dont la masse du corps la pique,*
*Sans cela le raisonnement*
*Dont sa diuinité s'explique,*
*Ne paroist iamais clairement.*

Aussi nette de ceste contagion, elle void la verité, & trouue en elle mesme de grandes & pleines matieres de se contenter. Le mestier du Philosophe, est de la rendre telle, il ne trauaille qu'à cela: aussi estant paruenu à son dessein, il faut croire qu'il en a bien de la joye, & que cela est incompatible qu'il mette tant de soing à rendre son ame toute separee du corps, mesme dés le temps de la vie, & qu'il fust fasché de la mort où son esprit ne peut estre autre chose, que ce qu'il a desiré qu'il fust, tãt qu'il viuoit. C'est à dire, parfaictement sçauant, & libre du commerce du corps, comme il taschoit à s'en despetrer, & d'auantage pour ne trouuer point absurde que les Philosophes se plaisent dans la mort, considerons:

*Si pour l'amour d'vne maistresse,*
*D'vn amy, d'vn fils, d'vn parent,*
*Vn violant desir nous presse,*
*De le suiure mesme en mourant.*
*Et iusques dans les bords funestes*
*D'vn ruisseau qui n'a point de fons.*
*Au trauers des feux & des pestes,*
*Reuoir leurs Manes vagabons.*
*Laissans à nos molles pensees*
*Pleines d'amour & de pitié,*
*Rebaiser dans les Elizees,*
*Les ombres de leur amitié.*
*Vn Philosophe de qui l'ame*
*N'a d'amy, de parent, de femme,*
*Que la sagesse & le sçauoir,*
*Ne craint point de finir sa vie:*
*Car c'est ainsi qu'il pense voir,*
*Tout ce dont il auoit enuie.*
*Et sans doute à lors que nos yeux,*
*Laissent leur clairté coustumiere,*
*Ils trouuent en des plus beaux lieux,*
*De plus beaux esclats de lumiere.*
*Et nostre esprit qui void icy*
*La verité dans vne nuë,*

*Apres la mort mieux esclaircy,*
*La void entiere & toute nuë.*

C'est bien donc hors d'apparence qu'vn Philosophe se fasche de mourir, puis qu'il est passionnément amoureux de la vraye sagesse qui ne luy peut arriuer qu'en la mort. De là il s'imagine veritablement que ceux qui ayment tant la vie, & ne peuuent la perdre qu'auec douleur, ne sont pas Philosophes.

*Le sage auec plaisir eschappe à son lien,*
*Et n'est iamais fasché de renoncer au bien,*
*Où l'auare se fie;*
*Et quiconque finit auecques du regret,*
*N'a iamais entendu le bien-heureux secret*
*De la Philosophie.*

Celuy qui a du regret à la vie, tesmoigne ouuertement que sa passion estoit moins à l'estude de la sagesse, qu'au seruice de quelque beauté, & à la recherche d'vne vaine gloire, ou à la poursuite des richesses. Au reste ceste vertu de resister aux afflictions, est de ne se point lascher aux voluptez, l'vne desquelles on appelle courage, & l'autre temperance, n'appartiennẽt proprement qu'aux Philosophes: car dans l'esprit des autres hommes, ces vertus à les bien entendre, sont absurdes, puis qu'il eſt vray qu'ils eſtiment la mort, vn des plus grands malheurs du monde : s'ils viennent à la ſouffrir conſtamment, & auoir moins d'horreur, il faut que ce ſoit pour la crainte de plus grands maux : ſi bien qu'ils ſont vaillans de peur, & ſans l'aprehenſion d'vn plus grand mal, ils auroient moins de courage à ſupporter la mort. Pour la vertu de temperance ils ne la ſçauroient auoir; car la temperance proprement,

*C'eſt donner la borne aux deſirs ;*
*Et parmy les honteux plaiſirs,*
*Où la chair languit endormie,*
*Tenir l'ame à ſa liberté,*
*Et la ſauuer de l'infamie ,*
*Où la preſſe la volupté.*

Ceſte vertu ne ſe donna iamais qu'à vn Philoſophe: les autres en l'eſtude de la temperance s'ils s'abſtiennent d'vne volupté, c'eſt pour ſe rendre plus capables d'vn autre , & ne ſurmontent iamais vne mauuaiſe paſſion, qu'apres eſtre vaincus d'vne pire, ainſi ne ſont-il iamais temperans que par intemperance. Or prenons garde icy que nous ne penſions que ce ſoit la voye de la vertu, que ce changement de voluptez, de craintes ou douleurs l'vn à l'autre , & la moindre à la plus grande, comme vn changé de monnoye : mais que la bonne piece eſt ſeulement celle qui faict changer le reſte, & le mettre en vente : c'eſt à ſçauoir la ſageſſe & la prudence, pour laquelle & auec laquelle toutes choſes ſont achetees & venduës, & que c'eſt auſſi la fortitude ou courage, la temperance & iuſtice; & en ſomme la vraye vertu auec la ſageſſe, & la prudence ſans en oſter les voluptez ou craintes, & autre ſorte de paſſions qui ſuruiennent; ou ſi ſeparee de la ſageſſe, elle ne vient point à changer en elle meſme, & que telle vertu ne ſoit qu'vne vertu ſeruile, vne ombre, & vne apparance, qui n'ait en ſoy rien de ſain ny de vray, & que la pureté & verité de la vertu ſoit en la purification de tout cela, & que la temperance, la iuſtice, fortitude, & ſageſſe ſoit vne ſorte de purification,

*Ie crois que les premiers mortels,*
*Meritent preſque des Autels*
*Tant leur ame fut curieuſe,*
*D'obliger la poſterité,*
*En nous laiſſant la verité.*
*Soubs vn ombre myſterieuſe.*
*Leurs preceptes nous ont appris,*
*Que les lourds & vilains eſpris*
*Dont l'humeur peſante & groſſiere,*
*En viuant ne ſe purge pas,*

*Se trouuent apres le trespas*
*Enseuelis dans la poussiere.*
*Ces froides horreurs de l'Enfer,*
*Ceste nuict, ces vieux lits de fer,*
*Où se vont coucher les furies,*
*Ce gros chien qui jappe au portal,*
*Ces grandes plaines de voiries*
*Sont leur eternel hospital.*
*Mais vn esprit que la vertu*
*A sceu picquer de son estude,*
*Et qui tient dans la seruitude*
*Le desir du corps abbatu,*
*Quittant le monde il quitte la misere,*
*Et prenant au Ciel son quartier,*
*Au lieu de rencõtrer ou Charon, ou Cerbere,*
*Il ne void que des Dieux en sõ heureux sẽtier.*

Pour trouuer hors de ceste vie vn sejour heureux, il faut estre homme de bien, & n'auoir point l'esprit soüillé des vices du monde: car comme on dit, il y en a beaucoup qui portent le Tyrse, mais peu qui soient des Bacchus. Par ces Bacchus, i'entends ceux qui ont philosophé de bonne sorte, parmi lesquels ie ne pense point estre des derniers, ce que ie sçauray bien tost si Dieu le permet: car ie n'ay plus guere à l'essayer. Voila mon excuse, ô Cebes. Pour la constance que tu me reproches, lors que ie laisse ie laiſſe ainſi mes amis ſans regret, c'eſt que i'eſpere en trouuer d'autres, où ie vay, qui ne valent pas moins que ceux-cy. Ie ſçay bien que peu de gens ont ceſte creance : mais ſi les diſcours que ie vous viens de faire pour ma deffenſe , vous ont mieux perſuadé qu'aux Atheniens, me voila contant, & tout va bien. Tout cela, dit Cebes, eſt treſbien diſcouru, tu as traité toutes ces matieres treſbien & à mon gré : il faut que ie te faſſe vne queſtion , & que ie te mette en diſcours pour ce qui eſt de l'ame particulierement: car pluſieurs doutent qu'elle ſoit immortelle, & quelques vns croyent,

*Que l'ame dans vn corps viuant*
*Qu'vn peu de feu tient allumee,*
*En la mort n'eſt qu'vn peu de vent,*
*Qui ſe perd comme vne fumee.*
*Que ſi tout l'homme ne meurt pas*
*Du coup de ce commun treſpas,*
*Ie crois qu'apres ceſte lumiere*
*L'ame eſt en ſa perfection,*
*Et trouue vne condition*
*Plus heureuſe que la premiere.*
*Socrate ce que tu promets*
*Des biens qui durent à iamais,*
*Dedans le logement Celeſte ;*
*Aduiendra comme tu le dis,*

*S'il est vray que nostre ame reste*
*Quand le tombeau tient refroidis,*
*Soubs vne glace à tous funeste,*
*Les organes qu'elle eut jadis.*

Voyons donc, dit Socrate, ce que nous trouuerons de probable en ceste matiere: ie la trouue serieuse, & ne pense point que on puisse dire que ie m'amuse icy en des discours qui n'en vallent pas la peine. Considerons premierement, s'il faut aduoüer que les ames des morts sont aux Enfers, ou si elles ny sont point.

*On croyt de longue main que les esprits des morts*
*Que les siecles passez ont appelez des ombres,*
*Apres auoir quitté la despoüille du corps,*
*Occupent dans l'Enfer quelques demeures [sombres*
*Et que n'estans point asseruies*
*Dans vn trespas perpetuel;*
*Par vn changement mutuel;*
*Elles font de nouuelles vies,*
*Et quittans les royaumes vains*
*Reuiennent dans des corps humains.*

Que si cela est vray que des morts, les viuans puissent encore renaistre, nos ames seroient là sans doute: car elles ne sçauroient reuenir à la vie, si elles n'estoient en quelque part. C'est donc vne coniecture assez suffisante, pour nous faire entẽdre que nos ames sont là, s'il est vray que les viuans ne puissent venir que des morts. Que si cela n'est point, il nous faudra trouuer vne autre raison, & pour bien comprendre cecy, ne prenons pas garde seulement à ce qui est des hommes : mais encore de toute sorte d'animaux & de plantes, & de toutes les choses au monde qui s'engendrẽt; considerons s'il n'est pas vray que chaque chose se fasse de son contraire, pour tout ce à quoy il eschet d'auoir vn contraire, comme le beau, & le laid, le juste & l'iniuste sont contraires, & mille autres choses, comme cela; sçauoir s'il est necessaire que ce qui a vn contraire ne puisse en aucune sorte estre faict que de son contraire: par exemple ce qui se faict plus grand, il est necessaire que de ce qu'il estoit auparauant, c'est à dire, d'vne chose moindre il soit ainsi deuenu plus grand, & de mesme ce qui se faict à cest heure moindre, s'est faict ainsi moindre en se diminuant de quelque chose plus grande: de mesme ce qui se faict plus robuste, c'est d'auoir esté plus foible, ou plus meschant, d'auoir esté meilleur, ou plus tardif, d'auoir esté plus viste. C'est ainsi que nous trouuons que toutes choses se font de leur contraire. Or il ſe trouue vn milieu entre les deux contraires, cè qui eſt la generation, le progrez ou paſſage de l'vn à l'autre, comme entre ces deux contraires plus grand, & moindre, le milieu c'eſt l'accroiſſement & le deſcroiſſement : ainſi nous diſons que l'vn diminuë & que l'autre croiſt, comme du froid & du chaud, on dit auſſi eſchauffer & refroidir, & cela comme tous autres cōtraires ſe diſcernēt ainſi, & ſe confondent mutuellement. Et combien que le nom des choſes en pluſieurs endroits vienne à manquer, tenons en effet que tout ſe faict de ſon contraire, & que leur milieu, c'eſt la generation qui paſſe de l'vn à l'autre. Au reſte ce que nous appellons, n'a-il point ſon contraire, comme veiller a pour ſon contraire dormir, & viure auſſi a pour ſon contraire mourir? ces deux choſes ne ſe font-elles pas l'vne de l'autre, puis qu'elles contraires? Et n'ont-elles point deux generations ou progrez, comme elles ſont deux pour reuenir de l'vn à l'autre? Ainſi comme le veiller & dormir ſont deux contraires, mourir & viure le ſont auſſi; comme du ſommeil ſe faict la veille, & de la veille le ſommeil, ainſi de la vie ſe faict la mort, & de la mort auſſi la vie. ( Et puis qu'il est ainsi, & que si necessairement s'il se faict quelque chose du mort, il faut que se soit vn viuant, nos ames sont sans doute aux Enfers) comme la generation & progrez du veiller au dormir s'appelle sans dormir, & comme le progrez & generation du dormir au veiller s'appelle s'esueiller, ainsi le progrez de la vie à la mort s'appelle trespasser, & le progrez & la generation de la mort à la vie, ne se trouuera-il point? La Nature seroit-elle māque & defectueuse en ce seul point? Il ne le faut pas croire. Nous trouuerons donc la generation de la mort à la vie, & ce progrez s'appellera ressusciter; si bien que des morts viennent les viuans, aussi bien que des viuans se font les morts. Et de là s'ensuit qu'il faut necessairement que les ames des morts soient en quelque lieu, d'où elles puissent reuenir sans ce rechangement d'vne chose à l'autre, & sans ce progrez de generation, par lequel les choses se refont ainsi d'elles mesmes, & reuiennent dans la nature, comme par vn tour de cercle tout à la fin tomberoit en mesme figure; & rien ne se feroit plus, comme si toutes les choses venoient à tomber dans vn profond sommeil, dont elles ne peussent se releuer iamais. Tu crois bien quo toutes choses seroient à la fin reduites en vn mesme estat, & sans doute.

*Ce qu'on dit d'vn berger amoureux de la Lune,*
*Dont iamais le sommeil n'a peu fermer le yeux,*
*Ce n'est que le discours d'vne fable importune,*
*Et le foible entretien d'vn esprit ocieux.*

Que si toutes choses venoient à se confondre, & se mettre en estat de n'estre point discernees, il arriueroit ce que dit Anaxagoras, que toutes choses sont ensemble.

*L'ombre esteindroit ceste lumiere,*
*Et les Elemens desmolus,*
*Se trouueroient enseuelis*
*Dans la difformité premiere.*

Car si ce qui est en vie, meurt, & qu'estant mort il ne puisse ressusciter, il s'ensuiura que tout finit, & que rien plus ne peut viure.

*Tout ce que le Soleil void naistre,*
*Est contrainct de laisser son estre,*
*Dans les las d'vn mortel sommeil,*
*Si de là rien ne nous deliure,*
*Pour reuenir vers le Soleil,*
*En fin tout cesseroit de viure.*

Mesme bien que les viuans donnent vie à d'autres, si tous sont subjets à perir sans renaistre à la fin, pourroit-on voir aussi tout esteint? Ie le crois, dit Cebes, & ne pense point auoir esté surpris pour mettre à cecy, qu'il y a vne resurrection; que des morts il reuient d'autres viuans, & que les ames deuiennent apres les corps, & qu'apres ceste vie les bons en trouueront vne meilleure, &les meschans vne pire. Cecy me remet au souuenir de ce que tu as accoustumé de dire, que toute nostre discipline n'est qu'vne reminiscence. S'il est ainsi, il faut qu'en vn autre temps auant qu'estre en ce monde, nous ayons appris ce, dont il nous souuient maintenant.

*Ce qui vient dans les fantaisies,*
*Des plus belles ames saisies*
*D'vn desir ardant de sçauoir,*
*Est comme vne leçon seconde,*
*Par où nostre esprit va reuoir*
*Ce qu'il vid en autre monde.*
*Et ne faict que s'entretenir,*
*Des choses autres fois cogneuës,*
*Que l'ombre d'vn resouuenir,*
*Auoit encores retenuës.*

Ce qui ne se peut, sans que nos ames ayent esté ailleurs auparauant, que de venir en ceste forme humaine.

*De là ce tire vn iugement,*
*Que nostre ame a vescu chez elle,*
*Loin de ce mortel logement,*

*Pour monstrer qu'elle est immortelle,*

Ie te prie ô Cebes, dit Simias, dy moy quelles demonstrations tu as pour nous prouuer ton dire? En voicy vne tresbelle raison, respond Cebes, que les hommes quand on leur demande quelque chose, si c'est quelqu'vn qui les sçache bien interroger, ils respondent à propos, & disent les choses comme elles sont; ce qu'ils ne sçauroient faire, s'il n'en y auoit dans leur esprit quelque certaine science & vne raison droicte; & si on les applique à la geometrie en ses figures & descriptions, on verra que nos esprits ont certaines cognoissances desia acquises.

*Alors qu'vne diuine flame*
*Auec des incogneus ressorts,*
*Pousse les mouuemens de l'ame,*
*Dedans la masse de nos corps,*
*Des communes intelligences*
*Que l'esprit ne sçauroit cacher,*
*Et les sentiments des sciences,*
*Se communiquent à la cher.*

Les raisons que Cebes amena, contenterent Simias, & luy remirent dans l'esprit la persuasion qu'il auoit eu auparauant toute autre, & creût que leur discipline n'estoit autre chose qu'vne reminiscence, il eut toutesfois enuie d'en ouyr parler Socrate, en discourut ainsi.

SOCRATE.

Pour ce ressouuenir de quelque chose, il faut l'auoir sceu auparauant, & quand la science de quelque chose nous vient de ceste façon, il faut aduoüer que c'est vne reminiscence, & voicy commẽt ie le prends: si quelqu'vn apres auoir veu quelque chose, ou entendu, vient à se ressouuenir, non seulement de cela, mais encore de quelque autre chose en suitte dont la cognoissance est differente, le ressouuenir de ceste chose plus esloignee s'appelle reminiscẽce, comme par exemple la cognoissance d'vn homme, & d'vn luth sont de choses diffentes, & lors qu'vn amoureux vient à voir le luth, dont il a veu iouër sa maistresse, il se souuient aussi tost de sa maistresse.

*Si ie passe en vn jardinage*
*Semé des roses & des lys,*
*Il me ressouuient de Philis,*
*Qui les a dessus son visage.*
*Diane qui luit dans les Cieux,*
*Tousiours ieune, amoureuse & belle,*
*Me la remet deuant les yeux,*
*Pour ce qu'elle est chaste comme elle.*

*Ie la vois si ie vois l'Aurore,*
*Et quand le Soleil luit icy,*
*Il me ressouuient d'elle aussi,*
*Pource que l'Vniuers l'adore,*
*Les graces dedans vn tableau,*
*Le petit Amour & sa flame;*
*Bref tout ce que ie voy de beau,*
*Me la faict reuenir dans l'ame.*

Ainsi pensant à Cebes, on peut aussi penser à Simias, & cela s'appelle reminiscence: mesme lors qu'il arriue qu'on se ressouuient des choses que la longueur du temps, & la nōchalance auoiēt effacees de la memoire, & ne se peut-il pas faire que voyant vn cheual peint, ou vn lict peint, on vienne à se ressouuenir d'vne personne? & que à voir la peinture de Simias, on se represente aussi Cebes; & sans doute aussi voyant Simias, peint, on se ressouuient de Simias? Ainsi voyons nous que la reminiscence arriue par le moyen de ce qui est approchant & semblable, & par le moyen aussi de ce qui est dissemblable.

*Au seul ressouuenir d'auoir couru les eaux,*
*Nos rapides pensers volent dans les estoilles,*
*Et le moindre instrument qui sert à des vaisseaux,*
*Nous faict ressouuenir du cordage & des voiles.*

Mais alors qu'on vient à se rememorer d'vne chose, par quelque chose qui luy ressemble, il faut sçauoir recognoistre par dessus du deffaut en la ressemblãce de la chose qui nous reuiẽt au souuenir. Vn peu d'attẽtion icy; disons-nous pas qu'il y a quelque chose qui s'appelle esgal? ie n'entends point d'vn bois esgal à vn autre, ou vne pierre à vne autre, ou autres choses de mesme: mais i'entends quelque chose hors de tout cela, qui s'appelle l'esgal, & cet esgal est-ce quelque chose? Sans doute, respond Simias, & des cognoissances de l'esgal nous est venuë pour auoir veu des bois & des pierres ou autres choses esgalles, nous auons imaginé cet esgal, qui est autre chose que les bois ou pierres, ou autres choses esgales: car ce mesme bois ou pierres se disent quelque fois esgaux, & quelque fois inesgaux pour diuers respects: mais ce qu'on appelle esgal ou inegal, esgalité ou inegalité, est tousiours & ne change point. C'est pourquoy les choses esgales & l'esgalité ne sont pas mesme chose, & ce pendant de ses choses esgales, qui ne sont point l'esgal, nous auons tiré la cognoissance de l'esgal. Ainsi soit du semblable ou du dissemblable. Alors que par vn object vous vous representez quelque autre chose, soit semblable ou non ; il se faict necessairement vne reminiscence. Or voyons si nous procedons enuers les choses qui sont dans celles que nous appellons maintenant esgales, bois , pierres & autres choses ; faut-il penser qu'elles soient aussi esgales que l'esgal mesme ? il s'en faut beaucoup. Ne confessons nous point qu'vn homme qui void & considere attentiuement vne chose, laquelle il desire estre pareille , & tout à faict à vne autre chose qui l'est en effet, s'il void que ce qu'il desire deuiẽne tel, & est deffectueux, & qu'il cognoisse qu'il differe, & est esloigné de beaucoup de ce qu'il voudroit qu'il peust deuenir, il faut que cet homme ayt veu & cogneu autresfois la chose, & la perfection à laquelle il cognoist , que ceste autre chose ressemble vn peu où il cognoist qu'elle ne peut paruenir entierement. Il nous en arriue de mesme en ce discours de l'esgal : car il faut que ce que nous appelons esgal , que nous auons cogneu d'abord , par les choses esgales , & qui est plus qu'elles , & à la perfection duquel les autres taschent d'atteindre, il faut que ce soit necessairement quelque chose que nous auons eu autrefois dans l'esprit: mais que nous ne l'auons sceu cognoistre, que par quelqu'vn de nos ſens, veuë, ouye, attouchement, ou quelque autre ſemblablement. Il faut faire voir, ô Socrate, que ce dont il eſt queſtion ſ'en va là, & ſe traite de meſme. Et c'eſt ſans doute de la faculté des ſens que nous entendons, que toutes les choſes qui ſont ſouſmiſes au ſens, appetent ce qui eſt eſgal, combien qu'elles ne le puiſſent atteindre. Il en eſt ainſi, dit Socrate, car auant que nous commençaſſions à voir, ny ouyr, ou vſer de quelque autre ſens, il falloit bien que nous euſſions la cognoiſſance du vray eſgal, c'eſt à dire ce qu'eſt l'eſgalité, puis que nous luy voulons rapporter tellement les choſes eſgales ſouſmiſes au ſens, que nous ſçachions iuger qu'elles taſchent à deuenir iuſqu'à ce point où eſt l'eſgal meſme: mais que elles demeurent imparfaictes, & n'y peuuent paruenir. Cela, dit Simias, ſuit neceſſairement de ce que nous auons dit cy-deſſus. Or dit Socrate,

*Auſſi toſt qu'vne creature,*
*Vient à paroiſtre en l'Vniuers,*
*Chacun des ſens de la nature,*
*Trouue ſes objects deſcouuers.*
*Noſtre ame d'abord eſt pourueuë,*
*Dans vn corps ſans empeſchement,*

*D'oüye, de goust, & de veüe,*
*D'odorat & d'atouchement.*

Dés le moment que nous nasquismes, nous commençasmes à voir & ouyr, & d'entrer en la cognoissance de tous les autres sens, & falloit qu'auparauant nous eussions eu la cognoissance de ce qui s'appelle esgal. Partant il est necessaire que nous l'ayons compris auãt que de naistre. Que si nous auons eu ceste cognoissance deuant nostre natiuité, il est probable que nous l'auions aussi en la naissance, & que nous sçauõis deuant que de naistre, & aussi tost apres estre nés, que c'est que l'esgal plus grand ou moindre beau, bõ, iuste, sain, & autres, ausquels nous assignons proprement & attribuons vn estre veritable, & en interrogeant, & en respondant. Si bien qu'il est necessaire que nous ayons eu la cognoissance de tout cela auant que de naistre. Que si apres auoir receu des sciences, nous venions à ne les point oublier, comme nous faisons, il s'ensuiuroit que nous serions nés auec les sciences, & que durant tout le cours de nostre vie, nous les garderions & sçaurions tout. Or oubly n'est autre chose, que perte de sçauoir. Que s'il est vray qu'estant nés nous ayons perdu le sçauoir, que nous auions auparauant, & apres par l'ayde des sens nous recouurions ce sçauoir; ce que nous appellons apprendre, seroit-ce point recouurer nostre propre sçauoir, qui estoit à nous auant que de naistre? & ce recouurement se peut-il point appeller vn ressouuenir? car il aduient aussi comme nous auons desia fait voir, qu'en oyant, ou voyãt quelque chose, on se remet souuẽt en l'esprit quelque autre chose, soit semblable ou non, à celle qu'on voit ou qu'on oyt, ce qui s'appelle se ressouuenir. Ainsi de deux choses l'vne, ou nous naissons sçauans, & le sommes toute nostre vie; ou ce que nous apprenons s'appelle ressouuenir, & toute la discipline n'est autre chose qu'vne reminiscence; & lequel des deux, Simias, aymes-tu le mieux aduouër, ou que nous naissions sçauans, ou que nous veniõs apres à nous ressouuenir des choses que nous auõs sceuës autresfois? Ie ne sçay, respond Simias, lequel des deux ie dois choisir, & nous pourrois-tu bien dire quel en est le meilleur choix à ton aduis? Comment, dit Socrate, vn homme sçauant ne peut-il point rendre raison de ce qu'il sçait? Il le faut bien, respond Simias. Et te semble-il, Simias, que tous soient capables de rendre raison de ce que nous traittons icy?

Pleust à Dieu, dit Simias.

*Mais tout sera fini demain,*
*Et dés que l'Arrest inhumain,*
*T'aura faict aualler le verre,*
*Ceste matiere va perir,*
*Car qui peut-on aller querir,*
*En tous les endroicts de la terre,*
*Qui nous puisse ainsi discourir?*

I'ay grand peur que demain il ne se trouue plus personne qui puisse dignement discourir de ce sujet. Socrate; Tu crois donc bien que tout le monde ne l'entend point. Certes, c'est mon opinion. Il faut donc puis qu'ils ne le sçauent pas, & que tous l'ont sceu autresfois, s'ils viennent à l'apprendre, que ce soit vn ressouuenir, & quand est-ce que nos ames ont receu autresfois les sciences? Ce n'est pas apres que nous fusmes nés, mais auparauant. C'est pourquoy, Simias, il faut qu'auparauant de venir en ceste forme humaine, que nos ames ayent esté quelque part auec sçauoir & intelligence, si ce n'est que peut estre, ô Socrates, nous ayons receu le sçauoir au propre moment de la naissance. Peut estre, dit Socrates. Mais si nous les auons receuës en ce temps là, où est le temps auquel nous les auons perduës, sinon que nous les ayons perduës en en les receuant. Ne sçaurois-tu trouuer quelque autre temps? dit Socrate. Nul que ie sçache, dit Simias, & ceste derniere doute que ie te viens de dire, n'est rien du tout. Apres tout, dit Socrate, si ce que nous appellons beau, iuste, & toute autre essence est quelque chose en nostre entendement : & que cela ait esté autresfois en nous, & que reuenant à le rechercher nous l'apprenions, & la fassions reuenir en l'esprit; il est aussi vray que nostre ame a esté autresfois, mesme auparauant nostre naissance; si bien que, comme il est certain que ces choses là, beau, iuste, bon, & autre essence sont quelque chose, c'est aussi vne necessité que nos ames ayent esté auant que nous vinssions sur la terre. Il est assez clair, dit Simias, personne n'en peut guere douter apres ton discours, là dessus ma curiosité.

*Laisse mon esprit en repos,*
*Et tire de tes vrays propos,*
*Des consequences necessaires,*
*Mesme Cebes de qui la foy*
*Chancelle és choses les plus claires,*
*Prend tes raisons pour vne loy.*
*Chacun de nous qui les escoute,*
*Y trouue ce qu'il a voulu,*
*Et demeure tout resolu,*

*Sans aucun ombrage de doute.*

Sçache donc que nous tenons infailliblement que nos ames ont esté auant nos corps; mais pour ce qui est de l'aduenir, sçauoir si elles sont apres la ruyne des membres, où elles viuent aujourd'huy.

*Quand nos corps trespassez d'une pierre couuers,*
*Changent les os en poudre, & la charongne en vers.*

C'est dequoy personne de nous à mon aduis, ne se trouue encore persuadé. Car il n'est point incompatible qu'elles ayent esté auparauant la vie corporelle, & pendant la vie; & que nonobstant elles cessent en la mort, puis que nous demeurons d'accord, que les ames ont esté auant que d'entrer dans le corps. Nous auons à demy monstré qu'elles sont aussi apres qu'elles en sont sorties; car si du viuant s'est faict le mort, du mort aussi se doit faire le viuant; & si l'esprit est venu pour animer le corps, & qu'il soit venu du pays des morts; il faut aussi que sortant de ceste vie, il s'en aille vers les morts, & qu'il soit là en quelque lieu, d'où il puisse encores reuenir, & quand il faudra: Mais peut estre estes-vous dans les craintes des petits enfans.

*Il vous semble qu'vn peu de vent,*

*Aupres des levres se leuant,*
*Parmy ses tourbillons emporte*
*La flamme qui s'en va dehors,*
*Et que l'ame demeure morte,*
*En la sepulture des corps.*
*Mesme que si la douce haleine,*
*De quelque delicat Zephir*
*Reçoit nostre dernier souspir,*
*L'Ame passe auec moins de peine;*
*Et que ce petit traict de feu*
*S'esuanouyssant dure vn peu:*
*Mais si d'auanture il arriue,*
*Que l'esprit courant aux sablons,*
*Qui couurent l'infernale riue,*
*Trouue en chemin des Aquilons;*
*Sa route est discontinuée,*
*D'abord il bronche ait monument;*
*Et se dissipe en vn moment,*
*Bien plus viste que la nuée.*

Ie ne sçay si parmy vous, il n'y a point quelque esprit malade de ces imaginations d'enfant. Pour vous purger de telle fantaisies,

*Et pour vous empescher de craindre*
*Les Chimeres d'vne vapeur,*
*Que l'esprit troublé de la peur,*
*Ne se peut empescher de faindre.*

*Si la vertu de discourir,*
*N'est capable de vous guerir,*
*Il ne faut qu'vne Medecine*
*De breuets & d'enchantemens,*
*Pour oster toute la racine*
*De vos sots espouuantemens.*

Mais apres que tu seras party, dit Cebes, où trouuerons-nous vn Medecin qui nous sçache appliquer ces remedes?

*Si vous auez bien ce desir,*
*La Grece vous donne à choisir,*
*Des Esprits qu'on estime au monde le plus [rares*
*Et s'il vous plaist de voir ailleurs,*
*Visitez les pays des nations barbares,*
*Si vous pensez que là se trouuēt les meilleurs.*

*N'espargnez ny soing ny fortune,*
*Cherchez en terre & sur Neptune,*
*Les riches cabinets de ses diuins thresors,*
*Apprenez cōme quoy l'on meurt & ressuscite,*
*Et pour l'amour de l'ame accoustumez le corps,*
*A dormir dans le bruit du fabuleux Cocite.*

*Mais, quoy qu'vn Estranger vous puisse auoir appris,*
*Et que son sçauoir vous contente,*
*Examinez aussi vous mesmes, vos esprits*
*En ceste matiere importante,*

*Et possible que parmy tous,*
*Quoy que nostre pays se vante,*
*Il s'en trouuera peu qui vaillent mieux que vous.*

Mais reuenons à nostre premier propos, & enquerons-nous premierement, qu'est-ce à qui il eschet ceste passion que d'estre dissoult? Et qu'est-ce qui doit craindre tel accident ou passion, & par quelle partie. Il faut considerer apres, qu'est-ce que nostre ame? & ne prendre de ces choses là ny crainte, ny esperance, qu'en faueur de nostre ame. Il est certain que ce qui se compose & ce qui est desia composé, entant que composé est subjet naturellement à estre dissoult. Et quand il se trouue quelque chose qui n'est point composée, c'est cela seulement qui se trouue exempt de se voir dissoult: Or ce qui enuers les mesmes choses se trouue tousiours de mesme sorte: cela sans doute doit estre simple, & ce qui ne change diuers respects composez. Reuenons à ces discours que nous auons desia laissez. L'essence qu'on appelle, dont la definition par interrogatoires & par responses, nous a faict l'estre veritable de quelque chose, se trouue tousiours de mesme, & selon mesmes choses, cõme l'esgal le beau,

& tout autre estre né, demeure tousiours par soy mesme de mesme sorte, & enuers mesmes choses, sans estre iamais capable d'aucune sorte de changement. Car pour ce qui est de mille autres choses que nous appellons belles, comme cheuaux, hommes, habillemens, & mille autres que nous lisons, ou belles, ou esgales, & d'autres synonimes : à ceux là se trouuent d'vne nature contraire à ses essances : car tout cecy est changeant, & pour son respect, & pour celuy d'autres choses, ne se trouuant iamais vn, ny de mesme sorte, & sont choses toutes perceptibles aux sens corporels : Mais ces estres veritables, & tousiours constans ne peuuent estre apprehendez ny cogneus que par les seules facultez de l'entendement. Ainsi il sera bon que nous posions deux especes de choses, vne des visibles, l'autre des inuisibles ; & que l'inuisible est tousiours de mesme sorte : le visible non, nous sommes sans plus composez de deux parties de l'ame & du corps : Le corps est visible, l'ame ne se peut au voir moins des hommes : nostre discours n'est icy que de ce qui touche à la nature humaine, selon laquelle veritablement l'ame ne peut estre veuë. Le corps est de l'espece des visibles, l'ame des inuisibles. Et nous auons desia dit, que l'ame se voulant ayder du corps pour venir à l'intelligence de quelque chose, elle en est trompee, & considere tout faussement.

*L'Ame courant apres la verité,*
*Parmy la nuict de tant d'obscurité,*
*Où nostre chair la tient enueloppee,*
*Trouue nos yeux à son ayde impuissans,*
*Et sans se voir honteusement trompee,*
*Ne suit iamais la conduite des sens.*

*L'Esprit serré de la mortelle escorce*
*Dans ses liens n'a point assez de force,*
*Pour bien tenir ses organes subjets,*
*Et corrompu dans ceste masse impure,*
*L'entendement discerne les obiects,*
*Tout au rebours de sa propre nature.*

C'est la foiblesse du corps, qui faict ainsi pancher l'ame vers ces choses, que nous disons subjetes à mutations, & qui ne se trouuent iamais de mesme.

*Vn eau bien claire & d'vn roc descoulee,*
*Ne se peut voir à des torrens meslee,*
*Sans se troubler par ses bourbeux destours;*
*Et nostre esprit tant soit-il pur & sage,*
*Parmy le sens ne passe son discours,*
*Sans le corrompre en ce vilain passage.*

*Mais quand l'esprit se tient de son appuy,*
*Que tous les sens sont esloignez de luy,*
*Quand son discours à soy mesme se fie,*
*Loing des obiects de basse qualité,*
*Par les sentiers de la Philosophie,*
*Il va tout droict à l'immortalité.*

*Son mouuement le porte aux cognoissances,*
*Des vrays obiects des plus simples essences,*
*Qu'on ne voit point subiettes à changer,*
*C'est où l'esprit de luy mesme se range,*
*C'est ce qu'il ayme & fuit comme estranger,*
*Ce que Nature assubiettit au change.*

Ceste affection de l'esprit, & ceste disposition à se tenir aux choses qui sont tousjours vnes, s'appelle Sapience & Prudence. Sans doute il nous faut aduouer de là que l'esprit doit necessairement estre rangé en l'espece de ces choses incapables de mutation,& le corps au contraire. Au reste il faut remarquer encore,

*Que l'esprit est le plus puissant,*
*Et qu'au dessein de quelque chose,*
*Le corps partout obeyssant,*
*Se trouue tousiours agissant,*
*Ainsi que l'ame le dispose.*
*Cest honneur de commandement*
*Est vne glorieuse marque,*

*Et les rigueurs de Rhadamant,*
*Et les puissances de la Parque,*
*Ne mettent point au Monument*
*Ce braue & cest heureux Monarque.*

Nous pouuons bien iuger d'vne apparence assez claire, que cest aduantage de conduire & de cõmander est quelque chose de diuin, & que ces necessitez d'obeyr, & de suiure tiennent du terrestre, & du mortel. Ainsi de la suitte de tous nos discours precedens, nous trouuerons que l'ame est tres-semblable à ce qui est diuin, immortel, intelligible, d'vne seule forme, indissoluble, qui est tousiours de mesme sorte, & en mesme estat, & que le corps au contraire se rapporte du tout à ce qui est humain, mortel, non intelligible, changeant de forme, subjet à estre dissoult, & qui ne se trouue iamais de mesme sorte, ny en mesme estat. Sçaurois-tu, ô Cebes, amener des raisons au contraire, & prouuer comme quoy il peut estre autrement, que ce que nous disons? Nullement, dit Cebes,

SOCRATE.

Puis donc qu'il est ainsi, il s'ensuit donc que le corps est vne chose qui s'en va estre bien tost dissoulte, & qui aprés la separation doit aussi tost n'estre plus, & que l'ame est quelque chose qui ne se peut aucunement dissoudre, ou quelque chose bien approchante de ce qui est indissoluble. Ie le crois comme cela, dit Cebes.

*Et tu crois ce pendant qu'apres l'heure su-[preme,*
*Quand l'esprit s'esloignant d'vne charongne [blesme,*
*Nous a laissé sans mouuement,*
*Le corps demeure encore auãt que se dissoudre,*
*Et que mesme l'effroy du pasle monument*
*Trauaille assez long temps à le reduire en poudre.*

*Mesme quand la fureur d'vn sort trop in-[solent,*
*Rauit des corps bien sains par vn coup violẽt,*
*Leurs puissantes temperatures*
*Auec vn peu de soing se conseruent assez,*
*Et les Ægyptiens font bien des sepultures,*
*Qui de siecles entiers gardent les trespassez.*

*Et combiẽ que la chair cede à la pourriture,*
*Cõme estãt de plus molle & plus fresle nature,*
*Le corps ne se dissipe pas,*
*Mais les nerfs & les os durent apres le reste,*
*Si bien que tout cela dure apres le trespas,*
*Combien que tout cela ne soit rien de celeste.*

Cela Cebes, ne te donne-t'il point de doutes? Car nous disons que le corps comme mortel, visible, estoit dissoluble, & deuoit selon l'apparence finir tout aussi tost apres le trespas. Et qu'au contraire l'ame immortelle & inuisible deuoit seulement estre indissoluble, & s'en alloit sortant du corps se sauuer en quelque excellente retraite.

*Que nostre ame toute inuisible,*
*Soudain que le corps expiroit,*
*Bien-heureuse se retiroit,*
*Comme par vn vol insensible:*
*Et viuant apres le trespas,*
*Elle auoit au Ciel sa demeure,*
*Où les Dieux ne permettent pas,*
*Que iamais quelque chose meure.*

Quoy? penserions-nous donc qu'elle se trompast en ceste esperance, & que pour ne rien voir d'elle apres sa separation d'auec le corps, il s'ensuiue qu'elle ne soit plus? Nullement mes amis. Mais bien au contraire.

*L'Ame dressant son vol vers la loge eternelle,*
*Moins il se peut trouuer de pesanteur en elle,*
*Mieux elle a despoüillé la masse de la chair,*
*Plus viste elle remonte en sa diuine source,*
*Et ne peut rien trouuer capable d'empescher,*
*Les mouuemens heureux de sa legere course.*

Apres de vrays obiects où l'œil n'a rien à
voir,
Dans le profond soucy d'acquerir du sçauoir,
Des passions du sang dans le sang despoüillee,
Elle demeure ferme en des pas bien glissans,
Elle fuit de la chair qu'elle cognoist soüillee,
Et vit en deffiance auecques tous les sens.

Ainsi viuant tousiours auec soy retiree,
De la contagion de son corps separee,
Elle n'emporte rien de ses mauuaises mœurs,
Les desirs, les amours, la crainte, la folie,
Et tout ce qui prouient de charnelles humeurs,
Demeure dans la chair au monde enseuelie.

Pure & nette qu'elle est ayant trouué son
port,
Dans le Ciel où iamais n'a peu venir la mort,
Elle y trouue sa part de repos & de gloire,
Elle n'a de confort que les Dieux seulement,
Et ce que tout mortel est obligé de croire,
Ceste felicité dure eternellement.

Mais l'autre à qui les sens ont donné des delices,
L'Ame à qui les vertus ont esté des supplices,
Que le soing du sçauoir n'esmeut que par horreur,

*Qui s'est auec le corps estroictement liee,*
*Et qui de lascheté suiuant le vain erreur,*
*Faict gloire de se voir à la chair alliee:*

*Dans les plaisirs trompeurs dont nos sens abrutis,*
*Ne peuuent sans effort estre icy diuertis,*
*Elle est comme assoupie, & languit dans des charmes,*
*Sa volupté se rend insensible au remors*
*Et tout ce qui l'oblige à recourir aux larmes,*
*Ce n'est que le soucy d'abandonner le corps.*

*Ainsi dans les desirs de la chair enyuree,*
*Elle n'en est iamais que fort peu deliuree,*
*Et laissant un sejour qui luy fut si plaisant,*
*Elle ne void plus rien quittant ceste lumiere,*
*Et traine en l'autre mõde vn fardeau si pesãt,*
*Que son vol ne vient point au bout de la carriere.*

*Dãs le chemin du Ciel où l'esprit veut aller,*
*Des grossieres humeurs l'arrestent parmi l'air,*
*Qui souffre à cõtrecœur ces impures matieres:*
*Si bien que ces esprits à la mercy des vents,*
*Vagabõds sans retraicte autour des cimetieres,*
*Sont le rebut des morts & l'effroy des viuans.*

Ce ne sont que les ames des meschans qui

sont tousiours tourmentees, & auec des playes visibles, & des gemissemens qui semblent partir de quelque chose de corporel, aussi ont-elles retenu beaucoup de la chair qu'elles ont habitee auec tant d'affection & de familiarité.

*Leur essence au trespas de ceste chair sortie,*
*De ses lourdes vapeurs emporte vne partie*
*Qui l'empesche d'aller où les bons ont leurs rangs,*
*Ainsi son vol rebrousse en la basse contree,*
*Et parmy les tombeaux ces fantosmes errans,*
*Recherchent dans le corps vne seconde entree.*

*Que si le cours du tẽps ramenãt les saisons,*
*Redonne à ces esprits encore des maisons,*
*Selon leurs sentimens ils trouuẽt des organes,*
*Ils habitent les corps de diuers animaux,*
*Alors les ignorans ont la forme des asnes,*
*Et reuiennẽt au iour pour souffrir mille maux.*

*L'vn qui de son viuant auoit l'humeur encline,*
*Au dol, à l'iniustice, au sang, à la rapine,*
*Il reuient dans le monde en forme d'espreuier,*
*Il guette dans les airs où fondra sa furie,*
*Il siffle à la vapeur d'vn charõgneux grauier,*
*Et de ces corps puants qu'on iette à la voyrie.*

*Ceux qui n'ont faict viuans que boire & que manger, [loger,*
*Dans des corps de pourceaux se viennent tous*
*Et dans la mesme humeur qu'ils ont iadis suiuie,*
*Sans cognoistre que c'est de soucy ny de pleurs,*
*Faisans à leur retour vne pareille vie,*
*Vn bourbier leur plaist mieux, qu'vn pré semé de fleurs.*

Ainsi chacun selon le naturel qu'il a retroué des corps disposez à le receuoir, & les corps de bestes mourans reçoiuent encore leur vie des hommes qui retiennent les mesmes complexions.

*Les vns qui sans venir à des sciēces claires*
*Ont exercé viuans des vertus populaires,*
*Et qui moralement ont esté bonnes gens,*
*Qui par bonne coustume ont abhorré le vice,*
*Qui pour le bien public ont esté diligens,*
*Et dont les affligez ont tiré du seruice.*

*Au retour de la mort ie croy qu'ils sont remis, [mis,*
*Dans quelque petit corps d'abeille ou de four-*
*Qui viuās doucemēt en la terre où nous sōmes,*
*Replissent leurs cachots de froment ou de miel,*
*Ces petits animaux refont de mesmes hōmes,*
*Mais rien de tout cela ne va iamais au Ciel.*

*Ce riche firmament où brillent tant de flammes,*
*Est vn chemin ouuert aux bien-heureuses ames,*
*Pour passer au seiour où les Dieux sont logez,*
*Nous entrõs pour iamais en leur saincte alliãce*
*Apres que nos esprits ont esté bien purgez,*
*Et qu'ils ont surmonté la chair par la science.*

Il faut donc biẽ philosopher tout le temps de nostre vie, pour atteindre à ceste pureté qui nous porte au Ciel, & l'esprit qui se vouë de bonne sorte à la profession d'vn estude si excellant, ne se mesle iamais aux affections corporelles, & ne prend point de part aux soucis, dont le reste des hommes sont ordinairement trauaillez.

*Le soing d'enrichir sa famille,*
*Ne le rend point plus diligent*
*Il luy chaut fort peu qu'on le pille,*
*On ne le void iamais changeant,*
*Pour la perte de son argent,*
*Ny de son fils, ny de sa fille.*

*Il ne fut iamais suborneur,*
*Pour briguer la Magistrature,*
*Aussi l'infamie & l'honneur,*
*Sont pour luy de mesme nature,*
*Et la peur & la sepulture,*
*Ne troublent iamais son bon heur.*

C'est

*C'est le seul sçauoir qui l'asseure,*
*Et qui l'empesche de trembler.*
*Au moment de la derniere heure:*
*Car son esprit sans se troubler,*
*Se void du corps desassembler,*
*Sçachant bien son autre demeure.*

*Il est bien aise de mourir,*
*Et les ignorans au contraire,*
*Qui n'ont iamais sceu discourir,*
*Alors ne sçauent plus que faire,*
*Et loing du iour qui les esclaire,*
*Pensent entierement perir.*

La raison pourquoy les Philosophes ont à la mort vne asseurance que les autres n'ont point, & qu'ils sçauent bien le lieu de leur retraite apres estre sortis de ceste vie, c'est que leur esprit s'estant commis absolument au soin & à la conduite de la Philosophie: il a peu à peu cogneu d'elle, qu'il est attaché dans le corps par des liens bien dangereux, & qui le retiennent aux mouuements dont il se veut esleuer à la cognoissance des choses pures. La Philosophie le despestre & desgage de ceste contrainte par vn estude continuel, à cela il luy fit entendre que dans la familiarité qu'il a parmy le sang & la chair; il est à craindre qu'il ne luy naissent des couoitises, qui l'aydẽt à se ruyner luy-mesme, & seruent au corps pour corrompre l'ame. Ceste consideration que la discipline de la Philosophie luy faict venir insensiblement, l'oblige ne se retenir tant qu'il peut de ceste conuersation d'estre tousiours en deffiance chez son hoste, comme auec vn estranger, & ne se communiquer iamais aux sens par la recherche de quelque science: car il n'y a ny œil, ny oreille qui soit assez fidelle à rapporter quelque object à l'entendement. Mais se retirant chez elle, & se cultiuant toute seule, elle doit venir en fin à la cognoissance des choses qui ont vn estre veritable, & qui sont d'elles mesmes: comme tout au rebours elle ne doit point croire veritable ce qu'elle apprend ou considere par l'ayde & par la communication du corps: car se sont choses qui ne sont point d'elles mesmes, mais par autruy, & sensibles & visibles, où ce que l'ame comprend de soy est intelligible & inuisible. Vn vray Philosophe iugeant que son esprit doit obeyr à ce dessein que la Philosophie faict en luy, & qu'il est à propos de se fier en elle, & de la croire, il tasche comme elle luy ordonne de s'affranchir de toutes sortes de voluptez, conuoitiſes, craintes & douleurs, iugeant bien que dans les plaiſirs, dans la crainte, dans la douleur, & la conuoitiſe, outre ces maux ordinaires, comme perte d'argent, ou maladies qui leur ſont attachez, il y a ſans doute vn plus grand mal: c'eſt que dans tout cela l'ame patit & n'y prend pas garde: car alors que l'ame vient à ſe picquer de plaiſir ou de douleur, apres quelque choſe, & que elle croit ce faux obiect des choſes viſibles, quelque choſe de beau, manifeſte & veritable; ſans doute alors elle eſt bien priſe & bien engagee dans le corps, pour ce que toute ſorte de volupté ou de douleur eſt maiſtreſſe dans le corps; & ſe prenant à l'ame, elle l'aſſubjettit; & la plongeant dans les ſentimens charnels, elle l'oblige à participer à meſmes mœurs, & à meſme nourriture, la rend incapable de toute pureté, & la faict ſortir du corps toute ſale de ſes taſches & de ſes ordures, d'où elle renaiſt encore, comme ſi on l'euſt ſemee & entee dans quelque autre corps bien loing du commerce de ces eſſences diuines, pures & vniformes, & pour l'amour d'elles, & pour le bon-heur de les conuerſer, que les vrays amateurs de la ſcience ſ'appliquent à l'eſtude de la vertu, & non point pour les conſiderations qui esmeuuent les esprits du populaire à la rechercher. Le Philosophe cognoist assez qu'apres que la Philosophie l'a desia deliuré des liens du corps, & nettoyé de ses ordures, il ne luy faut plus retomber dans ce bourbier, ny se remettre au trauail d'vn mesme estude, comme Penelopé apres sa toile. Mais pensant au repos de toutes ses affections, suiuant sa raison & se se tenant ferme en elle, il s'esleue en la contemplation de ce qui est par dessus l'opinion, & qui est infailliblement vray & diuin, duquel ayant esté nourry, il croit qu'il luy faut passer la vie de mesme, esperant qu'au sortir d'icy, il ne faudra iamais de passer vers quelque chose de pareil, où il se verra exempt de toutes les miseres humaines.

*Dans ceste bonne nourriture,*
*Quoy que menace la nature,*
*Le Sage deslogeant d'icy,*
*Ne craint point que le vent l'emporte,*
*Et ne meurt point dans le soucy,*
*Que son ame demeure morte.*

Apres que Socrate eut ainsi acheué son propos, toute la compagnie fut assez long temps sans parler, luy-mesme sembloit repasser dans l'esprit les discours qu'il venoit de faire. Cebes & Simias furent les premiers qui rompirent le silence, & s'estans parlez vn peu l'vn à l'autre, Socrate les regarda. Et qu'est-ce qui vous semble, leur dit-il, de ce que nous auons dit? N'auez vous point encor là dessus quelque chose à vous enquerir? Car il y reste encore bien des doutes & des objections à qui voudroit traicter cela bien pleinement. Si vostre deuis est sur quelque chose de particulier entre vous, ie ne vous dis mot: mais si c'est sur quelque difficulté de nostre discours, qui vous donne de la peine, dites-le hardiment, & repassez, s'il vous plaist, ce traicté, si vous pensez voir qu'en quelque endroict on y puisse dire quelque chose de mieux: & si vous croyez que ie vous puisse seruir à ceste conference, faisons ensemble cest examen.

SIMIAS.

Pour ne te point mentir, Cebes & moy, il y a desia long temps que nous nous entrepoussons l'vn l'autre, pour te faire parler encore: mais nous craignons de faire vne inciuilité & vne impudence en l'estat de la calamité presente, où tu es. Socrates riant à eux, vrayement dit-il, il me seroit bien mal-aisé de faire croire à d'autres que cest accident ne me donne point de l'affliction, puis que vous ne m'en croyez pas vous-mesmes: car il vous semble que ie dois estre auiourd'huy plus fascheux, & plus triste que ie n'estois au reste de ma vie.

*Vous ay-je bien donné des signes,*
*Que i'eusse peur du monument?*
*Croyez-vous que mon sentiment*
*Vaille moins que celuy des Cignes?*
*Lors que la mort les vient querir,*
*Et qu'ils en sont desia la proye,*
*Ils sont bien aises de mourir,*
*Et ne font que chanter de ioye.*

Quelques-vns disent que c'est de douleur que les Cignes chantent aux approches de la mort: mais ie ne trouue point cela probable, car il n'y a point d'oyseau qui puisse chanter en la moindre incommodité qu'il ayt, ny les Rossignols, ny les Arondelles qu'on feint estre encore en la memoire de leur desespoir, ne chantent point qu'au temps de leur ioye, la faim ou le froid les rend muets. Ie croy pour moy que c'est d'aise que les Cignes chantent & qu'ayans comme vne inspiration du DIEV Apollon, à qui ils sont consacrez, ils bruslent du desir d'approcher leur maistre, & en font des chants de ioye.

*I'ay comme eux l'esprit prophetique,*
*Et pense que le Dieu des Vers,*
*Ne m'aura pas moins descouuers,*
*Les secrets de sa prognostique,*
*Et qu'vne beste ne peut pas,*
*Moins que moy craindre le trespas.*

Ne craignez donc point de m'interroger sur ce qu'il vous plaira, & me faire employer ce peu de temps que les Iuges me donnent. Tu parle bien, luy dit Simias. Ie ne craindray point maintenant à te dire surquoy ie doute, & où ie puis trouuer moins à me resoudre en tout ce discours. Or ie ne pense pas, ny possible toy non plus; que la verité s'en puisse bien trouuer en ceste vie.

*Durant le cours mortel que Dieu donne la vie,*
*Il est bien mal-aisé de contenter l'enuie,*
*Que nos esprits ont de sçauoir.*
*Au moins ce peu de iours que nous auons au monde,*
*Employons tout nostre pouuoir,*
*A dissiper l'horreur de ceste nuict profonde,*
*Et de ce peu de clarté*
*Que l'estude nous apporte,*
*Taschons à ouurir la porte,*
*Qui meine à la verité.*

Ce seroit donc vne lascheté, ô Socrate, de t'espargner au besoing que nous auons icy de toy. Il faut que tu espluches & examines de rechef ce traicté, deusses-tu te rendre & defaillir au trauail, afin de nous instruire en ceste matiere, & que nous puissions penetrer aussi auant que peut l'entendement de l'homme : car dans vn si profond Ocean, si nous n'y pouuons pas voir toute la facilité que nous y desirons, nous y deuons prendre pour le moins, toutes les asseurances que nous y pourrons trouuer.

*On a recours à des vaisseaux,*
*Ne pouuant vser de carrosses,*
*Pour fendre les humides bosses*
*Qui grossissent le dos des eaux.*

Asseure-nous donc le mieux que tu pourras, & nous instruis en toute ceste question, afin que ie ne me repente point vn iour, d'auoir perdu ceste occasion de m'en esclaircir auecques toy. Il est vray que Cebes & moy auons des difficultez. Et peut estre, dit Socrates auec subiet: commencez à me dire, en quoy vous estes moins satisfaicts. En cet endroit luy dist Simias, où tu as parlé de l'inuisible diuin, & tresbeau qui se peut, ou semble aussi bien dire de la harmonie d'vn luth bien accordé & bien touché: car on dira que l'harmonie de ces accords parfaicts font quelque chose de diuin, de pur, & d'immortel, & que les cordes & le bois du luth sont choses corporelles, composees, & terrestres, & de la nature de ce qui est mortel; si bien qu'apres auoir rompu les cordes, & cassé le luth, on prouuera par tes raisons, que ce qui est de celeste, c'est à dire, ceste harmonie demeure encore & ne se dissipe point: car il n'y a nulle imagination que le luth demeure apres les cordes rompuës, & que les cordes qui sont de ce qui est mortel, demeurent aussi: mais que la harmonie qui est de l'immortel & du diuin estoit perduë, & auoit cessé desia plustost auant que le luth & les cordes; & que ce pendant l'harmonie demeurast quelque part, & que le bois du luth & les cordes se pourrissoient plustost que ceste harmonie peust souffrir quelque chose: Car ie pense bien, ô Socrates, que tu as prins garde que c'est nostre opinion; pour ce qui est de l'ame qu'elle est quelque chose de tel que ceste harmonie, sentant qu'il y a dans nostre corps vne certaine disposition & complexion du chaud, du froid, du sec, & de l'humide, & telles autres choses, & que le temperament & consonance de ces choses là, c'est l'ame, qui agit ainsi dans le corps, & faict ses functions lors que ses temperatures vont bien. Que s'il est donc ainsi que nostre ame soit vne harmonie, toutes les fois que les maladies ou les passions viennent à rõpre l'ordre de ses temperamẽts, & ruyner ses organes, pour diuine qu'elle soit, il faudra qu'elle perisse, aussi biẽ que ces autres harmonies & consonances de luth ou de bois, & autres que peuuent faire des artisans, & que le corps & la grossiere partie de ces choses là demeurent iusqu'à tant que le feu ou la pourriture les emporte, si bien qu'elles sont tousiours de plus de duree que l'ame, & les plus subtiles parties. Considere donc, ie te prie, qu'est-ce qu'on respondra à qui voudra croire que l'ame est vn temperament de la composition du corps, & qu'en la mort c'est elle qui desloge la premiere, & qui perit plustost.

*Là Socrate se print à rire,*
*Et iettant des traicts allumez,*
*De ses regards accoustumez,*
*Sur ce qu'on luy venoit de dire.*

*Ces difficultez nous, dit-il,*
*Sont d'vn raisonnement subtil,*
*Qu'il faudra que ie vous explique.*
*Pourquoy donc quand vous m'escoustiez,*
*Sur ces discours où vous doutiez,*
*Auez-vous esté sans replique?*

*Quelqu'vn plus eloquent que moy,*
*Deuoit renforcer mes paroles,*
*Et mieux faire voir comme quoy*
*L'on dispute dans nos escoles.*
*Ce discours a bien merité,*
*Qu'on apporte vn peu de clarté,*
*Dans vne si crasse ignorance,*
*Puis que vrayement son apparence,*
*Est proche de la verité.*

*Sçachons-le quoy qu'il nous en coute,*
*Mais auant que de refuter,*
*L'erreur de la premiere doute,*
*Encore faut-il que i'escoute.*
*Sur quoy Cebes veut disputer,*
*Afin que mieux sur chaque chose,*
*Partageant nostre peu de temps,*
*Sans permettre que ie repose,*
*Ie vous rende tous plus contens,*
*Aux matieres que ie propose.*

*Ainsi traictant tout posément,*
*Nous cognoissons bien aisément,*
*Si c'est l'opinion premiere,*
*Où la raison nous va ranger,*
*Et s'il est besoing de changer,*
*Au moins suiuons quelque lumiere,*
*Pour recognoistre le danger.*

Puis se tournant vers Cebes, il le pressoit

de luy proposer aussi ses doutes, comme Simias auoit faict, & luy dit :

*A quoy crains-tu de consentir ?*
*Qu'est-ce enfin de si difficile,*
*A quoy ton esprit indocile,*
*Est resolu de repartir ?*

Il me semble, respondit Cebes, qu'il en est de l'ame, comme de son harmonie. Or pour ce qui est de son estre, auant que de venir dans le corps, ie ne nie point qu'il ne puisse estre vray, & m'en rapporte fort à la preuue des discours que tu nous as faicts: mais qu'elle soit apres nostre mort, c'est ce que ie ne croy pas de bon cœur. Et si ie ne suis pas pourtant de l'opinion de Simias, qui ne croit pas que l'ame vaille mieux que le corps, ny qu'elle soit de plus longue duree : car moy ie pense que l'ame est plus excellente, sans comparaison, que tout cela, & partant voicy comme quoy ie voudrois exposer la raison precedente de Simias ; puis qu'apres vn homme mort on void ce qui estoit de moindre en luy demeurer encore, pourquoy n'aduouëra-t'on point que ce qui estoit en luy de plus ferme, & de plus durable, demeure aussi bien & subsiste au mesme moment que le reste? Mais voyons de quel poids sera la response que ie fais à cela. Il me faut pour m'expliquer vne comparaison aussi bien qu'à Simias: Il me semble que ce discours est presque de mesme, que si quelqu'vn disoit apres la mort d'vn vieux Tisseran, que cet homme est encore, pour ce que l'habit qu'il auoit demeure encore, & pour toute preuue il diroit, que puis qu'vn homme doit durer plus qu'vn habillement de toile, il faut que cet habillement demeurant apres la mort du Tisseran, le Tisseran soit aussi, puis qu'il est de plus de duree que son habillement. Pour moy, Simias, ie croy que cela est foible, & que peu de gẽs se voudroiẽt payer de telles raisons: car ce Tisseran qui aura vsé plusieurs habillemens, & en aura tissu plusieurs, il est mort apres beaucoup d'habillemens, & seulement plustost qu'vn, & si ne s'ensuit nullement pour cela, qu'vn homme soit quelque chose de plus vil, & de plus debile qu'vn habillement. On peut ce me semble faire la mesme comparaison de l'ame au corps, que l'ame est veritablement de plus de duree, & le corps moins fort & moins durable: mais que chaque ame consume plusieurs corps, mesme en celle qui viuent long temps: car si le corps s'en va & deperit tous les iours, mesme durant la vie,

& que l'ame repare tousiours ce qui se consume, & remet ce qui se perit; alors que l'ame perit, s'estoit son dernier habillement; deuant lequel elle meurt, ayant suruescu à plusieurs autres, & qu'apres la fin de l'ame le corps qui n'a plus dequoy se refaire, est contraint de monstrer l'imbecillité de sa nature, & pourrit & esuanoüit bien tost. De tout ce discours on ne trouue point que l'ame demeure apres que nous ne sommes plus; car quand bien on t'accorderoit que non seulement l'ame estoit auant le corps, qu'apres la mort de quelques vns, leurs ames reuiendroient encore dans les corps; & qu'il se trouuast des esprits qui vinssent ainsi à quitter & reprendre des corps, comme la nature de l'ame est excellente & puissante, si peut-on dire pourtant que l'ame enfin lasse de tant de generations, & d'esteindre & de rallumer tant de vies, pourroit rencontrer vne mort derniere, dont elle ne reuinst iamais. Outre qu'il n'y a personne qui se puisse apperceuoir quelle separation de l'ame auec le corps, est celle où l'ame doit perir: que s'il en est ainsi, c'est vne folie d'auoir des confiances en la mort, ne pouuant faire voir que l'ame est immortelle & indissoluble, & selon l'apparence, on tire de là vne necessité que chacun doit craindre pour son ame, quand elle est proche de son partement, ne sçachant si elle prend son congé pour tousiours, & si c'est là ceste separation qui la doit acheuer.

PHÆDO.

*Ce fust là ce discours où nostre ame attachee,*
*De sentimens douteux diuersement touchee,*
*Dans vn estonnement nous laissa tous rauis,*
*Nous vismes des raisons par d'autres renuersees,*
*Et desia bien panchans vers ce dernier aduis,*
*Nous ne sçauions à quoy resoudre nos pensees.*

*Socrate nous ayant persuadé si bien,*
*Que nul sur son discours ne doutoit plus de riẽ,*
*Nos esprits balãcez souffroiẽt vne cõtrainte,*
*Et de ceste dispute à demy rebutez,*
*Nous creusmes que la chose estoit douteuse ou feinte,*
*Ou que nos iugemens estoient trop hebetez.*

Ce n'est point sans sujet, Phædo, que vous demeurastes en ce doute, & en cet estonnement: car seulement à t'ouyr parler, il m'a prins vne mesme deffiance des persuasions de Socrates, & m'esbahy pourquoy ie commence à me desdire de son opinion veritable. C'a esté tousiours mõ aduis qu'il y a vn grand rapport de l'ame à ceste harmonie, & comme ie l'ay tousiours creu auparauauant, ton discours m'a remis encore plus auant ceste creance, si bien que i'ay besoing tout à fait d'autres preuues que les premieres, pour cognoistre que l'ame soit immortelle. Partant ie te cõjure de me dire si Socrate se trouua aussi esmeu que les autres pour ses objections, s'il eut des raisons pour bien appuyer sa doctrine, de quelle façon il se prist à la disputer, & comme quoy il s'en acquitta. [sa vie,

*Vrayement depuis le temps que ie cognois*
*I'admire de l'ouyr parler si sainement:*
*Toutesfois la vertu dont mon ame est rauie,*
*Ne me saisit iamis de tant d'estonnement.*

*Du trouble de son deüil mon esprit se rappaise,*
*Et le ressentiment que i'ay de son trespas,*
*Ne sçauroit m'empescher que ie ne sois biẽ aise,*
*D'auoir veu l'accident de ce mortel repas.*

*Les raisons qu'il tiroit de son esprit fertile,*
*Contre les mouuemens de nos esprits douteux,*
*Rendirent tout l'effort de l'erreur inutile,*
*Et nos difficultez nous rendirent honteux.*

Sans

Sãs qu'aucun desplaisir luy parust au visage,
Il vid bien cõme quoy le faux nous esmouuoit,
Et d'vn cas complaisant comme estoit son langage,
Il ouyt proposer les doutes qu'on auoit.

Puis à chaque blesseure apportant vn dictame,
Il donna ses raisons auecques tant de poix,
Qu'il fut assez puissant pour affranchir nostre ame,
A qui desia l'erreur auoit donné ses loix.

Cõme dans vn cõbat des trouppes estonnees,
Quand l'ennemy vainqueur a dissipé leurs ans,
Ont besoing d'vn bõ chef pour estre ramenees,
Et refaire le gros de leurs soldats errans.

Socrate doucement auecques sa conduite,
De ses mauuais objects rompant la trahison,
Ramena ces esprits qui s'estoient mis en fuitte,
Et leur fit retrouuer le train de la raison.

Combien que son propos d'vn sens incomparable,
Parust vne merueille au iugement de tous,
Il sembloit toutesfois encor plus admirable,
En ceste gaye humeur dont il parloit à nous.

*I'estois lors d'aduenture au pied du lict fu-*
*neste,*
*Où ses yeux attendoient le somme du trespas,*
*Socrate estoit assis plus haut que tout le reste,*
*Et moy sur sa main droicte en vn siege assez*
*bas.*

*[ble,*
*Passant dessus mes yeux son regard venera-*
*Et joüant de sa main auecques mes cheueux,*
*Il sembloit à le voir que le Ciel fauorable,*
*En son affliction eust accomply ses vœux.*

*Comme chacun de nous à l'escouter s'ap-*
*preste,*
*Encore sur mon poil il repassa la main,*
*Et possible (dit-il) en me pressant la teste,*
*Phædon ces beaux cheueux seront coupez de-*
*main.*

*[dre*
*Ie respondis qu'ouy, ne sçachant pas enten-*
*Pour quel deüil il vouloit que ie les fisse choir,*
*Ha, dit-il, cher Phædon, ce seroit trop attẽdre,*
*Si nous auons icy plus pres le desespoir.*

*Tous deux si tu me crois tant que Phæbus*
*demeure*
*Sur l'Orizon dernier dõt ie dois voir le cours,*
*Razons-nous s'il aduient que la raison nous*
*meure,*

Et monstrons par ce deüil la mort de nos discours.

Cõme au païs d'Argos au milieu des batailles,
Les soldats font sermẽt d'estre tousiours razés,
Iusqu'à tant que leur glaiue ait faict les funerailles,
D'eux ou des combattãs qui leur sont opposés.

Moy si i'estois Phædon auant que de me rendre
Au deffy de Simie & de Cebes aussi,
Ie les mettrois au point de ne s'ozer deffendre,
Ou mon dernier souspir s'acheueroit icy.

Ha! dis-je, mon dessein seroit bien ridicule,
De me prẽdre moy seul à ces deux forts esprits,
Ie serois temeraire & le puissant Hercule
D'vn si sot desespoir ne fut iamais repris.

Si tu te vois (dit-il) trop foible d'aduenture,
Phædon, prẽds vn second, Hercule en fit autãt,
Demande moy secours tãt que ce iour me dure,
Ie seray l'Iolas auec toy combattant.

Ouy disie, vous Hercule & moy trop foible encore,
Pour faire l'Iolas en ce combat icy,
Et de peur que mõ bras vos coups ne deshonore,
Vous en prẽdrez tout seul la gloire & le soucy.

Apres ces cõplimẽs rentrãt dans la matiere,
Il retrama le fil d'vn discours si fecond,
Que parmi tout le cours de la dispute entiere,
Il fit voir qu'il n'auoit que faire d'vn second.

Afin que nostre esprit plus clairement regarde,
Dans le vray qui souuent se couure de l'erreur,
Deuant tout (nous dit-il) chers amis prenez garde,
Que iamais la raison ne vous soit en horreur.

Chacun deuient subiet à ceste maladie,
Lors que par la raison il s'est trouué seduit,
Et que des faux objects dãs vne ame estourdie,
Au lieu de la lumiere ont faict venir la nuict.

La meilleure raison nous viẽt en deffiance,
L'ame vne fois trompee a tousiours de la peur,
Et n'oze apprehender l'obiect de la science,
Quand celuy qui le donne est soupçonné trompeur.

Ainsi dans l'amitié que nous auons voüee,
A quelqu'vn dont l'humeur se forme à nos desirs,
Nostre ame auec la sienne estroitement noüee,
Se laisse innocemmẽt surprendre à ses plaisirs.

Mais l'infidelité qui demeuroit cachee,
Enfin se descouurant fasche vn hõme de bien,
Et l'ame auec effort d'vn tel ioug destachee,
Se deffie tousiours d'vn si traistre lien.

Mesme apres que plusieurs ont abusé nostre ame,
Que nous auons glissé souuent au mesme pas,
Et que ceux dont nos cœurs estimoient plus la flamme,
Ont eu le plus funeste & le plus feint appas.

Nostre esprit rebuté ne croit point des courages
Capables de donner ny de garder la foy,
Les plus sacrez serments luy laissent des ombrages,
Et le font incredule à tout autre qu'à soy.

C'est pourtant vn deffaut de la foiblesse humaine,
Qu'vne infidelité nous doiue ainsi picquer,
Et l'hõme de qui l'ame est vigoureuse & saine,
Iamais de tels rebuts ne se laisse choquer.

Il faut vn peu d'adresse à bien cueillir des roses,
Il faut bien du mystere à gouuerner les gens,

*Il faut de l'artifice à discerner les choses,*
*Que n'ont iamais cogneu tous ces esprits changeans.*

Or si les entendemens foibles qui se trouuent ainsi subjets à se rebuter, auoient vn peu de finesse à se seruir des hommes, ils cognoistroient la chose comme elle est, c'est à dire, qu'il se trouue peu d'hōmes extrememēt bons ou extrememēt mauuais, mais il y en a vne infinité de mediocres. Pourquoy, luy dis-je, me dites vous cela? Tout ainsi, dit-il, qu'il en arriue aux choses petites ou grandes, vois-tu pas qu'il n'y a rien de si rare que de trouuer vn homme ou vn chien, ou autre chose, bien grande ou bien petite?

*Les obiects d'estrange mesure,*
*Sont rares parmy les humains,*
*Il se trouue dans la nature,*
*Peu de geans & peu de nains.*

*Bien peu de beauté comme Helene,*
*Peu de freres comme Castor,*
*Peu d'yurongnes comme Silene,*
*Peu de sages comme Nestor.*

*Peu de chiens comme estoit Cerbere,*

*Peu de fleuues comme Acheron,*
*Peu de femmes comme Megere,*
*Peu de nochers comme Charon.*

*Aucun teinct beau comme Iasynthe,*
*Rien de si clair que le Soleil,*
*Rien de plus amer que l'Absynthe,*
*Rien de plus doux que le sommeil.*

*Peu de bruits comme le Tonnerre,*
*Peu de monts comme Pelion,*
*Et des animaux de la terre,*
*Peu sont fiers comme le Lion.*

*Peu de felicitez supremes,*
*Peu d'incomparables malheurs,*
*Peu de ressentimens extremes,*
*De voluptez ou de douleurs.*

Enfin tu trouueras que les choses extremes sont fort rares, & que les mediocres sont frequentes. Que si on venoit à proposer vn prix à la meschanceté & au crime, il s'en trouueroit peu qui vinssent à l'extremité, & qui se trouuassent entierement meschans.

*Si le Ciel ostoit les tortures,*
*Dont il punit les forfaictures,*
*Et qu'il y proposast un prix,*

*Comme à des choses legitimes,*
*Il se trouueroit peu d'esprits,*
*Qui sceussent bien faire des crimes.*

Est-ce pas ton aduis, ô Phædon? Ie luy respondis que ie le croyois ainsi. Tu fais bien, me dit-il; ce n'est pas pourtant tout vn des raisons & des hommes, pource qu'elles ne sont pas ainsi differentes & rares aux extremitez entre elles, comme nous disons des hommes extremement meschans ou bons: mais ie me suis emporté en te suiuant iusques à ce discours: toutefois voicy où est nostre similitude, en ce que nous auons dit au commencement, qu'il y a vn certain artifice à se seruir des hommes, & à les cognoistre, de peur de s'y tromper. Tout de mesme, il y a du mystere à se bien seruir de quelques raisons & à les cognoistre; sans doute si quelqu'vn viẽt à prẽdre vne creance, & apperceuoir vne raison sans s'y estre serui de l'art des raisons, il est subiet à se tromper, se confondre, & se rebuter, & que pres que ceste creance se trouue fausse, & qu'il l'a descouure telle luy-mesme, cõme il peut estre qu'elle sera fausse, & peut estre aussi qu'elle ne le sera point, & ce mesconte luy estant arriué plusieurs fois, il ne peut estre qu'il ne se rebute, & ne vienne en deffiance de toutes les raiſons. Cet inconue-nient eſt ordinaire à ceux qui ayment à traiter des raiſons contradictoires: car tu ſçais qu'ils ſ'imaginent eſtre les ſeuls parfaitement ſçauans, & que ce ſont eux ſeulement qui ont deſcouuert, qu'il n'y a rien de ſain ny de ferme dans les choſes, ny dans les raiſons, mais que tout eſt ſans deſſus deſſous, peſle meſle, comme en l'Euripe, & qu'il n'y a rien où il y ait d'arreſt pour vn moment, & toute diſcipline de verité leur ſemble ſuſpecte & dangereuſe.

*Comme Euripe en ſes eaux mouuantes,*
*Qu'aucun vaiſſeau n'oze toucher,*
*Et qui donnent tant d'eſpouuentes,*
*Qu'on fremit à les approcher.*

Et n'eſt-ce pas, ô cher Phædon, vne honteuſe & miſerable maladie, que ſe trouuant des raiſons bonnes & fermes, & bien capables d'appuyer noſtre creance, vn homme vienne à ſ'en deffier par la deprauation, & le degouſt de ſon eſprit, que ſes diſcours ainſi contradictoires ont empieté, & luy ont perſuadé que tout eſt tantoſt vray, & tantoſt faux; & qu'eſtant deuenu ennemy de toutes les raiſons, il face comme le malade qui impute l'amertume de ſon gouſt aux viandes, & ceſtui-cy ſa foibleſſe & ſon deffaut aux raiſons pour les hayr apres toute ſa vie, & ſe priuer de la verité, & de la cognoiſſance des choſes.

*Son ſens gaſté ſe perſuade,*
*Qu'il ne faut plus rien affermer,*
*Comme l'appetit d'vn malade,*
*Qui ne trouue rien que d'amer.*

*Cher Phædon, croyons, ie te prie,*
*Que ſouuent l'ame des humains*
*A bien beſoing d'eſtre guerie,*
*Et taſchons à nous rendre ſains.*

*Mille choſes ſont veritables,*
*Et peuuent par le fondement*
*De leurs preuues indubitables,*
*S'appuyer dans l'entendement.*

*Les deffauts ſont dans nos penſees,*
*Il ſe trouue peu de mortels,*
*Dont les ames ſoient bien ſenſees,*
*Mais taſchons à deuenir tels.*

*Moy pour auoir cet aduantage,*
*De mourir ſur vn vray diſcours,*
*Et vous pour en garder l'vſage,*
*En tout le reſte de vos iours.*

*Auiourd'huy que ma mort est proche,*
*Et que ie cours à mon repos,*
*Ie veux esuiter le reproche,*
*De disputer mal à propos.*

*Que ie hay l'humeur enragee,*
*Des ces esprits contentieux,*
*Qui gesnent vne ame engagee,*
*Dans les discours ambitieux.*

*Toutes choses paroissent sombres,*
*A qui les veut ouyr parler,*
*Leurs subtilitez sont des ombres,*
*Et leur voix du vent & de l'air.*

*Tout le souci de leur estude*
*N'est qu'vne sotte vanité,*
*De donner vne incertitude,*
*Sous couleur d'vne verité.*

*Laissant là le vray d'vne chose,*
*Ils n'ont que des discours menteurs,*
*Pour rendre ce qui se propose,*
*Apparent à leurs auditeurs.*

*Moy d'vn humeur toute contraire,*
*Laissant libres vos iugemens,*

*Ie ne tasche qu'à satisfaire,*
*Par raisons à mes sentimens.*

*Ennemy d'vn discours qui tente,*
*Et qui suborne les esprits,*
*C'est assez que ie me contente,*
*Car ie n'ay rien plus entrepris.*

*Cognoissant la chose à mon aise,*
*Ie suis quitte de mon deuoir,*
*S'il aduient que mon sens vous plaise,*
*C'est à vous de le receuoir.*

Et voicy, mon amy, le profit qui me reuient en disputant de la sorte. C'est que mon opinion & ce que i'entreprends de prouuer se trouuant veritable, il sera bon de s'y arrester; si ie me trompe en ma creance, & qu'il soit faux qu'apres la mort il demeure encore quelque chose de nous, au moins ce peu de temps que i'ay auant que de mourir, passera auec moins d'ennuy, & pour vous, & pour moy. Et apres toute l'ignorance de ces choses là ne me peut pas durer beaucoup, car ie n'ay plus gueres à m'en esclaircir: & voila de quel dessein ie reuiens, ô Simias, & vous Cebes, tout prest à disputer : mais pour vous, si vous me croyez, ne vous en rapportez point à Socrate, mais à la verité. Quand vous iugerez que ie dis vray, accordez-le; si non, niez-le, & me repliquez hardiment, & prenez garde pour moy que me trompant moy-mesme, ie ne vous trompe aussi, & me separe d'auec vous, comme la guespe apres vous auoir laissé mon aiguillon. Reuenons donc à vos obiections, & s'il ne m'en ressouuient pas bien, aydez moy à les repeter. La doute de Simias, si ie ne me trompe, c'est que l'ame, quoy que plus belle, & plus diuine que le corps, ne laisse pas pourtant de perir, plustost pour le rapport qu'elle a auec ces harmonies, dont nous auons parlé. Cebes, ce me semble accordoit bien que l'ame estoit de plus de duree que le corps: mais il adioustoit que personne ne peut sçauoir si l'ame apres auoir consommé plusieurs corps, laissant enfin le dernier ne finist aussi elle mesme, & que telle sorte de mort seulement soit la fin de l'ame: mais que le corps est subjet à se dissoudre & deperir continuellement. Simias & Cebes accorderent tous deux, que c'estoient la leurs doutes: mais, dit Socrate, niez-vous ce qui a esté dit au traicté precedant, ou si vous en accordez vne partie, & en niez l'autre? Il y a (luy dirent-ils) des choses que nous trouuons bonnes, & d'autres que nous n'approuuons point. Mais, dit Socrate, touchant la reminiscence, qu'est-ce qu'il vous en semble? Croyez-vous qu'elle est? & si elle est; estes-vous d'accord auec moy, qu'il en faille tirer vne consequence necessaire, que l'ame a esté en quelque lieu auparauant que de venir dans le corps? Pour cela, dit Cebes, i'ay pris vn grand plaisir au discours que tu en as faict, & me tiens ferme en ceste creance: Et moy, dit Simias, i'en suis tout de mesme, & serois fort estonné s'il estoit possible qu'on me persuadast le contraire. Si es-tu pourtant obligé, hoste Thebain, à prendre vne autre opinion, si tu crois que l'harmonie soit quelque chose de composé, & que l'ame soit vne harmonie de la temperature, & de la constitution du corps: car tu ne sçaurois aduouër que ceste consonance composee de quelque chose, ait esté plustost que la chose, dont il falloit qu'elle se composast. Tu ne sçaurois iamais aduouër cela. Iamais, dit Simias. Et vois-tu pas bien cependant que tu es contraint de le confesser, quand tu dis que l'ame a esté plustost que le corps, & qu'elle est vne consonance composee du corps? ton dire reuient à cecy; qu'elle se faict des choses qui ne sont point. Encore mesme l'harmonie du luth ne peut estre de la sorte, c'est à dire, auant les choses dont elle est composee: car le bois & les cordes, & quelques sons rudes, & mal accordans precedent ceste douce & parfaicte consonance, qui vient apres tout cela, & se perd plustost que le reste. Vois donc, comme quoy ce que tu dis icy, reuient fort mal à ce que tu disois auparauant, & que sur les propos de ces harmonies, & de ces concordances, tes discours se trouuent tres-mal d'accord. Tres-mal, dit Simias, si est-ce qu'en ceste matiere de consonances, il faut sur tout que les paroles soient bien concertees, & qu'elles ne discordent point en propos: le desordre au langage ne doit pas estre si remarquable.

*Dans vne passion de douleur ou de rage,*
*Quand l'espoir d'vn Amant est troublé d'vn refus.*
*Ou qu'vn pasle Nocher gemit parmy l'orage,*
*L'Ame ne peut fournir que des propos confus.*

*N'importe qu'vn bouuier en escorchant la terre,*
*Parle auec eloquence à ses Taureaux rebours,*

*Ny qu'vn braue soldat en parlant de la guerre,*
*Cherche de l'artifice à ranger ses discours.*

*Au lieu de bõ discours & de voix eloquãtes,*
*On ne peut escouter qu'vn dissolu caquet,*
*Sur le Mont Cytheron où s'en vont les Bacchantes,*
*Quand leur Dieu les appelle à son vineux banquet,*

*Mais celuy dont l'esprit n'est iamais en desordre,*
*Et que les passions laissent en son repos,*
*Afin que les Censeurs n'ayent point dequoy le mordre,*
*Il doit auoir le soing d'accorder ses propos.*

C'est à dire, ô Simias, qu'vn Philosophe doit faire en sorte, que ses discours se trouuent de bon accord: les tiens à present se trouuans tres-desaccordans, il faut que de deux, tu choisisse lequel tu aimes le mieux, ou receuoir la discipline de la reminiscence, ou croire que l'ame est vne harmonie. Ie chosis le premier, dit-il, car ie ne sçache point qu'on m'ait iamais prouué suffisamment que l'ame soit comme vne harmonie. Ie ne l'ay iamais veu faire apparoistre que par des choses vray-semblables, & les opinions

opinions qui s'impriment par des apparences trõpent ordinairement, & en la Geometrie, & en autres choses: mais la preuue de la reminiscẽce est appuyee (ce me semble) sur des fondemẽs asseurez. Car nous auons dit que l'ame deuant que d'entrer dans le corps est autre part, en telle sorte que son essence a le surnom d'vn vray estre, & pour ce point là, ie m'en trouue biẽ persuadé. C'est pourquoy, ie ne sçaurois croire ny à personne ny à moy mesme, que l'ame soit ceste harmonie. Quoy encore Simias, luy dit Socrate, te semble-t'il qu'vne consonance ou autre composition de quelque sorte qu'elle soit, puisse estre autrement & auoir d'autres dispositions que celles des choses dont elle est faicte, ny patir, ny agir que ces choses ne patissent & agissent? Ie croy que non, dit Simias.

## SOCRATE.

L'harmonie à mon aduis sans la matiere, dont elle est composee, n'est rien du tout.

*Tout cela n'est qu'vn peu de bois,*
*Qui de soy ne sçachant rien dire,*
*Emprunte la vie & la voix,*
*Et des cordes & de nos doigts,*
*Et de la façon de la Lyre.*

*Mais lors que le bois est cassé,*
*Tous les joueurs les plus habiles,*
*Rappellants le son trespassé,*
*Sur vn instrument enfoncé,*
*Touchent des cordes inutiles.*

Il n'y a donc point d'apparence, dit Socrate, que telle consonance precede, & face suiure les choses dont elle est composee; mais bien plustost qu'elle suit, en telle sorte qu'elle ne peut auoir, ny son, ny mouuement contraire à ses parties. Sans doute dit Simias.

SOCRATE.

Et la consonance n'est point consonance en sa nature, sinon entant qu'elle est temperee. Simias trouua cecy d'abord vn peu obscur, & luy dist, qu'il ne l'entendoit point. C'est (luy dit Socrate) que la consonance à mesure qu'elle est ou plus ou moins cõtemperee, qu'elle reçoit ou plus, ou moins, elle est, ou plus, ou moins consonance: comme en vn concert, à mesure qu'il est bon ou mauuais, on dit qu'il y a, ou plus, ou moins d'harmonie, ce qui ne se peut dire de l'ame entant qu'ame, que pour le respect de quelque chose, ou grande, ou petite, elle soit ou moins, ou plus ame. Prends garde encore à cecy; disons-nous pas de l'ame, que l'vne a du ſens & de la vertu, & celle là nous l'appellons bõne, & que l'autre a de la folie & du vice, & nous appellons mauuaiſe : & celuy qui croit les ames eſtre des harmonies, dira-t'il en cet endroict, que ceſte ame a de la vertu, ou que ceſte autre a du vice ; ou ſi au lieu du vice & vertu, il dira que ceſte ame a de la conſonance, ou de la diſſonance, & que la bonne eſt conſonante, & eſtant vne conſonance elle meſme, elle ait encore des conſonances, qu'elle poſſede ; & que la mauuaiſe ſoit diſſonante elle meſme, & n'en ayt point d'autre en ſoy? Ie n'ay point dequoy repartir là, dit Simias.

SOCRATE.

Tu vois bien que ceux qui croyent que l'ame ſoit vne harmonie, ſçauent reſpondre comme cela. Or nous auons deſia concedé qu'vne ame n'eſt ny plus, ny moins ame qu'vne autre, & ceſte conceſſion ſignifie que l'ame n'eſt ny plus, ny moins, ny a moins de degrez de conſonance l'vne que l'autre, & que l'ame qui n'eſt ny plus, ny moins conſonante, n'eſt ny plus, ny moins temperee l'vne que l'autre. Et ie te prie, l'ame qui n'eſt ny plus, ny moins temperee, peut-elle eſtre participante de la conſonance à moins ou plus de degrez, ou pluſtoſt eſgalement ? Ie croy qu'elle y participe esgallement, respond Simias.

## SOCRATE.

Par consequent l'ame, puis qu'elle n'est ny plus, ny moins ame l'vne que l'autre, elle n'est aussi ny plus, ny moins temperee l'vne que l'autre. Estant donc de la sorte, elle n'est pas plus participante à la consonance qu'à la dissonance; si bien qu'estant telle, vne ame ne sçauroit auoir plus de vices ny plus de vertus l'vne que l'autre, si le vice est vne dissonance, & la vertu vne consonance. Il me le semble, dit Simias: Mais bien au contraire, dit Socrate, car la raison veut, que si l'ame est vne consonance, elle soit incapable de vice, pource que la vraye consonance, entant qu'elle est consonance, ne participe iamais à la dissonance, & par là on prouue qu'vne ame si elle est bien ame, n'est point capable d'auoir de vice, & par ces raisons, on trouue que les ames de toutes sortes d'animaux, estans aussi bien ames l'vne que l'autre sont toutes bonnes. Cela semble: il t'a bien dit, & s'ensuiuroit si ceste proposition estoit vraye, que l'ame soit vne consonance. Encore plus Simias, de toutes les choses qui sont en l'homme, ne penses-tu point que celle qui tient l'empire c'est l'ame? mesme alors qu'elle est prudente, & pour obtenir ceste maistrise, faut-il qu'elle obeysse au corps, ou qu'elle luy resiste comme en vne extreme soif ou faim, où l'appetit du corps est pressé de boire, ou de manger souuent, l'ame le retient & l'empesche d'obeyr à son desir? Il est vray, dit Simias.

*Souuent que le corps aueuglé,*
*De son appetit desreiglé,*
*Cherche de contenter sa rage,*
*L'esprit résiste à ses desirs,*
*Et pour esuiter son dommage,*
*Le destourne de ses plaisirs.*

*Aupres d'vne eau claire & coulante,*
*Alors qu'vne soif violente,*
*Nous a mis les poulmons en feu,*
*La crainte d'vne maladie,*
*Nous faict bien arrester vn peu,*
*Quoy que nostre appetit nous die.*

*En chaque passion extresme,*
*L'ame se combat elle mesme,*
*Et quelque forte liaison,*
*Que nostre corps ait auec elle,*
*Nos sentiments & la raison*
*Se font guerre perpetuelle.*

Et ce combat ne seroit point, si l'ame estoit vne harmonie composee des temperatures du corps : car en ce cas elle seroit obligee de suiure ce temperamẽt, comme nous auons dit, & n'agir, ny ne patir qu'auec les choses dont elle seroit composee, sans iamais n'en produire qui leur fust contraire; où tout au rebours, nous voyons que l'ame ordinairement contrarie au corps, tantost le pressant à des exercices qui luy donnent de la peine contre son gré : tantost en le forçant par des medecines, tantost par des censures contre ses vices, & des admonitions contre les douleurs, craintes & autres passions.

*Lors que la crainte du danger,*
*Nous a faict paslir le visage,*
*L'ame afin de nous soulager,*
*Raisonne auecques le courage,*
*Et semble adresser vn langage,*
*A quelque chose d'estranger.*

Voicy vn endroict d'Homere, où Vlysse touché de quelque desplaisir, exhorte son courage par sa raison, & semble faire parler vne partie de son ame auec l'autre, lors que se battant la poitrine, il se prend à dire,

*Quoy? ma constance est-elle morte?*
*Où dort auiourd'huy ma valeur?*

*Arme toy mon courage & porte*
*Le faix de ce nouueau malheur,*
*Ie t'ay veu vaincre la douleur,*
*D'vne calamité plus forte.*

Penses-tu Simias, qu'Homere ait ainsi parlé, croyant que l'ame fust vne harmonie, & quelque chose de subiet aux passions du corps; ou s'il a creu qu'elle fust quelque chose de plus diuin, & plus excellent? Il entendoit sans doute, dit Simias, que l'ame estoit quelque chose de plus diuin que l'harmonie. Il n'est point dõc raisonnable que nous tenions l'ame pour vne harmonie, car nous serions de contraire opinion à ce Poëte diuin Homere, & à nous mesmes. Il est vray, dit Simias, me voila contant.

*En fin auec assez de peine,*
*La nuict faict place à la clarté,*
*Et la consonance Thebaine,*
*Nous laisse sans difficulté.*

Te voila donc appaisé, hoste Thebain, mais comme quoy appaiserons-nous Cebes?

*De quels si rares sentimens*
*Faut-il auoir l'ame animee,*
*Pour refuter les arguments,*
*De la subtilité cadmee?*

A t'ouyr respondre aux obiections de Simias, i'ay bien cogneu que tu trouueras le chemin de me contenter : car ie ne pensois pas qu'il fust possible de tenir contre ses objections, & me suis tout esbahy de la raison que tu as imaginee contre l'harmonie dont il n'a peu soustenir le present assault, si bien que ie m'attends fort à voir le discours Cadméen renuersé aussi bien que l'autre. Espargnez-moy dit Socrate, ne me loüez pas si tost, peut estre qu'on nous enuiera l'explication du reste, & que ie ne m'acquiteray pas si bien du discours suiuant. Dieu y pouruoira, mais nous qui, comme dit Homere, sommes aux prises, voions si ce que tu as dit est quelque chose. La somme de ce que tu propose est qu'on te face voir, comme quoy l'ame est indissoluble & immortelle,

*Afin que passant chez les morts,*
*Et quittant la prison du corps,*
*Où son ame estoit asseruie,*
*Le Sage ne se trompe pas,*
*En esperant qu'une autre vie,*
*Luy doit naistre de ce trespas.*

*Tant de voluptez mesprisees,*
*Tant de nuicts sagement usees,*
*L'Enfer si long temps combatu,*

*Et tant de ſainctes reſueries,*
*Pour l'eſtude de la vertu,*
*Ne ſeroient que des mocqueries.*

*Ces ſupremes felicitez,*
*Qui ſuiuent les aduerſitez,*
*Dont la vie terreſtre abonde,*
*Seroit vn eſpoir deceuant,*
*Et les plaiſirs de l'autre monde,*
*Ne ſe trouueroient que du vent.*

De ſorte que le Philoſphe qui auroit ſi bien eſtudié à la ſageſſe toute ſa vie, ſe trouueroit à ſa mort vn vray fol de ſ'eſtre attendu à des choſes vaines & fauſſes. C'eſt le danger, Cebes, auquel tu crois qu'il eſt ſubject, ne cognoiſſant pas encore comme quoy perſonne ne ſe peut aſſeurer de l'immortalité de l'ame: car pour eſtre de plus lõgue duree, & plus excellente que le corps, & ſemblable à quelque choſe de diuin, comme auſſi pour auoir eſté auant le corps, & auoir cogneu & faict toute ſeule pluſieurs choſes, tu dis qu'il ne ſ'enſuit pas pour cela qu'elle ſoit immortelle, & que meſme ceſte entree qu'elle faict dans ſe corps humain, luy eſt comme vne maladie, par où elle commence à ſe ruyner, ſi bien que dans la vie du corps, elle n'y trouue que des miseres pour elles, & en la mort elle y trouue aussi sa ruïne ; & quoy qu'elle ne se loge qu'en vn corps, ou qu'elle reuiue dans vn ou plusieurs, cela ne sçauroit asseurer personne en sa mort, car il faut estre fol pour n'auoir point de peur en ce moment, si on ne sçait point parfaictemẽt des raisons qui prouuẽt l'immortalité. Voila ce que tu dis Cebes: Ie l'ay tout repeté, afin que tu y adiouste, ou que tu en oste encore si bon te semble. Il n'y a riẽ, dit Cebes, pour le present que i'y vueille adiouster ny diminuer. Lors Socrate s'arrestant vn peu, & comme appellant ses esprits ; ce que tu demande, dit-il, ô Cebes, n'est pas peu de chose. Il nous faudra traitter à ce subjet la cause de la generation, & de la corruption. A ce propos, ie te raconteray ce qui m'est arriué, & si tu iuge que de ce que ie diray il y ait quelque chose qui fasse pour descouurir la verité de la questiõ que tu proposes, tu t'en seruiras. Escoutes moy.

*I'auois en mon ieune aage vn merueilleux desir,*
*De voir de l'Vniuers l'admirable structure:*
*Et mon esprit touché d'vn iuste desplaisir,*
*D'ignorer les secrets qui sont dans la nature,*
*Creut que c'estoit l'obiect qui me falloit choisir.*

*Mon ame auec effort combatoit l'ignorance,*
*Ie bruſlois d'vn ardeur de deuenir ſçauant,*
*Et de peu de profit paiſſant mon eſperance,*
*Mes curioſitez alloient touſiours auant,*
*Pour voir ſi mon eſtude auoit quelque aſſeu-*
*rance.*

*Ie croyois que c'eſtoit vn deſſein glorieux,*
*De ſçauoir comme quoy toutes choſes arriuẽt,*
*D'entendre quelle force ont les flambeaux des*
*Cieux,*
*Pourquoy les animaux çà bas meurẽt & viuẽt,*
*Et ce ſoing me rendoit touſiours plus curieux.*

*Tournant de toutes parts mon ame vaga-*
*bonde,*
*Selon le ſens d'aucuns ie voulois diſcourir,*
*Si ce n'eſt point le feu la terre, l'air, & l'onde,*
*Quãd le froid & le chaud viennẽt à ſe pourrir,*
*Qui dõnent la vigueur aux animaux du mõde.*

Apres cela i'allois imaginer ſi du feu, de l'air, ou du ſang, nous venoit le ſçauoir, ou ſi c'eſtoit le cerueau qui nous fourniſſoit les facultez de l'ouye, de la veuë, & de l'odorat, & que de tels ſens ſe faiſoit la memoire & l'opinion; & que de la memoire & de l'opinion miſe à repos, ſe faiſoit la ſcience.

Ainsi considerant & les corruptions de ces choses là, & les passions qui arriuent autour du Ciel & dela terre, i'ay trouué à tout cela mon entendement fort defectueux, & me vis à considerer ces choses là, si stupide que rien plus. Ie m'en vay vous en apporter vne coniecture suffisante ; c'est que ceste consideration & ceste resuerie m'offusqua tellemēt, qu'elle ne m'empeschoit pas seulemēt d'apprendre quelque chose de nouueau : mais encore me faisoit-elle oublier ce que i'auois appris, & ce que ie croyois auec d'autres, auoir tresbien sceu auparauant comme cecy, de sçauoir de quelle sorte croist vn homme : car ie pensois qu'il estoit clair à vn chacun, que le boire & le manger font croistre l'homme, & qu'adioustant chair sur chair, & os sur os, de mesme qu'en toutes autres choses y mettant ce qu'il leur faut, & les traittant selon que leur nature le requiert, premierement d'vne petite masse s'en faict vne grande, & qu'ainsi d'vn petit homme, s'en faict vn grand homme. C'estoit alors mon opinion, te semble-t'il pas qu'elle estoit bonne? Pour moy ie la trouue bonne, dit Cebes. Prends garde encore à cecy, ie croyois que c'estoit assez bien pensé à moy, lors que voyãt vn homme ou vn cheual grand aupres d'vn petit, ie iugeois qu'il estoit plus grand de toute la teste, & ie cognoissois fort clairement que dix estoient plus que huict, pour ce qu'il y en auoit deux d'auantage, & qu'vne mesure de deux coudees estoit la moitié plus grande que celle d'vne coudee. Et maintenant, luy dit Cebes, qu'est-ce que tu en iuges? Ie suis veritablement, luy respondit Socrate, bien loing de de croire que i'entende aucune cause de toutes ces choses là, qui ne me peux pas bien persuader, encore que lors que quelqu'vn adiouste vn à vn, si cest vn à qui on a adiousté, ou cest autre vn à qui on adiouste, à cause de la cõionction de l'vn à l'autre deuient deux: car i'admire comment puis que estãs separez, l'vn & l'autre n'estoient qu'vn, & n'estans point alors deux, pourquoy s'estans ioints, ceste congression, qui les faict mettre l'vn pres de l'autre, soit la cause que ils soient deux: & ne puis me persuader non plus, pourquoy si quelqu'vn vient à diuiser vn, ceste diuision soit cause qu'ils en soit deux: car il se trouueroit là vne cause pour laquelle ce deux se fait toute contraire à celle d'auparauant. La premiere cause estoit, pour ce que l'vn approchoit de l'autre, & celle-cy pour ce que l'vn s'esloigne de l'autre : & ne pense point sçauoir encore pourquoy vn se faict ; ny pour dire en somme pourquoy quelque chose se faict, ou perit, ou est. Ie ne le pense iamais entendre par ceste voye : mais i'y mesle en vain quelque autre moyen, & ne reçois nullement celuy là. Mais ayant ouy lire vne fois d'vn liure à Anaxagoras, vne opinion qu'il auoit que l'entendement estoit la cause de toutes choses, & disposoit de tout:

*Que nostre entendement disposoit toutes choses,*
*Qu'il en estoit la cause, & qu'il auoit ouuers*
*Les abysmes plus creux où demeuroient encloses,*
*Toutes les varietez qui sont dans l'Vniuers.*

*Aussi tost son aduis arresta ma creance,*
*Car c'estoit le meilleur que i'eusse encore veu,*
*Ie croyois que l'esprit ayant ceste puissance,*
*Auroit tout disposé le mieux qu'il auoit peu.*

*Et que pour voir la cause & la raison plus seure,*
*Pourquoy dedans le monde vne chose perit,*
*Pourquoy l'autre n'est plus, & celle-cy demeure,*
*Puis que le bien estoit le but de nostre esprit.*

*Il falut s'enquerir cõment tout deuoit estre,*
*Cõme il estoit meilleur que cecy ne fust point,*
*Que ceste chose fust, que l'autre vint à naistre,*
*Et nous eussiõs cogneu les causes de tout point.*

Car si l'entendement ne dispose iamais de la chose que bien en cognoissant comme quoy vne chose seroit bien disposee, on cognoist comme quoy elle est disposee, & que ainsi vn homme ne deuoit rien considerer, ny de soy, ny des autres que ce qui est de plus à propos & de meilleur. Or il est necessaire que celuy qui sçait ce qui est bon, sçait aussi ce qui est mauuais, pour ce que c'est vne mesme sciẽce. Dans ceste pensee, ie me resiouïssois d'auoir trouué vn Anaxagoras, vn Maistre qui m'apprist, ce que i'auois tãt desiré de sçauoir, c'est à dire, les causes des choses, Et que premierement, il me dist si la terre estoit ou planiere ou ronde, & qu'apres il m'en eust apporté la cause & la necessité, c'est à dire, qu'il m'eust monstré comme quoy il estoit mieux qu'elle fust, & pourquoy elle estoit telle, si bien que, s'il me disoit que la terre estoit au milieu du mõde, ie m'attendois qu'il me fist entendre qu'il estoit meilleur qu'elle fust ainsi, & que m'ayant monstré cela, ie ne serois plus en peine de chercher vne autre espece de causes.

*Qu'il apprendroit à mon sens curieux,*
*Pour quel subiet la terre est toute ronde,*
*Et s'il falloit afin qu'elle fust mieux,*
*Qu'elle se tint au beau milieu du monde.*

*Ie m'attendois qu'il me diroit aussi,*
*Pourquoy se monstre & se cache la Lune,*
*Pourquoy le iour penetre iusqu'icy,*
*Et ce que peut le Ciel sur la fortune.*

*Qu'il me monstrast pourquoy tant de flambeaux,*
*Qui dans le Ciel font leurs courses legeres,*
*Deuoient paroistre, & si grands & si beaux,*
*Et nous monstrer leurs clartez passageres.*

Ie m'imaginois qu'il me feroit voir tout cela, & qu'il m'instruiroit clairement de quelle sorte, & pour quelle raison il estoit meilleur que ceste chose, ou ceste autre patist ou agist en cecy, ou en cela. Car ie ne pensois pas, qu'apres m'auoir dit au commencement que nostre esprit disposoit toutes choses: il n'alloit apres assigner autre cause des choses, sinon la cause d'estre bien; c'est à dire, que chaque chose est ainsi, pour ce que

que pour estre bien, il faut qu'elle soit ainsi. Si i'estois dõc persuadé que nommant particulierement les causes, il assigneroit à chaque chose pour sa cause, ce qui estoit meilleur pour elle, & generalement pour la cause de toutes les choses, ie croyois qu'il allegueroit le bien commun.

*Animé de ceste esperance,*
*Iurant desia sur mon autheur,*
*Ie trouuay que cet imposteur,*
*Auoit pis que mon ignorance.*

*D'vn aueuglement qui tenoit*
*Ses fantaisies esgarées,*
*Quelques natures ætherées,*
*Sont les causes qu'il amenoit.*

*Des essences imaginaires,*
*L'vne d'air & l'autre de feu,*
*Brefie fus honteux d'auoir leu,*
*Des discours si peu necessaires.*

Apres auoir leu tout son liure que i'acheuay auec vne grande impatience, ie me repentis d'en auoir pris la peine, car il n'alleguoit pour les causes des choses que des fantaisies, & des choses incroyables, & enseignoit vne cause aussi hors de propos, que qui diroit tout ce que Socrate faict, il le faict par son entendement, & que voulant apres alleguer la cause particuliere de chaque chose que ie fais, il diroit premierement, que ie suis maintenant assis icy, pour ce que mon corps est composé d'os & de nerfs, & que les os sont solides, & qu'ils ont vne espace de l'vn à l'autre entre les ioinctures, & que les nerfs sont dans nostre corps, en telle sorte qu'ils s'y peuuent estendre & retirer, & qu'ils lient les os auec la peau & la chair où ils sont, si bien que montant les os en leurs conjonctions, les nerfs qui tirent & laschent communément, font que i'ay la faculté de plier chacun de mes membres, & que pour cela, ie suis ainsi abbaissé dans ce siege : ou si voulant alleguer la cause de la conference que ie fais icy auec vous, il diroit que c'estoit la voix, l'air, ou l'ouïe, & des mauuaises raisons comme cela, sans toucher à la cause veritable, qui est la volonté des Atheniens, qui ont trouué bon de me condamner, & moy de subir la peine qu'ils m'ont ordonnee.

*Et vrayement ces nerfs & ces os,*
*Dont aujourd'huy la mort s'empare,*
*S'il se fust peu bien à propos,*
*Tiendroient Can, Beote, ou Megare.*

*Mais puis qu'il plaist à la Cité,*
*De me commander que ie meure,*
*Ie crois que la necessité,*
*Veut borner icy ma demeure,*
*Et i'endure plus doucement,*
*Vn trespas qu'vn bannissement.*

Il n'y a donc nulle sorte d'apparence qu'il faille tenir toutes ces choses là pour des causes : mais sans doute si quelqu'vn dit que sans les nerfs & les os ie ne sçaurois executer ce que i'aurois dessein de faire, il diroit vray: ce seroit pourtant vne extreme nonchalance de discours d'asseurer que ie fais tout à cause de ces choses là, tant que ie le fay par mon entendement, sans amener la cause d'estre bien, & sans dire que ie le fay auec ces choses, & par l'entendement à dessein de faire, comme quoy il faut que cela soit pour estre bien: & ceux qui ne s'expliquent pas comme cela, ne sçauent pas discerner la vraye cause d'vne chose d'auec ce, sans quoy la cause ne peut point estre cause, & que les ignorans appellent fausse cause, en prenant l'vn pour l'autre.

*Comme dans vne nuict obscure,*
*Où nostre veuë est en deffaut,*
*Et chaque chose est sans figure,*
*On ne prend iamais ce qu'il faut.*

C'est pouquoy quelques vns qui veulent que la terre tourne tousiours en rond, disent qu'elle ne bouge iamais de dessous le Ciel. Les autres qui la font comme vne grande Maist de Patissier, tienne qu'elle est soustenuë de l'air, comme d'vn fondement.

*Ceux-cy croyent la terre vne pesante boule,*
*Qui sans aucun repos au tour de soy se roule,*
*Mais que tousiours son siege est ferme soubs les Cieux.*
*Les autres qui la font comme vne grãde buye,*
*Soustiennent d'vn discours qui ne vaut guere mieux,*
*Que le vague de l'air est le fonds qui l'appuye.*

Et ne s'enquierent ny les vns, ny les autres de la puissance, par laquelle elle a esté disposee au mieux qu'elle le pouuoit estre, & ne pensent qu'elle ait vne vertu & force demonique.

*Et ceux-cy pour porter ceste pesante charge,*
*Pensoient auoir trouué quelque puissãt Atlas,*
*De qui l'espaule estoit plus vigoureuse & large,*
*Et que ce grand fardeau ne rendoit pas si las.*

Mais ils s'ymaginent auoir rencontré quelque plus robuste & plus immortel Atlas, & de plus larges espaules qui puissent mieux porter tout que l'autre: & ne croyent point que la bien-seance & le bon conioignent ny contiennent aucune chose du monde. Parmy tant d'incertitudes, ie me rendois volontiers disciple de qui que ce fust, qui me voulut enseigner la vraye cause des choses. Mais puis que ie ne la cognois point, & qu'il m'est impossible de la trouuer, ny de moy-mesme, ny par autruy, i'ay entrepris vne seconde nauigation pour l'aller querir, & tentei vne autre voye pour paruenir à la cognoissance de la cause. Et veux-tu, ô Cebes, que ie te communique l'inuention dont ie me suis aydé? De bon cœur, respondit Cebes.

## SOCRATE.

Comme ie fus lassé de considerer les choses sans rien aduancer,

*Mon esprit rebuté de ce trauail penible,*
*Poursuiuāt vn dessein qui n'estoit pas possible,*
*Craignit de s'aueugler par vn obiect si beau,*
*Comme quand le Soleil dans l'Ocean arriue,*
*Nos regards qui tout droict contemplent son flambeau,*
*Se sentent esblouyr d'vne clairté trop vifue,*
*Et l'vnique moyen de le toucher des yeux,*
*C'est de le voir dans l'eau qui le nous monstre mieux.*

Ainsi pour sauuer mon esprit d'vn tel esblouïssement, ie creus qu'au lieu de porter mes sens tout droict, & immediatement à mon subjet, ie ferois mieux de le contempler comme en vn miroir, & m'imaginay qu'il falloit recourir aux raisons, pour considerer la verité par elles. Mais peut estre que nostre comparaison ne respond point à toutes ses parties: car ie n'accorde pas entierement que celuy qui contemple les choses dans les raisons, les regarde plustost dans des images, que celuy qui les void dans les œuures: car ie crois que cestui cy les regarde aussi bien dans des images que l'autre qui les void dans les raisons; si est-ce toutesfois que i'ay prins ceste adresse, & choisis mon chemin par là. Voicy comme quoy ie fay supposant vne raison que ie trouue la plus valable. Ie tiens pour veritable, ce qui se rapporte le mieux a elle, i'obserue cela, & touchant les causes des choses, & touchant autre chose. Et comme i'approuue ce qui est selon la raison que i'ay posee, aussi ie desapprouue & tiens pour faux tout ce que i'en trouue esloigné. Ie te veux mieux expliquer ce que ie te dis, car ie ne pense pas que tu l'entendes bien encore. Non pas beaucoup dit Cebes. Ie n'ameine icy rien de nouueau, dit Socrate, mais seulement ce que i'ay repeté souuent en la dispute precedente. Ie m'en vay donc continuer à te faire voir ceste espece de cause que i'ay tant traictee, & reuiens à ce que i'ay si souuent presché. Ie suppose donc qu'il y a quelque chose qui de soy est. Beau, bon, & grand, & telles autres choses. Que si tu m'accordes cela, i'espere de te faire voir ce qui est proprement cause, & de trouuer l'immortalité de l'ame.

CEBES.

Concluds quand il te plaira. Ie te l'accorde.

SOCRATE.

Mais consideres en ce qui s'ensuit, si tu veux y consentir aussi : car ie pense que s'il y a quelque chose de beau outre le beau mesme, que ceste chose belle, quelle qu'elle soit n'est belle, que d'autant qu'elle participe au beau ; & c'est ainsi que i'en dis du reste. Ne crois-tu point que c'est pour ceste cause ?

CEBES.

Ie le crois.

SOCRATE.

Pour moy ie ne vay point plus auant, & ne

ſuis point capable de comprendre toutes ces autres cauſes excellentes. Si quelqu'vn me demande pourquoy cecy ou cela eſt beau, ie luy diray que c'eſt à cauſe qu'il a ou la couleur eſclatante, ou la figure belle, ou quelque autre choſe comme cela : ie ne ſçaurois luy reſpondre autre choſe, & ſi ie cherche des cauſes plus auant ie me trouble. Cecy crois-je bien abſolument & ſans doute, combien que peut eſtre ſans raiſon, que rien ne faict vne choſe belle que la preſence ou la cõmunion du beau ou de quelque façõ, & pour quelle raiſon qu'il arriue, & cela n'ozé-je pas bien aſſeurer encore, mais que tout ce qui eſt beau eſt beau à cauſe du beau. C'eſt ce qu'õ peut reſpõdre plus aſſeurément, & appuyé ſur ce fondement, ie ne penſe pas tomber, & ie puis dire aſſeurément que toute choſe belle eſt faicte belle par le beau meſme. Ne le crois-tu point comme cela? Si fay, dit Cebes, par meſme raiſon, ce qui eſt grand eſt grand par la grandeur, & ce qui eſt de plus grand eſt de meſme raiſon plus grand, & ce qui eſt plus petit, eſt ainſi plus petit par la petiteſſe. C'eſt comme cela, dit Cebes. Ainſi dit Socrate, tu n'approuueras point celuy qui diroit que cet homme icy eſt plus grand que l'autre de toute la teste, & que cest autre est plus petit que luy de toute la teste: comme si leur grandeur & leur petitesse se deuoit cognoistre & discerner par la teste. Mais tu diras que tout ce qui est plus grand n'est plus grand d'autre chose que de la grandeur, & plus grand à cause de la grandeur aussi: & ce qui est plus petit n'est aussi plus petit que de la petitesse, & à cause de la petitesse. Tu raisonneras sans doute ainsi, de peur que si tu viens à dire que quelqu'vn est plus grand ou plus petit de la teste, on ne t'objecte que premierement par ceste raison vne mesme chose faict le plus grand plus grand, & le plus petit plus petit, apres que de la teste, dont cecy sera moindre, cela aussi qui est plus grand en est plus grand: & que c'est vne chose monstrueuse que ce qui est grand, soit grand à cause de ce qui est petit. Ne craindrois-tu pas aussi de dire que dix sont plus que huict, à cause des deux, plustost qu'à cause de la multitude, ou numeralité? & semblablement qu'vne mesure de deux coudees est plus grande que celle d'vn coude, à cause de ceste moitié, plustost qu'à cause de la grandeur? c'est ce que tu deuois craindre de dire. Et ne craindrois-tu point de dire aussi que si vn est adiousté à vn, que cest adioustement est la cause qu'il s'en faict deux, & si vn se diuise, ceste diuision est la cause que ils sont deux? Mais tu dois crier tout haut, & asseurer que tu ne sçais cōme quoy autrement ou cecy ou cela se faict, que par la participation de l'essence qui luy est propre, à laquelle il participe; & que tu ne sçais point autre cause pourquoy il faut que ces vns qui doiuent estre deux soient participans, & comme aussi tout ce qui doit estre mis à vn, doit estre participant à l'vnité, & laisseras ces adionctions & diuisions & toutes ces subtilitez à des plus sçauans que toy, pour faire des responses pareilles à leur fantaisie. Mets toy tousiours en deffiance, & craignant, cōme on dit ton ombre mesme, tu te tiendras tousiours ferme en la raison que tu auras posee, & feras tes respōses de la sorte. Que si quelqu'vn se tenant à la mesme raison que tu aurois posee, venoit à te presser, tu le laisseras là sans luy respondre qu'apres auoir cōsideré si ce qui suit de ceste raison, s'accorde auec elle ou non. Que si tu estois obligé à rendre raison de la raison mesme que tu aurois posee, il te faudroit recourir à d'autres positions, & chosir celle qui te sembleroit la meilleure de toutes les precedentes, & ne confondrois iamais comme font les contentieux & les Principes, & ce qui deriue des principes, si pour le moins tu voulois trouuer quelque chose de vray : car pour ces contentieux, ils n'ont ny soing, ny discours qui tende à cela, & si ne laissent point à faire de sapience de plaire & trouuer leur conte dans cest embroüillement, dont ils confondent tout. Mais toy, ô Cebes, si tu es du nombre des Philosophes, tu feras ie pense ce que ie dis.

PHÆDO.

Cebes & Simias, approuuerent là tout ce que Socrate disoit.

ECHECRATES.

Ils auoient sans doute raison d'y consentir: car ie ne pense pas que ce discours ne soit maintenant assez clair aux plus hebetez.

PHÆDO.

Aussi n'y eut-il personne en la compagnie qui ne le trouuast fort aise.

ECHECRATES.

Ce n'est pas merueille, puis que moy qui n'y estois point, le comprens fort bien, & le trouue facile seulement à te l'ouyr dire. Mais apres cela, comme quoy est ce qu'il poursuiuit?

PHÆDO.

Apres que Socrate les eut rangez à ſon opinion, & qu'ils luy eurent accordé que chacune des eſpeces eſt quelque choſe, & que ce qui leur participe prend d'elles ſa denomination, il ſe mit encore à les interroger de ceſte ſorte.

SOCRATE.

S'il en eſt ainſi que nous auons monſtré, aduoüeras-tu point alors que tu dis que Simias eſt plus grand que Socrate, & plus petit que Phædon, que ces deux choſes là ſont en Simias, c'eſt à dire, la grandeur & la petiteſſe?

CEBES.

Aſſeurément.

SOCRATE.

Et tu confeſſes toutesfois que Simias ſurpaſſe Socrate, non pas en la ſorte que les paroles le diſent, car tu ne crois pas qu'il ait eſté ainſi ordonné par la nature, que Simias entant que Simias ſurpaſſe Socrate: mais à cauſe de la grandeur de ſtature qu'il a, ny que Socrate auſſi ſoit moins que Simias entant qu'il eſt Socrate, mais à raiſon de sa taille qui est petite, au respect de celle de Simias.

CEBES.

Ie le crois comme cela.

SOCRATE.

Et semblablement Phædon ne surpasse point Simias, entant que Phædon, mais entant qu'il est de grande stature aux prix de Simias, qui se trouue de petite taille, au respect de Phædon.

CEBES.

Il est ainsi.

SOCRATE.

Si bien qui Simias aura la denomination de petit & de grand: car il est entre les deux, surpassant par sa grandeur la petitesse de l'vn, & cedant par sa petitesse à la grandeur de l'autre.

PHÆDON.

Alors il nous dit en sousriant: il semble que ie vous ay descrit cecy auec trop d'affection, si est-il pourtant de mesme que i'en ay parlé.

CEBES.

Il appert.

## SOCRATE.

Ie le dis à dessein de vous faire croire ce que ie crois aussi. Mon opinion est que la grandeur ne veut iamais non seulement estre ensemble ; & grande & petite, mais aussi que ceste grandeur qui est en nous ne reçoit iamais petitesse&ne veut point estre surmontee : mais que de deux choses il en arriue l'vne, ou qu'elle fuit & se retire quād la petitesse son contraire approche,ou bien qu'elle meurt & finit aussi tost que la petitesse est arriuee: car elle ne peut attendre, ny se rendre en receuant la petitesse,autre chose que ce qu'elle estoit,comme moy par exemple , qui ay la petitesse , tandis que ie suis ce que ie suis , sans doute ie ne puis estre que petit. Tout de mesme vne chose grande, ne peut estre petite, & ce qui est de petit en nous, ne peut ny deuenir , ny estre grand , ny aucune sorte de contraires : car vn contraire tant qu'il demeure tel qu'il estoit, ne peut iamais deuenir son contraire, mais il faut qu'il fuye ou perisse aussi tost que son contraire arriue.

## CEBES.

C'est iustement mon opinion.

# PHÆDON.

Alors quelqu'vn de la compagnie, ( ie ne sçaurois dire maintenant, qui se fut ) comme tout esbahy, se print à dire; bons Dieux, ne nous a-t'on point accordé dans les discours precedens tout le contraire de ce qu'on nous vient de dire icy ? car on nous a monstré que du moindre se faisoit le plus grand, & du plus grand le moindre, & que sans doute il y auoit vne generation des contraires les vns des autres, & maintenant, il semble que vous disiez que cela ne se peut. Socrate aduançant vn peu la teste escouta cela, & tout à l'instant; tu as (dit-il) bonne memoire d'auoir retenu cela, mais tu n'entends pas pourtant la difference qu'il y a de ce que nous disons à ceste heure à ce que nous auons dit auparauant: car alors nous disions que d'vne chose contraire se faisoit vne chose contraire; & icy nous disons qu'vn contraire ne peut iamais deuenir son contraire, ny touchant ce qui est en nous de contraire, ou en la nature. Nous parlions des choses qui ont des contraires, & les appellions du nom de contraires; & maintenant nous parlons des contraires qui sont en elles, desquels elles prennent la denomination, & disons que les contraires ne s'engendrent iamais l'vn l'autre. Lors tournant les yeux vers Cebes, & toy, dit Socrate, ne te trouues-tu point troublé pour ceste objection?

CEBES.

Nullement.

SOCRATE.

Nous auons donc simplement aduoüé qu'vn contraire ne se faict iamais de son contraire.

CEBES.

Il est vray.

SOCRATE.

Prends garde si tu n'est point aussi d'accord auec moy en cecy: Appelles-tu cela quelque chose, la chaleur & le froid?

CEBES.

Sans doute.

SOCRATE.

Mais appelle-tu simplement le chaud & le froid, neige & feu?

CEBES.

Non vrayement.

SOCRATE.

SOCRATE.

Tu dis donc que la chaleur eſt quelque autre choſe que le feu, & le froid quelque autre choſe que la neige.

CEBES.

Ie le penſe.

SOCRATE.

Mais tu crois bien auſſi que la neige tant qu'elle eſt neige, ne peut point receuoir de chaleur comme nous diſions ; & qu'elle ne peut eſtre enſemble, & neige & chaude, mais que la chaleur venant, il faut qu'elle fuye, ou qu'elle ceſſe d'eſtre, & que le feu tout de meſme, le froid venant, ſe deſrobe ou ſ'eſteigne, & qu'il ne ſçauroit eſtre enſemble & feu & froid.

CEBES.

Tu dis vray.

SOCRATE.

Remarque donc qu'il y a certaines choſes, qui non ſeulement honorent touſiours l'eſpece de leur nom, mais encore quelque autre choſe, qui n'eſt pas à la verité ce qui eſt de premier : mais qui en a la forme tandis qu'il eſt,& voicy en quoy tu trouueras peut eſtre plus clair, ce que ie te dis; Nonpair garde touſiours ce nom de Nompair: mais n'en a-t'il point auſſi d'autre? car c'eſt ce que ie cherche, ſçauoir s'il n'y a point quelque autre choſe, qui n'eſt pas à la verité proprement, ce qu'eſt Nonpair, mais qui cependant auec vn autre nom qu'il a, eſt obligé auſſi de porter touſiours ce nõbre Nonpair, pour ce qu'il eſt ainſi ordonné par la nature, qu'il ne peut iamais eſtre abandonné du Nonpair, comme le nombre de trois, appellõs-le ternaire. Ne te ſemble-t'il point qu'il eſt touſiours appellé ternaire & Nonpair? lequel Nonpair n'eſt pas cependant la meſme choſe que ternaire: car il eſt dit auſſi bien, & de cinq, & de ſept, comme de trois, & autre medieté de nõbre ou imparité: car chacun de ces nombres là eſt auſſi bien nonpair que le ternaire, & n'eſtant pas cela meſme qu'eſt Nonpair, chacun d'eux ne laiſſe pas d'eſtre Nonpair; ſemblablement & deux, & quatre, & autre ordre de nombre quel qu'il ſoit, combien qu'il ne ſoit pas cela meſme, qu'eſt pair, chaque deux pourtant eſt pair.

CEBES.

Sans doute.

SOCRATE.

Regarde donc icy ce que ie demande, c'est qu'il ſemble veritablement que non ſeulement les contraires entre eux ne ſe reçoiuent iamais l'vn l'autre: mais auſſi que les choſes qui ſont de telle ſorte que n'eſtant point contraires entre elles meſmes, ce pendant poſſedent touſiours des contraires, ne reçoiuent iamais vne eſpece contraire à l'eſpece qu'elles ont, mais qu'à ſon arriuee elles s'en vont ou periſſent. Ne dirons-nous point que trois deffaudront pluſtoſt, & patiroient toute autre choſe pluſtoſt que d'eſtre faicts pairs, entant qu'ils ſont trois?

CEBES.

Il eſt vray.

SOCRATE.

Si eſt-ce pourtant que la duïté n'eſt pas contraire à la Trinité.

CEBES.

Nullement contraire.

SOCRATE.

Si bien que non ſeulement les eſpeces contraires ne se reçoiuent iamais entre elles mesmes : mais qu'outre les especes, il y a des choses qui ne souffrent point l'entree des contraires.

CEBES.

Tu dis tres-vray.

SOCRATE.

Veux-tu donc que nous definissions, s'il nous est possible, ces choses là comme elles sont?

CEBES.

Ie le desire fort.

SOCRATE.

Ces choses Cebes, ne seront-elles point des choses qui occupans quoy que ce soit, le rendent tel qu'il est contraint de retenir non seulement l'Idee de soy-mesme, mais d'auoir aussi son contraire?

CEBES.

Comme quoy est-ce que tu dis cela?

SOCRATE.

Comme ie disois vn peu auparauant, car tu sçais que ce qui est contenu dans l'Idee de trois, doit estre non seulement trois, mais aussi nonpair.

CEBES.

Il est vray.

SOCRATE.

A cela nous disions qu'vne Idee contraire à la forme qui parfaict cela, n'arriue iamais.

CEBES.

Iamais.

SOCRATE.

C'est pourquoy le nombre de trois est exempt d'estre pair.

CEBES.

Il est vray.

SOCRATE.

Il s'ensuit donc que la Trenité ou nombre de trois est necessairement nonpair.

CEBES.

Ie l'aduoüe.

SOCRATE.

Ainsi ce que i'auois pris à definir, asçauoir quelles choses ce sont qui n'estans contraires à rien ne receuoiẽt pas pourtant le contraire. Cela, dis-je, est de mesme que la Ternité, qui n'estant point contraire au pair, ne le reçoit pourtant iamais, pource qu'il luy apporte tousiours ce qui luy est contraire. Tout de mesme en est-il du nombre de deux au Nonpair, & du feu au froid, & de la neige à la chaleur, & de beaucoup d'autres choses comme cela. Vois donc maintenant Cebes, si tu ne penses point qu'il faille definir ainsi, que non seulement le contraire, ue reçoit point son contraire : mais aussi ce qui apporte quelque chose de contraire à ce où il va. Ce qui apporte ne receura iamais vne forme contraire à ce qui est apporté, retiens-le donc bien encore : car il n'est pas inutile de le redire: iamais le nombre de cinq, ne receura l'espece du pair, ny dix, qui est le double du Nonpair : car cestui-cy qui est contraire à l'autre ne reçoit pourtant iamais l'espece de Nonpair; ny au nombre de douze, les six moitié de ce douze ne reçoiuent iamais la forme du tout, ny tous autres qui ont comme cela la moitié d'vn nombre, ou qui en ont vne troisiesme partie, ne reçoiuent iamais la forme du plus grand nombre, car en la receuant ils periroient, & ne seroient plus ce tiers ou ceste moitié qu'ils estoient. M'entends-tu bien, & te trouues-tu bien de mon aduis en tout cela?

CEBES.

Fort bien.

SOCRATE.

Derechef, dy-moy comme depuis le commencement & me respons, non point par ce que i'interroge, mais par autre chose à mon imitation. Or ie dis outre ceste response asseuree que nous auons posee dés le commencement, rends-moy quelque autre response aussi asseuree qui soit tiree de ce que nous auons dit plus franchement, comme si tu m'interroges de la sorte, dis moy Socrate, qu'est-ce qui estant dans le corps, l'eschauffe? Ie ne t'iray pas rendre ceste asseuree & grossiere response, que c'est la chaleur: mais d'vne plus exquise tiree de nos discours plus recens, ie te diray que c'est le feu. De mesme, si tu me demandes qu'est-ce qui estant dans le corps, le rend malade? Ie ne te respondray pas la maladie, mais la fievre; & si tu me demandes qu'est-ce qui estant dans vn nombre le rend impair? ie ne te respondray pas l'imparité, mais l'vnité: & comme cela en autres choses, prends garde donc si tu comprends bien mon sens.

CEBES.

Entierement.

SOCRATE.

Respons moy donc, qu'est-ce qui estant dans le corps le rend viuant?

CEBES.

L'Ame.

SOCRATE.

Et cela, n'est-il pas tousiours?

CEBES.

Il ne peut estre autrement.

SOCRATE.

L'Ame donc, lors qu'elle occupe quelque chose, luy apporte sans doute la vie.

CEBES.

Sans doute.

SOCRATE.

N'y a-il point quelque chose contraire à la vie?

CEBES.

S'y a.

SOCRATE.

Et qu'estce?

CEBES.

C'est la mort.

SOCRATE.

Or l'ame ne reçoit iamais le contraire de ce qu'elle ameine, comme nous auons accordé aux discours precedens.

CEBES.

Il est ainsi.

SOCRATE.

Et comment appellions-nous tantost ce qui ne reçoit point l'Idee du pair.

CEBES.

Nonpair.

SOCRATE.

Et ce qui n'est point capable de iustice ou de musique, nous l'appellons iniuste ou nõ musicien, & si ce qui n'est point capable de la mort, & qui n'en reçoit point, comment l'appellerõs-nous? sans doute immortel. Or l'ame veritablement ne reçoit iamais la mort, elle eſt donc immortelle.

CEBES.

Il ſenſuit, ſans doute, qu'elle eſt immortelle.

SOCRATE.

Et l'ame veritablement ne reçoit iamais la mort.

CEBES.

Iamais.

SOCRATE.

Auons nous donc faict voir cela aſſez clairement?

CEBES.

Treſbien & tres-ſuffiſamment.

SOCRATE.

Ne te ſemble-t'il point auſſi, ô Cebes, que ſi le Nonpair eſtoit exempt de ruyne, & de mort, trois le ſeroient auſſi; & ſi ce qui n'eſt point capable de receuoir la chaleur ne periſſoit iamais, que la neige auſſi demeureroit aupres du feu ſans ſe fondre, & qu'elle ne periroit point; & ne receuroit point de chaleur?

CEBES.

Ie le croy.

SOCRATE.

Par mesme raison, si ce qui n'est point capable de deuenir froid, ne mouroit iamais lors que le feu attaque le froid, le feu ne s'esteindroit pas pour cela, & ne s'esuanouyroit point: mais il se retireroit sans danger.

CEBES.

Il le faudroit par necessité.

SOCRATE.

Par vne pareille necessité pouuons-nous conclure, touchant l'immortel, que si ce qui est immortel ne perit point, il est impossible que l'ame perisse à la venuë de la mort: car comme nos discours precedents ont mõstré, elle ne peut point receuoir la mort, & ne peut point perir, comme le ternaire ne peut point estre pair, ny le Nonpair ne peut point estre pair, ny le feu froid, ny la chaleur qui est au feu froide.

Au reste quelqu'vn pourra dire, que combien que le nonpair ne deuienne iamais pair, pour l'arriuee du pair en luy, comme nous auons esté d'accord, que toutesfois apres le nonpair dissous, le pair succede à sa place. Et si quelqu'vn nous disoit que le nonpair est dissout, & n'est plus, nous ne luy sçaurions nier cela. A la verité ne sçaurions nous aussi : car il n'en est pas du nonpair, comme de ce qui est indissolublé; & s'il en estoit de mesme, nous trouuerions facilement que pour le pair venant, le non-pair, ny les trois ne periroient point, & pourrions tenir le mesme, & du feu & de la chaleur, & de tout le reste. Ne le pourrions nous pas bien à ton aduis ?

CEBES.

Fort aisément.

SOCRATE.

Mais pour ce qui est de l'immortel, s'il nous appert qu'il est incapable de perir, il nous appert aussi que l'ame outre ce qu'elle est immortelle, est aussi incapable de perir. Si cela n'estoit point accordé, il faudroit trouuer vne autre raison : mais il n'en est nullement besoing touchant cela, car qu'est-ce qui seroit indissoluble, si ce qui est immortel, & d'eternelle duree se pouuoit dissoudre?

*Nostre ame deslogeant du corps,*
*Auecques ses organes mors.*

*Ne seroit que vers & que poudre,*
*Et tout l'enclos de l'Vniuers,*
*N'auroit plus rien exempt des vers:*
*Si l'immortel se peut dissoudre,*
*Les Cieux mesmes seroient dissous,*
*Et les Dieux mourroient comme nous.*

Mais puis que ce qui est immortel est aussi incorruptible, pourquoy est-ce que l'ame si elle est immortelle, ne seroit-elle point aussi incorruptible?

## CEBES.

Il s'ensuit necessairement.

## SOCRATE.

*Ainsi quand la mort nous separe,*
*Sa fureur prend pour son obiect,*
*Tout ce que l'homme a de subiect*
*A sa possession auare.*
*Mais ce que nous auons de beau,*
*D'indissoluble & d'inuisible,*
*D'immortel & d'incorruptible,*
*Ne passe point dans le tombeau,*
*Et nos esprits sans leurs organes*
*Logeront heureux chez les Manes.*

## CEBES.

Il ne me reste nulle sorte de difficulté qui

m'empesche de consentir à ton opinion: mais si Simias ou quelqu'vn de la compagnie a quelque chose à dire, ils n'ont que faire de se taire: car il me semble qu'on ne doit laisser passer le temps en l'occasion d'ouyr parler de telles choses, ou d'en discourir.

*Qui voudra proposer sa doute,*
*Pour se rendre tout esclaircy,*
*Et le temps est bien cher aussi*
*Quand on traitte, ou quand on escoute*
*Des discours pareils à ceux-cy.*

SIMIAS.

Ie n'ay rien à dire, non plus que toy, ô Cebes, contre les raisons precedentes, toutesfois la grandeur de la chose dont il s'agit, & la foiblesse humaine me donnent assez de deffiances sur ces discours.

SOCRATE.

Tu as raison, Simias, & nos premieres positions, combien qu'elles vous semblent dignes de foy, ont besoing pourtant d'estre plus diligemment considerees: que si vous le pouuez vne fois assez comprendre, vous suiurez ceste raison autant qu'il est possible de le faire, & cela estant rendu clair, vous n'auez plus rien à demander.

SIMIAS.

Tu dis vray.

SOCRATE.

*Amis si l'ame est eternelle,*
*Il est bien iuste de songer,*
*Comme quoy nous deuons purger,*
*Tout le mal qui se trouue en elle.*
*Ce mystere à qui l'a compris,*
*Est bien utile à nos esprits,*
*Et deuant que nostre corps meure,*
*Et lors qu'ayant perdu le iour,*
*Nous eschangeons ceste demeure,*
*A quelque plus heureux seiour.*

*Et s'il faut que la pourriture,*
*Fasse manger nostre ame aux vers,*
*Lors que les membres sont couuers,*
*Du fardeau de la sepulture,*
*Les mauuais ont le bon destin,*
*Car où se trouueroit enfin,*
*La peine ou le plaisir de l'homme,*
*Si quand les corps sont desmolis,*
*L'Ame languit, & se consomme,*
*Auec les os enseuelis?*

*Mais puis que nostre esprit s'eslogne,*

Quand la mort saisit nostre cher,
Qu'il ne se laisse point toucher,
Et ne deuient iamais charongne,
Tous ces esprits pernicieux,
Qui des actes plus vicieux,
Rendent l'ame & la chair complices,
Ne sçauroient fuyr leur tourment,
Et rencontrent mille supplices,
Dans les horreurs du monument.

Et les ames les mieux sensees,
Dont la prudence & la bonté
Gouuernent à leur volonté,
Les mouuements & les pensees,
Auec leur sçauoir qui les suit,
Elles s'en vont gouster le fruict,
De leur attentes arriuees,
Rien ne les suit que leur sçauoir,
Quand le trespas les a priuees,
Du corps qu'elles souloient auoir.

Dés le premier pas de la fuite,
Qu'elles prennent à leur despart,
L'ame qui porte pour sa part,
La gloire d'estre bien instruite,
Trouue bien de l'aduancement,
En son heureux commencement.
Mais celles qui n'ont pour partage,

Que l'ignorance & que le mal,
Trouuent bien du desauantage,
En se deslogement fatal.

Vn Demon qui durant la vie
Habite l'esprit d'vn chacun,
Par la loy d'vn destin commun,
Conduit l'ame qu'il a suiuie,
Et la meine dedans vn lieu,
Où du commandement de Dieu,
Toutes les ames ramassees,
Vont receuoir leur iugement,
Aussi tost qu'elles sont passees,
Dans leur eternel logement.

Ces Demons comme ils ont la charge
De les prendre au sortir d'icy,
Apres leur iugement aussi
Leur font voir vne plaine large,
Où l'ame vefue de son corps,
Attendant de nouueaux ressors,
Long temps errante & vagabonde,
Se traine aux bords des fleuues noirs,
Dont les peuples de l'autre monde
Arrousent leurs hideux manoirs.

Leurs fatalitez acheuees,
Elles rompent ce dur sommeil,

Et retournent vers le Soleil,
Dont elles ont esté priuees.
Vn demon aussi les conduit,
Hors de ceste profonde nuict,
D'où leur iuste sort les r'enuoye,
Et dans ces incognus quartiers,
Leur passage au lieu d'vne voye,
Trouue de differents sentiers,

Mille destours, mille trauerses
Dans ces lieux s'offrent à leur pas,
Quoy que Telephe ne creut pas,
Tant de routes, ny si diuerses.
Æschile qui l'a faict parler,
Entendit qu'il falloit aller,
Par vne carriere assez droicte,
Et qui ne se monstroit de rien,
Ny plus large, ny plus estroicte,
Au meschant qu'à l'homme de bien.

Mais ces opinions le trompent,
Ces chemins sont pleins de marests,
Mille gouffres, mille forests,
Mille precipices le rompent.
Sans doute Æschile estoit menteur,
Et sans l'ayde d'vn conducteur,
Qui n'ignore pas vne adresse,
Les esprits ne sçauroient passer,

Et parmy la nuict & la presse,
Se verroient tous embarrasser.

Il est bien clair des sacrifices,
Que les hommes font tous les iours,
Que ces chemins ont des destours,
Et qu'ils sont pleins de precipices;
Si bien qu'vn esprit moderé,
S'estant commis de son bon gré,
Au Demon qui le veut conduire,
Trouue son voyage plaisant,
Et se laisse si bien instruire,
Qu'il n'ignore rien du present.

Au contraire vne ame enchaisnee,
Des liens de la volupté,
Et d'vn sentiment enchanté,
Parmy la chair contaminee,
Quand la mort finit ses plaisirs,
Brusle encore des vains desirs,
Dont le sang l'auoit chatoüillee,
Et cherche autour des os pourris,
Ceste charongne despoüillee,
Où ses vices estoient nourris.

A la fin quand de longues geines,
Pires que flammes & que fers,
La reiettent dans les Enfers,
Pour y continuer des peines,

*Le vieux Demon qui l'introduit,*
*Dedans l'empire de la nuict,*
*La quitte dans ces riues ſombres,*
*Où tout le temps de ſon erreur,*
*Ny l'Enfer, ny les autres ombres,*
*Ne la ſouffrent qu'auec horreur.*

*Chaque eſprit gronde à ſes approches,*
*Tous les Manes troublent ſa paix,*
*Et pour les crimes qu'elle a faicts,*
*La percent toute de reproches.*
*Il faut des ſiecles infinis,*
*Auant que ſes forfaicts punis,*
*Elle eſchappe de ſa torture,*
*Et ſort par la neceſſité,*
*Du grand reſſort de la nature,*
*Par qui tout eſt reſſuſcité.*

Ces vilaines ames apres des longues erreurs, & de peines infinies retrouuent dans le monde, des habitations toutes conformes à leurs mauuais ſentimens, & les bonnes au contraire, ſans eſtre obligees à l'erreur, ny au ſupplice des autres, iouyſſent bien toſt apres leur treſpas, d'vne demeure fortunee, capables d'exercer leurs iuſtes & prudentes volontez; elles ſ'en reuont ſans doute en des lieux bien-heureux: car ce ſont les Dieux qui prennent la peine eux-meſmes de les y conduire.

Or la terre a beaucoup de lieux, & de bien admirables, & n'eſt pas ſi grande, ny telle que diſent quelques vns, au moins à ce que i'en ay apris par d'autres.

SIMIAS.

Comment me dis-tu cela? pour moy i'ay bien ouy dire beaucoup de choſes du Globe de la terre: mais non pas ce que tu dis en auoir appris de veritable, & ſerois-bien aiſe que tu prinſſes la peine de le raconter.

SOCRATE.

Veritablement il me ſemble que l'art de Glaucus, ne raconte pas quelles choſes ce ſont, & que de prouuer qu'elles ſont vrayes, c'eſt ce qui ſurpaſſe ſa faculté. Ie ne penſe pas auſſi moy-meſme y ſuffire, & quand bien i'en ſerois parfaictement ſçauant, ma vie ſeroit trop courte pour vn compte ſi long, ie te diray bien pourtant la forme du Globe de la terre, & ces lieux de la ſorte que ie crois qu'ils ſont.

SIMIAS.

Ce ſera bien aſſez.

SOCRATE.

*Ie croy que ceste masse est ronde,*
*Que les Cieux luy sont à l'entour,*
*Et que ferme dans son sejour,*
*C'est son propre poids qui la fonde.*
*Les Cieux qui sont esgaux par tout,*
*La balancent de bout en bout,*
*Elle mesme en soy soustenuë,*
*Par tout pesante esgalement,*
*Se tient sans s'ayder de la nuë,*
*De son contrepoids seulement.*

Car vne chose qui est ainsi d'esgale pesanteur, si elle est mise au milieu de quelque chose, aussi esgale de par tout, elle ne sçauroit pancher, ny d'vn costé, ny d'autre; & se trouuant auecques tant de rapport, elle demeure & tient par l'inclination, & la disposition d'autruy. C'est ce que ie me suis premierement persuadé.

SIMIAS.

Auec beaucoup de raison.

SOCRATE.

*Ceste masse ainsi suspenduë,*

*Est, comme ie le croy sçauoir,*
*Et comme il est aisé de voir,*
*D'vne merueilleuse estenduë.*
*Nous icy comme des fourmis,*
*Et des grenoüilles sommes mis,*
*Autour des marests & de l'onde,*
*Entre le Phaside, & ce lieu,*
*Où les piliers d'vn demy-dieu,*
*Creurent auoir borné le monde.*

*En plusieurs endroicts de la sorte,*
*Habitables comme ceux-cy,*
*Elle a des logemens aussi,*
*Pour d'autres mortels qu'elle porte.*
*Car selon la forme & le fais,*
*Qui de l'eau ou de l'air espais*
*Dedans ceste grandeur s'escoule,*
*Ses flancs deuiennent enfoncez,*
*Et fournissent des lieux assez,*
*Pour faire peupler ceste boule.*

*Vne plus excellente terre,*
*Pleine de douceur & de paix,*
*Où l'air ne faict venir iamais*
*L'importunité du tonnerre,*
*Pure & parfaicte en tous ses lieux,*
*Est assise dedans des Cieux,*
*Où tout est pur, tout admirable,*

Là les astres sont arrangez,
Là les bien-heureux sont logez,
Là tout est plaisant & durable.

Ce grand Palais de la nature,
Comme ie crois s'appelle Æther,
Par ceux à qui i'ay veu traiter
Des secrets de ceste structure.
Les astres apres ces obiects,
Qui demeurans ainsi subiets,
Penetrent les airs comme verre,
Et iusqu'au fonds de l'Vniuers
Cherchent des chemins entr'ouuers,
Pour passer au sein de la terre.

Nous icy comme dans vn antre,
Vn peu touchez de leurs rayons,
Assez imprudemment croions,
Estre bien esloignez du centre:
Nous pensons que nostre sejour,
Est au plus haut du large tour,
Qui ceint l'enclos de ceste masse,
Que la terre est toute dessous,
Et que les bestes auec nous,
N'en habitent que la surfasse.

Ainsi les Tritons & Neree,
Qui dedans l'abysme des eaux,

Voyent le Ciel & ses flambeaux,
Au trauers de l'onde azuree,
Imagineroient sans raison,
Que leur moite & basse prison,
Seroit tout au dessus de l'onde,
Et que les lumieres des Cieux,
Ne sçauroient apparoistre mieux,
En quelque autre quartier du monde.

Ils croyroient que dedans Neptune,
Les astres s'iroient allumer,
Et qu'ailleurs que dedans la Mer,
Ne loge ny Soleil, ny Lune,
Mais s'ils auoient tant seulement,
Du dessus de leur Element
Contemplé le siege où nous sommes,
Leurs erreurs s'esuanoüyroient,
Et leurs regards s'esbloüyroient
De la clarté qui luit aux hommes.

Nous icy comme dans des caues,
Trop pesans pour nous enuoler,
Sous le grand Empire de l'er,
Demeurons comme des esclaues,
Nous croyons que les feux luisans,
Au trauers de l'air conduisans
Tant de lumieres incogneuës,
N'ont autre siege que les airs,

*Et que d'où partent leurs esclairs,*
*De là partent aussi les nuës.*

*Mais si iamais quelque aduenture*
*Nous esleuoit d'vn coup de vent,*
*Pour nous faire voir plus auant,*
*Les merueilles de la nature,*
*Nous irions iusqu'où le Soleil,*
*Paroist si clair & si vermeil,*
*Iusqu'où ces nuageuses toiles*
*N'ont encore iamais monté,*
*Et dans vn Ciel où sa clarté,*
*S'accorde auecques les estoiles.*

*Là bien plus haut que le Tonnerre,*
*Dans vn palais si glorieux,*
*Si quelqu'vn abaissoit les yeux,*
*Sur les ordures de la terre,*
*Il seroit honteux de la voir,*
*Et rauy du nouueau sçauoir,*
*De tant de merueilles si rares,*
*Voyant qu'au prix de tant de bien,*
*Tous nos tresors sont moins que rien,*
*Se mocqueroit bien des auares.*

*Les poissons hors de la cauerne,*
*Où la bize & les aquilons,*
*Renuersans l'onde & les sablons,*

*Troublent le Dieu qui la gouuerne;*
*Hors des creux puants de la mer,*
*Où tout est vilain, tout amer,*
*Tout rongé de sel & d'escume,*
*Trouueroient beaux ces lieux icy,*
*Comme nous les palais aussi,*
*Où la torche du iour s'allume.*

*Les marbres qui font nos murailles,*
*Les joyaux qui parent nos doigts,*
*Et tout ce que les champs Indois,*
*Se laissent tirer des entrailles:*
*Bref tant de bien, de tant de prix,*
*Où des plus conuoiteux esprits*
*L'insensé desir se limite,*
*Ne sont rien en comparaison,*
*De ce qui luit dans la maison,*
*Où la troupe des Dieux habite.*

Sur ce propos icy ie vous raconteray vne fable tresbelle, si vous la voulez ouyr, pour vne plus claire intelligence des contrees de ceste excellente terre, qui est au dessous du Ciel.

SIMIAS.

Nous serons tous bien-aises de l'entendre.

## SOCRATE.

*Qui de ce lumineux Royaume,*
*Que iamais la nuict ne voila,*
*Pourroit voir ceste terre là,*
*Il la verroit comme vne Paume.*
*De qui le dessus est couuert,*
*De iaune, de blanc, ou de vert,*
*Et mille autres couleurs encore,*
*Comme celle de l'arc d'Iris,*
*Comme l'esmail des prez fleuris,*
*Et du Chariot de l'Aurore.*

*Tout ce qu'on void dans la peinture,*
*Des pourtraits qui se font icy,*
*Comme tous nos obiects aussi*
*Imitent vn peu leur nature,*
*Nos sombres & basses couleurs*
*N'approchent point l'esclat des leurs,*
*Ny la neige, ny l'escarlate,*
*Ny le iaune du lourd metal,*
*Qui dedans l'ame du brutal,*
*Si dangereusement esclate.*

*Mille autres couleurs incogneuës*
*A la faculté de nos yeux,*
*Brillent en ces sublimes lieux,*
*Au trauers de l'onde & des nuës,*

Et le creux d'vn seiour si beau,
Qui s'emplit de l'air & de l'eau,
Que tousiours la nature y verse,
Luit d'vn esclat tout different,
Si bien que ceste terre prend,
Tousiours quelque couleur diuerse.

Là sont peints les fruicts & les arbres,
Chaque fleur vaut vn diamant,
Là c'est bastir honteusement,
Que de faire seruir les marbres,
Les escarboucles, les rubis,
Et ce qu'vn Roy sur ses habis
Peut faire voir de plus superbe,
Se trouue parmy leurs forests,
Comme icy dedans nos marests
Se trouue du sable & de l'herbe.

L'argent y donne peu de ioye,
Et les metaux de plus de pris,
Y viennent si fort à mespris,
Qu'on n'en faict point de la monnoye.
Là toute sorte d'animaux,
Franche de la rigueur des maux,
Où nostre terre est asseruie,
Viuent auecques liberté,
Et dans des lieux pleins de santé,
Iouyssent d'vne longue vie.

On void là des plaisans riuages,
Affranchis de la loy du sort,
Et iusqu'où la faim de la mort
N'estendit iamais ses rauages.
On y void des Isles aussi,
Bien plus belles que celles cy,
Ce n'est point la mer qui les touche,
Elles ont au lieu de rempars,
Vn air serain de toutes pars,
Où iamais Phœbus ne se couche.

Ceux qui dans ce pays de grace,
Occupent ces palais heureux,
Sont plus grands & plus vigoureux,
Que n'est ceste mortelle race.
Les Elemens leur sont plus doux,
L'air leur est ce que l'onde à nous,
Et dans ce merueilleux Empire
Au lieu de nostre air infecté,
Vn beau Ciel tout plein de clarté,
Est ce que leur poulmon respire.

Ils ont l'esprit & le visage,
Plus aymables que nous n'auons,
Et des choses que nous sçauons,
Vn plus grand & meilleur vsage.
Ils ont les sens en leur vigueur,
Et la desplaisante langueur.

Que nous donnent les maladies,
Ne troublent pas vn de leurs iours,
Non plus que les fascheux discours,
Que font nos ames estourdies.

D'autant que l'air vaut mieux que l'onde,
Et que le Ciel vaut mieux que l'er,
Tout ce qui faict viure & parler,
Est meilleur en cest autre monde.
Ainsi de ces heureux humains,
Les esprits & les corps bien sains,
Dans leur forte temperature,
Peuuent heureusement sçauoir,
Iusques où s'estend le pouuoir,
Et la volonté de nature.

Là sont tous ces fameux miracles
Que nous oyons dire des Cieux,
Et ces vrais organes des Dieux,
Que les mortels nomment oracles,
De vrais Temples & des Autels,
A l'entretien des immortels,
Leur donnent vne libre entree,
Et dans cest admirable lieu,
Il est aisé de voir vn Dieu,
Comme vn homme en ceste contree.

Sans aucun ombrage de nües,

Loing de la nuict & du sommeil,
On y void & Lune, & Soleil,
Et toutes les estoiles nuës,
Iamais aucun traict de malheur,
N'y fit venir vne douleur.
Les Dieux ne sont là que propices,
On ne void point là de prison,
Ny de peste, ny de poison,
Ny de fers, ny de precipices.

Des canaux de diuerses sortes,
Retiennent des eaux là dedans,
D'où saillent des ruisseaux grondans,
Par les plis de leurs veines tortes.
Ces fossés en diuers endroicts,
Sont ores larges, ores estroits,
Leur emboucheure est toute ronde,
Ils different de ceux d'icy,
Ores du bord plus estressi,
Or de la baze plus profonde.

Chacun dans le creux qui le serre;
Suiuant vn poids qui va dessous
Ces canaux, se rencontrent tous
Dans le centre de ceste terre.
Là mille merueilleux ruisseaux,
Changent l'vn l'autre de vaisseaux,
Ils meslent mille fois leur course,

Et chacun forcé de changer
Laisse dans vn gouffre estranger,
Ce qu'il a porté de sa source.

Icy des eaux viues & fortes,
Vomissent le souffre & le feu,
Icy d'autres qui coulent peu,
Laissent geler leurs vagues mortes,
Ces fleuues eternels & grands,
Sont tous l'vn de l'autre differents,
L'vn est fascheux, l'autre facile,
L'vn est clair, l'autre est vn torrent,
Tousiours parmy la bourbe errant,
Comme faict celuy de Sicile.

Depuis le haut iusqu'à la baze,
L'vn dedans l'autre reuersez,
Ces fleuues sont tous balancez,
Dans vn profond & large vase,
Qui panche indubitablement,
De tous costez esgalement,
Ce vase est ce fossé d'Homere,
De tout ce Globe se couurant,
Que tous ces fleuues vont ouurant,
Comme le ventre de leur mere.

Ceste masse d'eaux passagere
Dans ce vase ainsi suspendu,

Ny trop ſerré, ny trop fendu,
N'eſt ny peſante, ny legere,
Ceſte humeur eſt ſans fondement,
Comme auſſi ſans nul firmament,
Elle s'abaiſſe, elle ſe leue,
Elle s'enfuit, elle reuient,
Elle s'eſlance, & ſe retient
Sans ſe donner iamais de treue.

L'air qui vient dans ſon ouuerture,
Et qui la ſuit de bout en bout,
Allant & reuenant par tout,
Eſt auſſi de meſme nature,
Suiuant ces eaux, & ces limons,
L'air comme il faict en nos poulmons,
Inceſſamment ſouffle & reſpire,
Et pouſſé dans ces flots mouuens,
Il y faict naiſtre de grands vens,
Soit qu'il aille ou qu'il ſe retire.

Ce canal tire ſon haleine,
Lors que nos eaux coulent là bas,
Et la ſouffle quand il eſt las,
Et que ſa caue eſt toute pleine,
Reſſoufflant ce qu'il a puiſé,
Vn grand amas d'eaux diuiſé,
Amplement nos terres abreuue,
Vn de ſes bras faict des mareſts,

*Et l'autre arrache des forests,*
*Pour y faire passer vn fleuue.*

*Tous nos ruisseaux & nos fontaines*
*Naissent de ce desbordement,*
*Et de là prend son fondement,*
*Le siege des vagueuses plaines.*
*Ces mesmes eaux en leur retour,*
*Vers ce vaste & profond seiour,*
*Du grand vase appellé Tartare,*
*Coulent par les chemins diuers,*
*De mille gouffres entr'ouuers,*
*Au sein de ce canal auare.*

*Les vns plus promptement se rendent*
*Dans les lieux dont ils sont venus,*
*Les autres vn peu retenus,*
*Plus paresseusement descendent,*
*Repassans par mille recoins,*
*Les vns plus bas, les autres moins,*
*Ils tombent dans la grande masse,*
*Et voulans replacer leurs eaux,*
*Ils trouuent tous que leurs vaisseaux*
*Ont leur assiette vn peu plus basse.*

*Arriuez qu'ils sont dans ce gouffre*
*Où ce fleuue rit, l'autre dort,*
*Et cest autre d'vn cours plus fort,*

*Ne iette que flamme & que souffre,*
*Et les mornes, & les coulans,*
*Se vont encore remeslans,*
*Dans le large creux de ce ventre,*
*C'est iusqu'où peut aller leur saut,*
*Car il faudroit tomber d'enhaut,*
*S'ils vouloient desualer du centre.*

*Dans ce large espace du monde*
*Quatre grands fleuues principaux,*
*A l'entour des champs infernaux,*
*Trainent le vieux cours de leur onde:*
*Le grand Ocean en est vn,*
*Qui sous l'empire de Neptun,*
*Riche de poissons & de barques,*
*Moüille la terre à l'enuiron,*
*Le second fleuue est Acheron,*
*Qui faict vn grand marez aux Parques.*

*Apres ces courses vagabondes*
*Vn estang nommé comme luy,*
*Dans ces lieux de ioye & d'ennuy,*
*Arreste ses rapides ondes.*
*Dans ces obscurs & tristes bors,*
*Quelques fois les ombres des mors*
*Vont accomplir leurs destinees,*
*Et noyez que sont tous leurs maux,*
*Raniment d'autres animaux,*

Dans les lieux dont elles sont nees.

Vn fleuue de nature estrange,
Entre ces deux là faict son cours,
Et tombe en vn lac, où tousiours
L'onde brusle parmy la fange.
On void là dedans s'enflammer,
Bien plus d'eau que n'en a la Mer,
Aussi ce fleuue est-il plus large,
Il ceint la terre, & va couler
Vers l'Acheron sans s'y mesler,
Puis au grand canal se descharge.

A cause de l'onde enflammee,
Qui boult dedans ce gros vaisseau,
Ceste grande chaudiere d'eau,
Est Pyriphegeton nommee.
Du sein de ses fangeux torrens,
Mille petits ruisseaux errans,
Par des conduites incertaines,
Reglissent dans ce lieu profond,
Et par toute la terre font
Des ruisselets & des fontaines.

Le dernier fleuue est le Cocite,
Dont le cours d'abord fluctueux,
Est fier, grondant, impetueux,
Et rien que son flot ne l'excite.

Il est entre bleu, rouge, & noir,
Comme on void dans ce creux manoir,
La couleur de l'onde stigide,
Stix, sur les fleuues coroné,
Sans qui Iupiter destroné,
Eust perdu la foudre & l'Ægide.

Comme les Dieux en ceste guerre,
Cocyte prend là du secours,
Et passe d'vn plus roide cours,
Dans les entrailles de la terre.
Puis par mille destours roulant,
Vers Pyriphlegeton coulant,
Il trouue l'Acheron en teste,
Et sans se mesler à pas vn,
Il se rend dans ce lieu commun,
Qui leur tient sa cauerne preste.

Le grand Conseil de la nature
L'ayant ainsi bien ordonné,
Ce regne est le lieu destiné,
Où les morts font leur aduenture.
Leur Demon les a là logez,
C'est où les Dieux les ont iugez,
Ce sont là les lieux redoutables,
Consacrez aux droicts de la mort,
Où se donne l'arrest du sort,
Pour les iustes & les coulpables.

Qui ne rend pas bien son seruice,
Au sainct deuoir de la vertu,
Et n'est aussi tout abbatu,
Soubs l'infame empire du vice,
Tous ceux de qui les sombres iours
D'vn fade & mediocre cours,
Ont passé ceste vie humaine,
Trouuent vn pareil sort pour eux,
Ny bien-heureux, ny malheureux,
Dedans ceste commune plaine.

Ils sont mis dans vne charrette,
Où le Demon leur passager,
Conduisant ce fardeau leger,
Au marests d'Acheron s'arreste.
Ils sont là comme tous noyez,
Iusqu'à tant qu'ils soient nettoyez
Des ordures de leurs offenses,
Et quelques supplices souffers,
Les Dieux leur vont oster les fers,
Pour leur donner des recompenses.

Les ames de sang enyurees
Toutes noires de trahison,
Ont le Tartare pour prison,
Et n'en sont iamais deliueres.
Là sont mis les tueurs des Rois,
Comme ceux qui iusqu'aux abois,

N'ont aymé que le ſacrilege,
Et pour le tirer de ce lieu,
La miſericorde de Dieu
N'a point aſſez de priuilege.

D'autres ames bien criminelles
Mais pour qui les Dieux moins fachez,
Ne condamnent point leurs pechez,
A des tortures eternelles.
Ceux qu'vn brutal aueuglement,
Prouoque irraiſonnablement,
A faſcher le pere & la mere,
Sont dans ceſt eſpoir de guerir,
S'eſtans purgez auant mourir,
Par vne repentance amere.

Vn deſgout des lieux adorables,
Vn meurtre faict mal à propos
Dont l'image oſte le repos,
A l'ame de ces miſerables.
Ce ſont là ces crimes peſans,
Dont les Dieux ne ſe rapaiſans
Qu'apres vne vengeance rude,
Tiennent les eſprits affligez,
Dedans le Tartare obligez
D'vne effroyable ſeruitude.

Il faut que la Lune accompliſſe

Douze fois au Ciel son sentier,
Et qu'vn an passé tout entier
Pour le terme de leur supplice,
Le temps arriue qu'vn tourment,
Si durable & si vehement,
Leur promet vn peu de relasche,
Le destin à de my contant,
Et lassé de leur nuire tant,
Hors de ces cachots les arrache.

Auant leur deliurance entiere
Sortans de ce canal commun,
Ils sont tous renuoyez chacun,
Dedans le sein d'vne riuiere,
Ceux que le meurtre a condamnez,
Au Cocite sont amenez,
Cest autre fleuue plein de flames,
Reçoit ces hommes violens,
Qui contre leur Pere insolens,
En ont eu des remors dans l'ame,

Lors ces forçats auec licence,
Suiuans les flots qui les ont pris,
S'en vont visiter les esprits,
Dont ils ont blessé l'innocence,
Et les trouuans pres des palus,
Qui d'vn large & tranquile flus,
Arrousent vne heureuse plaine,

*Desireux de s'y resiouyr,*
*Les coniurent de les ouyr,*
*Et d'auoir pitié de leur peine.*

*Si ces Manes leur font la grace*
*De les receuoir à mercy,*
*Ils s'en vont auec eux aussi,*
*Posseder vne heureuse place,*
*Et pleins de franchise & d'honneur,*
*Participent à leur hon-heur.*
*Mais tant que leur iustice auare,*
*Leur veut retenir leurs forfaicts,*
*Sans auoir ny tresue, ny paix,*
*Ils s'en reuont dans le Tartare.*

*Leur peine se rend infinie*
*Leur douleur ne cuit pas assez,*
*Et tant qu'il plaist aux offensez,*
*Leur faute n'est iamais punie,*
*Mais soudain qu'ils sont pardonnez,*
*Ils vont au rang des fortunez,*
*Le malheur calme son orage,*
*L'Enfer est las de les punir,*
*Et chacun perd le souuenir,*
*D'en auoir receu de l'outrage,*

*Mais ceux qui d'vne saincte vie*
*Ont suiuy le train glorieux,*

*Et dont la volonté des Dieux*
*A tousiours limité l'enuie,*
*Sçauans & sans aucun deffaut,*
*Ils volent bien-heureux là haut,*
*Où parmy des grandeurs supresmes,*
*Ils n'ont plus de corps comme icy,*
*Et francs de tout humain soucy,*
*Ils deuiennent des Dieux eux-mesmes.*

*A des felicitez si rares*
*Se doit donner tout nostre soing,*
*Car ceste gloire de bien loing,*
*Passe la pompe des Thiares.*
*Nul sans prudence, & sans bonté,*
*Encore n'est iamais monté,*
*Dans ce grand palais de lumiere,*
*Où nostre parfaicte raison*
*Doit habiter vne maison,*
*Plus heureuse que la premiere.*

## PHÆDON.

Il finissoit ainsi sa fable, dans les discours de ces beatitudes eternelles, que les esprits bien purgez par la Philosophie, doiuent esperer, & dont il ne pouuoit, disoit-il, exprimer la magnificence faute du loisir, & de capacité d'vn homme, qui ne suffit pas au diſcours des choſes ſi merueilleuſes au bout de ſon compte, il dit à Simias.

Toutes ces choſes là, comme ie les ay rangees, ne ſont pas dignes ſans doute qu'vn homme de bon ſens y arreſte entierement ſa creance: toutesfois eſtans certains de l'immortalité de nos ames, nous deuons penſer que leur habitation en l'autre monde ſera quelque choſe d'approchant à ce que ie vous en ay diſcouru, & ſans l'incertitude où nous demeurons pendant la vie, il me ſemble qu'il eſt à propos de ſe perſuader à plus pres ce que i'ay dit, & de l'apprendre par cœur, comme les Magiciens font leurs vers : ſ'il y a du danger qu'on ſe trompe; il y a de la gloire à courre ce hazard, & ie croy qu'vne eſperance bien legitime doit icy ſoulager les incommoditez de ceux qui viuent dans le meſpris du faſte & de la volupté du corps, & qui ayans ſceu trouuer le gouſt des plaiſirs que la ſcience donne, n'ont reſiouy leur eſprit d'autre choſe, & n'empruntent rien d'eſtranger pour l'accommoder, ils ſont parés d'ornemens tous tirez de luy meſme, qui ſont la temperance, la iuſtice, la magnanimité, la liberté, la verité. Parmy toutes ſes vertus, le Sage ſe trouue ferme cōtre les atteintes de la mort, & par tout le temps de ſa vie, ſe trouue auſſi preparé pour ſon deſpart, qu'à l'heure meſme qu'il faut qu'il parte. Pour vous tous, qui eſtes icy, vous deſlogerez ſans doute, & mourrez chacun à voſtre temps: mais pour moy, c'eſt maintenant, comme diroit quelque Tragique, que les Deſtins m'appellent, meſme il eſt deſia temps que ie m'en aille pour me lauer: car auant que de prendre le poiſon, ie me veux nettoyer pour n'incommoder point les femmes, qui ſ'amuſeront à lauer ce corps mort. Là deſſus, Criton luy demanda ſ'il ne vouloit rien commander à perſonne, touchant ſes enfans, ou pour quelque autre choſe, où on luy peuſt faire plaiſir. Ie n'ay rien à vous recommander, dit-il, que ce que ie vous preſche il y a long temps, que ſi vous prenez garde à vous, vous me ſeruirez de beaucoup, & à vous meſmes, quoy que vous ne m'en vouluſſiez pas icy donner voſtre parole, & que ſi vous ne ſuiuez en toute voſtre vie les traces qui vous ont eſté marquees, par tous les diſcours que nous auons faictz, aſſeurez-vous que vous n'y gaignerez rien, quoy que vous vueilliez icy accorder à noſtre conference. Nous y prendrons garde (luy dit Criton) mais comme quoy veux-tu qu'on t'enseuelisse? Comme il vous plaira, dit-il, au moins si apres vous me pouuez atteindre, & tout sousriant, il se tourna vers nous; Ie ne sçaurois, dit-il, persuader à Criton que c'est moy ce Socrate qui dispute icy, & qui range ainsi mes discours: mais il croit que ie suis ceste charõgne, qu'il doit voir incontinent, & se soucie peu de la consolation que ie vous ay voulu donner, & de l'opinion que i'ay d'estre auiourd'huy bien loin de vous, & de paruenir à la condition des bien-heureux. Asseurez-en donc Criton, ie vous prie, & soyez mes cautions enuers luy, autrement qu'il n'a esté pour moy enuers mes Iuges: car il a respondu que ie comparoistrois en iugement, & vous luy respondrez, s'il vous plaist, qu'apres que ie seray mort, ie ne comparoistray plus pour tout: mais que ie m'en iray. Persuadez-le luy, ie vous prie, afin qu'il ait moins de regret à ma mort, & que voyant brusler ou enseuelir mon corps, il ne soit pas si fol que de me plaindre. comme si i'endurois beaucoup, & qu'il ne die point aux funerailles que c'est Socrate qu'on porte au tombeau, & qu'on me va mettre soubs la terre. Sçaches aussi Criton, que ce qui est si mal dit, ne manque pas seulement en cela : mais qu'il nuit aussi en quelque façon à nos esprits : mais bien, il faut dire que mon corps doit estre enseuely, & de la sorte qu'il te semblera bon. Cela dit, il se leua, & passa dans vne chambre pour se lauer, Criton le suiuit, & nous pria de les attendre. Nous estions là cependant à nous entretenir sur les discours qui auoient esté tenus, & à desplorer nostre fortune en la perte de cet homme là, qui estant nostre Pere à tous, nous laissoit à sa mort tous orphelins. Apres que Socrate fut laué, on luy apporta ses fils : car il en auoit deux petits, & vn desia grand, il y vint aussi des femmes ses domestiques. Socrate leur ayant parlé tout deuant Criton, & leur ayant ordonné ce qu'il vouloit, il leur commanda de se retirer, & à ses fils aussi, puis il reuint à nous enuiron l'heure que le Soleil s'alloit coucher: car il auoit esté là dedans assez long temps. Comme il nous fut venu retrouuer tout laué, il s'assit, & sans qu'il eust presque loisir de nous plus rien dire; voicy le bourreau qui arriue, & se tenant aupres de Socrate, il luy dit : Ie ne pense point trouuer en toy l'estonnemẽt que i'ay accoustumé de trouuer aux autres: car ils se despitent à moy, & me disent des iniures, lors que faisant ma charge, par le commandemẽt des Magiſtrats, ie leur viens annoncer qu'il leur faut aualler le poiſon: & i'ay recogneu à te voir icy, que tu auois l'ame grande, & genereuſe, & l'humeur paiſible, que tu es le meilleur homme qui ſoit iamais entré dans ceſte priſon, & ſçay bien que tu ne m'imputeras point ton malheur: mais à ceux qui en ſont la cauſe. Tu cognois aſſez maintenant la nouuelle que ie t'apporte; Adieu, & taſche à te preparer à ceſte neceſſité. Apres luy auoir dit cela, il ſe retira tout pleurant. Socrate tournant les yeux ſur le bourreau, Adieu, luy dit-il, toy-meſme, ie me vay me preparer: Et tout auſſi toſt, voila, nous dit-il, vn hõneſte homme, & courtois: car ce n'eſt pas d'auiourd'huy ſeulement que ie l'ay cogneu ciuil comme cela, il m'a touſiours fort ſalüé, & m'eſt venu icy ſouuent entretenir, ie croy qu'il eſt homme de bien, voyez comme quoy il me plaint. Courage Criton, faiſons ce qu'il nous dit: & ſi le poiſon eſt preſt, qu'on me l'apporte, ſi ne l'eſt pas encore, qu'on le luy faſſe appreſter. Quoy? dit Criton, ie croy que le Soleil n'eſt point encore couché, & ie ſçay que les autres ſont encore long temps à prendre le poiſon apres qu'on leur a dit:

à dit: mesme ils ne le boiuent bien souuent qu'apres auoir bien gousté & iouy de ce qu'ils aiment: ainsi n'as tu point affaire de te haster, car il y a du temps assez. Ceux qui sõt de la sorte, dit Socrates, ont raison: car il croyoit que cela leur profite à quelque chose. Et moy i'ay raison de de ne le point faire, car ie croy que pour retarder ie n'y puis gaigner autre chose que de me rendre ridicule à moy-mesme, comme trop amoureux de ma vie, & mesnager d'vne chose où ie n'ay plus rien. Mais oblige moy ie te prie, & fais ce que ie te dis. Comme Criton eut ouy ceste resolution il fit signe à vn garçon qui n'estoit pas loing de là: Ce garçõ sortist de la chambre, & sans arrester beaucoup il reuint auec celuy qui deuoit donner le poison qu'il apporta tout prest dans la coupe. Socrates le regardant, Et ie te prie, dit-il, toy qui entends cecy, qu'est ce qu'il faut que ie fasse autre chose? Que te promener, apres auoir beu iusqu'à tãt que tu sentes affoiblir les iambes apres tu te coucheras: & luy disant cela il luy tendit la coupe, Socrates, veritablement, ô Ecchecrates, la print fort ioyeusement sans changer de couleur: mais regardant viuement comme il auoit accoustumé, il dit au bourreau: Est-il pas permis d'en respandre vn peu par maniere de sacrifice? Il n'y en a luy dit l'autre iustemẽt que ce qu'il faut: I'ay tout beu, dit Socrates, mais si est il permis au moins de prier les Dieux qu'ils me rendẽt ma mort fauorable, & ceste separation heureuse, ie les prie de bon cœur: & ainsi soit il. Disant cela, il porte le verre à la bouche & boit fort gayement. Plusieurs de la compagnie s'estoient empeschez de pleurer iusques à lors: mais le voyant comme il beuuoit, & apres qu'il eut beu il nous fut impossible de no⁹ retenir: pour moy ie me laissay là tellement emporter à la douleur que les larmes me tomboient à force du regret que i'auois, non pas tant pour luy que pour moy-mesme, & la perte que ie faisois d'vn tel amy. Criton aussi auant que de commencer de pleurer s'estoit leué; & Apollodorus qui n'auoit tout le iour fait autre chose se print lors à crier les hauts cris, desplorant la condition de tous ceux qui estoient là hormis de Socrates: Vrayemẽt, no⁹ dit Socrates, vous estes de braues gẽs, n'auez vous point de honte? ie n'auois renuoyé ces termes pour autre chose:

car ie ſçay que ceſte foibleſſe de plaindre & de pleurer leur eſt ordinaire : Et i'ay ſouuent ouy dire, que c'eſt auec applaudiſſement & ioye qu'il faut s'en aller d'icy. Arreſtez vous donc & prenez patience. Nous rougimes tous à ceſte parole, & ne pleuraſmes point dauantage. Deſia tout ſe promenant il ſentit faillir ſes iambes & ſe coucha ſur le dos, car ainſi luy auoit ordonné le bourreau, qui vn peu apres venant à le toucher commença à prendre garde aux pieds de Socrates, & à ſes iambes, & luy preſſant fort le pied luy demanda s'il ne ſentoit rien, Rien du tout, dit Socrates: apres il luy ſerra les iambes, & montant touſiours de la main en les ſerrant il nous monſtra qu'elles eſtoient froides & toutes roides: le touchant encore vne fois, il nous dit, lors que le froid ſera venu au cœur il treſpaſſera. Auſſi toſt le froid le ſaiſit. Iuſque là il ſe deſcouurit, car il s'eſtoit enuelopé d'vne robe, & puis le dernier mot qu'il profera dit: O Criton, dit-il, nous deuõs le Coq à Eſculape, payez luy ie vous prie & n'y manquez point : Cela ſe fera, luy dit Criton : mais ne te plaiſt-il point encore quelque choſe? A cela Socrates ne reſpondit point : mais ayant demeuré quoy tout vn temps il remua vn peu : le bourreau le descouurit ; lors Socrates ficha sa veuë & la perdit. Criton luy ferma les yeux & la bouche.

Voylà, Echecrates, la fin de nostre amy; homme sans doute à mon iugement le meilleur, le plus sage & le plus iuste que i'aye iamais pratiqué.

FIN.

# ELEGIE
## A VNE DAME.

SI vostre doux accueil n'eust consolé ma peine,
Mon ame languissoit, ie n'auois plus de veine,
Ma fureur estoit morte, & mes esprits couuerts,
D'vne tristesse sombre auoient quitté les vers.
Ce mestier est penible, & nostre sainct estude,
Ne cognoist que mespris, ne sent qu'ingratitude:
Qui de nostre exercice ayme le doux soucy,
Il hayt sa renommee & sa fortune aussi.
Le sçauoir est honteux, depuis que l'ignorance
A versé son venin dans le sein de la France.
Au iourd'huy l'iniustice a vaincu la raison,
Les bonnes qualitez ne sont plus de saison,
La vertu n'eut iamais vn siecle plus barbare,
Et iamais le bon sens ne se trouua si rare.
Celuy qui dans les cœurs met le mal ou le bien,
Laisse faire au destin sans se mesler de rien;

Non pas que ce grand Dieu qui donne l'ame au
Ne trouue à son plaisir la nature feconde, [monde
Et que son influence encor à plaines mains,
Ne verse ses faueurs dans les esprits humains.
Parmy tãt de fuseaux la Parque en sçait retordre,
Où la contagion du vice n'a sceu mordre,
Et le Ciel en faict naistre encore infinité
Qui retiennent beaucoup de la diuinité,
Des bons entendemens, qui sans cesse trauaillent
Contre l'erreur du peuple, & iamais ne deffaillent,
Et qui d'un sentiment hardy, graue & profond,
Viuent tout autrement que les autres ne font :
Mais leur diuin genie est forcé de se feindre,
Et les rend malheureux s'il ne se peut cõtraindre.
La coustume & le nombre authorise les sots,
Il faut aymer la cour, rire des mauuais mots,
Acoster un brutal, luy plaire, en faire estime :
Lors que cela m'aduient ie pense faire un crime.
I'en suis tout transporté, le cœur me bat au sein,
Ie ne croy plus auoir l'entendement bien sein,
Et pour m'estre soüillé de cest abord funeste,
Ie croy long temps apres que mon ame a la peste;
Cependant il faut viure en ce commun malheur,
Laisser à part esprit, & franchise & valeur,
Rompre son naturel, emprisonner son ame,
Et perdre tout plaisir pour acquerir du blasme:
L'ignorant qui me iuge un fantasque resueur,
Me demandant des vers croit me faire faueur,

Blasme ce qu'il n'entend : & son ame estourdie
Pense que mon sçauoir me vient de maladie.
Mais vous à qui le ciel de son plus doux flâbeau,
Inspira dans le sein tout ce qu'il a de beau,
Vous n'avés point l'erreur qui trouble ces infames,
Ny l'obscure fureur de ces brutalles ames ;
Car l'esprit plus subtil en ses plus rares vers,
N'a point de mouuemẽs qui ne vous soiẽt ouuerts,
Vous auez vn genie à voir dans les courages,
Et qui cognoist assez mon ame & mes ouurages.
Or bien que la façon de mes nouueaux escrits,
Differe du trauail des plus fameux esprits,
Et qu'ils ne suiuent point la trace accoustumee,
Par où nos escriuains cherchent la renommee :
I'ose pourtant pretendre à quelque peu de bruit,
Et croy que mon espoir ne sera point sans fruict :
Vous me l'auez promis, & sur ceste promesse
Ie fausse ma promesse aux vierges de Permesse.
Ie ne veux reclamer ny Muse, ny Phebus,
Grace à Dieu bien guari de ce grossier abus,
Pour façonner vn vers que tout le monde estime;
Vostre contentement est ma derniere lime :
Vous entendez le poids, le sens, la liaison,
Et n'auez en iugeant pour but que la raison ;
Aussi mon sentiment à vostre adueu se range,
Et ne reçoit d'autruy ny blasme ny loüange.
Imite qui voudra les merueilles d'autruy,
Malherbe a tres-bien fait, mais il a fait pour luy,

Mille petits voleurs l'escorchent tout en vie:
Quãt à moy ces larcins ne me font point d'enuie,
I'approuue que chacun escriue à sa façon,
I'ayme sa renommee & non pas sa leçon:
Ces esprits mendians d'une vaine infertile,
Prennent à tous propos ou sa rime ou son stile,
Et de tãt d'ornemẽs qu'on trouue en luy si beaux,
Ioignent l'or & la soye, à de vilains lambeaux,
Pour paroistre auiourd'huy d'aussi mauuaise grace
Que parut autresfois la corneille d'Horace:
Ils trauaillent vn mois à cercher comme à fils
Pourra s'apparier la rime de Memphis.
Ce liban, ce turban, & ces riuieres mornes,
Ont souuent de la peine à retrouuer leurs bornes,
Cest effort tient leurs sens dans la confusion,
Et n'ont iamais vn rais de bonne vision.
I'en cognois qui ne font des vers qu'à la moderne,
Qui cerchent à midy Phebus à la lanterne,
Grattent tant le François qu'ils le deschirẽt tout,
Blasmant tout ce qui n'est facile qu'à leur goust,
Sont vn mois à cognoistre en tastant la parole,
Lors que l'accent est rude, ou que la rime est mole;
Veulent persuader que ce qu'ils font est beau,
Et que leur renommee est franche du tombeau,
Sans autre fondement, sinon que tout leur aage
S'est laissé consommer en vn petit ouurage;
Que leurs vers dureront au monde precieux,
Pource qu'en les faisant ils sont deuenus vieux:

De mesme l'Areignee en filant son ordure,
Vse toute sa vie & ne faict rien qui dure.
Mais cet autre Poëte est bien plein de ferueur,
Il est blesme, transi, solitaire, resueur,
La barbe mal peignee, un œil branslant & caue,
Vn front tout renfrongné, tout le visage haue,
Ahane dans son lict, & marmotte tout seul,
Cõme vn esprit qu'on oyt parler dans vn linceul;
Grimasse par la ruë, & stupide retarde
Ses yeux sur vn obiect sans voir ce qu'il regarde.
Mais desia ce discours m'a porté trop auant,
Ie suis bien pres du port, ma voile à trop de vent,
D'vne insensible ardeur peu à peu ie m'esleue,
Commençant vn discours que iamais ie n'acheue.
Ie ne veux point vnir le fil de mon subiet,
Diuersement ie laisse & reprens mon obiect,
Mon ame imaginant n'a point la patience,
De bien polir les vers & ranger la science:
La reigle me desplaist, i'escris confusément,
Iamais vn bon esprit ne faict rien qu'aisément;
Autresfois quand mes vers ont animé la sceine,
L'ordre où i'estois contrainct m'a bien faict de
la peine,
Ce trauail importun m'a long temps martyré:
Mais en fin grace aux Dieux ie m'en suis retiré.
Peu sans faire naufrage & sans perdre leur ourse,
Se sont aduanturez à ceste longue course:
Il y faut par miracle estre fol sagement,

Confondre la memoire auec le iugement,
Imaginer beaucoup, & d'vne source pleine
Puiser tousiours des vers dãs vne mesme veine:
Le dessein se dissipe, on change de propos,
Quand le stile a gousté tant soit peu le repos,
Donnant à tels efforts ma premiere furie,
Iamais ma vaine encor ne s'y trouua tarie:
Mais il me faut resoudre à ne la plus presser,
Elle m'a bien seruy, ie la veux caresser,
Luy donner du relasche, entretenir la flamme,
Qui de sa ieune ardeur m'eschauffe encore l'ame;
Ie veux faire des vers qui ne soiẽt pas cõtraincts
Promener mon esprit par de petits dessains,
Chercher des lieux secrets où rien ne me deplaise,
Mediter à loisir, resuer tout à mon aise,
Employer toute vne heure à me mirer dans l'eau,
Ouyr comme en songeant la course d'vn ruisseau,
Escrire dans les bois, m'interrompre, me taire,
Composer vn quatrain sans songer à le faire.
Apres m'estre esgayé par ceste douce erreur,
Ie veux qu'vn grãd dessain reschauffe ma fureur
Qu'vn œuure de dix ans me tiẽne à la cõtraincte,
De quelque beau Poëme, où vous serez dépainte.
Là si mes volontez ne manquent de pouuoir,
I'auray bien de la peine en ce plaisant deuoir,
En si haute entreprise où mon esprit l'engage,
Il faudroit inuenter quelque nouueau langage,
Prendre vn esprit nouueau, penser & dire mieux,

*Que n'ont iamais pensé les hommes & les Dieux.*
*Si ie paruiens au but où mon dessain m'appelle,*
*Mes vers se mocqueront des ouurages d'Apelle,*
*Qu'Heleine ressuscite elle aussi rougira,*
*Par tout où vostre nom dans mon ouurage ira.*
*Tandis que ie remets mon esprit à l'eschole,*
*Obligé dés long temps à vous tenir parole :*
*Voicy de mes escrits ce que mon souuenir,*
*Desireux de vous plaire, en a peu retenir.*

---

## LE MATIN.

*L'Aurore sur le front du iour,*
*Seme l'azur, l'or & l'yuoire,*
*Et le Soleil lassé de boire,*
*Commence son oblique tour.*

*Les cheuaux au sortir de l'onde,*
*De flamme & de clarté couuerts,*
*La bouche & les naseaux ouuerts,*
*Ronflent la lumiere du monde.*

*La Lune fuit deuant nos yeux,*
*La nuict a retiré ses voiles,*
*Peu à peu le front des estoilles*
*S'vnit à la couleur des Cieux.*

*Desia la diligente Auette*
*Boit la mariolaine & le tin,*

Et reuient riche du butin,
Qu'elle a prins sur le mont Hymette.

Ie voy le genereux Lion,
Qui sort de sa demeure creuse
Herissant sa perruque affreuse,
Qui faict fuyr Endimion.

Sa Dame entrant dans les boccages
Compte les Sangliers qu'elle a pris,
Ou deuale chez les esprits
Errant aux sombres marescages.

Ie voy les Agneaux bondissans
Sur les bleds qui ne font que naistre:
Cloris chantant les mene paistre
Parmy ces costaux verdissans.

Les oyseaux d'vn ioyeux ramage,
En chantant semblent adorer
La lumiere, qui vient dorer
Leur cabinet & leur plumage.

La charruë escorche la plaine,
Le bouuier qui suit les seillons
Presse de voix & d'aiguillons,
Le couple des bœufs qui l'entraine,

Alix apprefte ſon fuſeau,
Sa mere qui luy faict la taſche,
Preſſe le chanure qu'elle attache
A ſa quenoüille de roſeau.

Vne confuſe violence
Troubl e le calme de la nuict,
Et la lumiere auec le bruit,
Diſſipent l'ombre & le ſilence.

Alidor cherche à ſon reſueil
L'ombre d'Iris qu'il a baiſee,
Et pleure en ſon ame abuſee
La fuitte d'vn ſi doux ſommeil.

Les beſtes ſont dans leur taniere
Qui tremblent de voir le Soleil,
L'homme remis par le ſommeil,
Reprend ſon œuure couſtumiere.

Le forgeron eſt au fourneau
Oy comme le charbon s'alume,
Le fer rouge deſſus l'enclume,
Eſtincelle ſous le marteau.

Ceſte chandelle ſemble morte,
Le iour la faict eſuanouyr,
Le Soleil vient nous esblouyr,
Voy qu'il paſſe au trauers la porte.

Il est iour, leuons nous Philis,
Allons à nostre iardinage,
Voir s'il est comme ton visage,
Semé de roses & de lis.

## ODE.

Dans ce val solitaire & sombre,
Le cerf qui brame au bruict de l'eau,
Panchant ses yeux dans vn ruisseau,
S'amuse à regarder son ombre.

De ceste source vne Naiade,
Tous les soirs ouure le portail
De sa demeure de crystal,
Et nous chante vne serenade.

Les Nymphes que la chasse attire
A l'ombrage de ces forests,
Cherchent des cabinets secrets,
Loing de l'embuche du Satire.

Iadis au pied de ce grand chesne,
Presque aussi vieux que le Soleil,
Bacchus, l'Amour & le Sommeil,
Feirent la fosse de Silene.

Vn froid & tenebreux silence,
Dort à l'ombre de ses ormeaux,
Et les vents battent les rameaux
D'vne amoureuse violence.

L'esprit plus retenu s'engage
Au plaisir de ce doux sejour,
Où Philomele nuict & iour,
Renouuelle vn piteux langage.

L'orfraye & le hibou s'y perche,
Icy viuent les loups-garoux,
Iamais la iustice en courroux
Icy de criminels ne cherche.

Icy l'amour faict ses Estudes,
Venus y dresse des autels,
Et les visites des mortels
Ne troublent point ces solitudes.

Ceste forest n'est point profane,
Ce ne fut point sans la fascher,
Qu'Amour y vint iadis cacher
Le berger qu'enseignoit Diane.

Amour pouuoit par innocence,
Comme enfant, tendre icy des retz,
Et comme Royne des forests,
Diane auoit ceste licence.

Cupidon d'vne douce flamme
Ouurant la nuict de ce valon,
Mist deuant les yeux d'Apollon
Le garçon qu'il auoit dans l'ame.

A l'ombrage de ce bois sombre
Hyacinthe se retira :
Et depuis le Soleil iura,
Qu'il seroit ennemy de l'ombre.

Tout aupres le Ialoux Boree,
Pressé d'vn amoureux tourment,
Fut la mort de ce ieune amant
Encore par luy souspiree.

Saincte forest ma confidente,
Ie iure par le Dieu du iour,
Que ie n'auray iamais amour,
Que ne te soit toute euidente.

Mon Ange ira par cest ombrage,
Le Soleil le voyant venir,
Ressentira du souuenir
L'accez de sa premier rage.

Corine ie te prie approche,
Couchons nous sur ce tapis vert :
Et pour estre mieux à couuert,
Entrons au creux de ceste roche.

Ouure tes yeux ie te supplie,
Mille amours logent là dedans,

Et de leurs petits traits ardans
Ta prunelle est toute remplie.

Amour de tes regards souspire,
Et ton esclaue deuenu,
Se voit luy-mesme retenu
Dans les liens de son empire.

O beauté sans doute immortelle,
Où les Dieux trouuent des appas,
Par vos yeux ie ne croyois pas
Que vous fussiez du tout si belle.

Qui voudroit faire vne peinture,
Qui peust ses traits representer,
Il faudroit bien mieux inuenter,
Que ne fera iamais nature.

Tout vn siecle les destinees
Trauaillerent apres ses yeux,
Et ie croy que pour faire mieux
Le temps n'a point assez d'annees.

D'vne fierté pleine d'amorce,
Ce beau visage a de regards,
Qui iettent des feux & des dards,
Dont les Dieux aymeroient la force.

*Que ton teinct est de bonne grace!*
*Qu'il est blanc & qu'il est vermeil!*
*Il est plus net que le Soleil,*
*Et plus vni que de la glace.*

*Mon Dieu que tes cheueux me plaisent;*
*Il s'esbattent dessus ton front,*
*Et les voyant beaux comme ils sont*
*Ie suis ialoux quand ils te baisent.*

*Belle bouche d'ambre & de rose,*
*Ton entretien est desplaisant,*
*Si tu ne dis en me baisant,*
*Qu'aymer est vne belle chose.*

*D'vn air plein d'amoureuse flame,*
*Aux accens de ta douce voix,*
*Ie voy les fleuues & les bois*
*S'embraser comme a faict mon ame.*

*Si tu moüilles tes doits d'yuoire*
*Dans le crystal de ce ruisseau,*
*Le Dieu qui loge dans ceste eau,*
*Aymera s'il en ose boire.*

*Presente luy ta face nuë,*
*Tes yeux auecques l'eauriront,*

Et dans ce miroir escriront,
Que Venus est icy venuë.

Si bien elle y sera depeincte,
Les Faunes s'en enflammeront,
Et de tes yeux qu'ils aymeront
Ne sçauront descouurir la feinte.

Entends ce Dieu qui te conuie
A passer dans son Element,
Oy qu'il souspire bellement
Sa liberté desia rauie.

Trouble luy ceste fantasie,
Destourne toy de ce miroir,
Tu le mettras au desespoir,
Et m'osteras la ialousie.

Voys-tu ce tronc & ceste pierre?
Ie croy qu'ils prennent garde à nous,
Et mon amour deuient ialoux
de ce myrthe & de ce lierre.

Sus ma Corine que ie cueille
Tes baisers du matin au soir,
Voy comment pour nous faire asseoir
Ce mythe a laissé choir sa fueille.

Oy le Pinçon & la Linotte,
Sur la branche de ce rosier,
Vois branler leur petit gosier,
Oy comme ils ont changé de notte.

Approche, approche ma Driade,
Icy murmureront les eaux,
Icy les amoureux oyseaux
Chanteront vne serenade.

Preste moy ton sein pour y boire
Des odeurs qui m'embasmeront,
Ainsi mes sens se pasmeront
Dans les lacs de tes bras d'yuoire.

Ie baigneray mes mains folastres
Dans les ondes de tes cheueux,
Et ta beauté prendra les vœux,
De mes œillades idolatres.

Ne crains rien, Cupidon nous garde,
Mon petit Ange es tu pas mien?
Ha! ie voy que tu m'aymes bien,
Tu rougis quand ie te regarde.

Dieux que ceste façon timide
Est puissante sur mes espits!

Regnauld ne fut pas mieux espris
par les charmes de son Armide.

Ma Corine que ie t'embrasse,
Personne ne nous voit qu'Amour:
Voy que mesme les yeux du iour
Ne trouuent point icy de place.

Les vents qui ne se peuuent taire,
Ne peuuent escouter aussi,
Et ce que nous ferons icy
Leur est vn incogneu mystere.

## ODE.

Vn fier Demon qui me menasse
De son triste & funeste accent,
Contre mon amour innocent,
Gronde la haine & la disgrace.

On m'a rapporté que tes yeux
Dans leurs paupieres languissantes,
N'auoient plus ces flammes puissantes
Qui blessoient les ames des Dieux.

Nature est vrayment bien hardie,
Et le sort bien faux & malin,
D'assuiectir le sang diuin
A l'effort d'vne maladie.

En detestant ses cruautez,
Quelque peu qu'il m'en diuertisse,
Ie crie contre l'iniustice,
Que le Ciel fait à tes beautez.

Depuis ce malheureux message
Qui m'a priué de tout repos,
La tristesse a mis dans mes os,
Vn tourment d'amour & de rage.

Malade au lict d'où ie ne sors
Ie songe que ie voy la Parque,
Et que dans vne mesme barque
Nous passons le fleuue des morts.

Si tu te deuls de mon absence
C'est vn supplice d'amitié
Qui merite autant de pitié,
Qu'elle a de peine & d'innocence.

Ie mourray si tu meurs pour moy,
Autrement ie serois bien traistre,
Puis que le sort ne m'a fait naistre
Que pour mourir auecques toy.

# EPIGRAMME.

*CESTE femme a fait comme Troye,*
*De braues gens sans aucun fruict*
*Furent dix ans à ceste proye,*
*Vn cheual n'y fut qu'vne nuict.*

---

*HA! Philis que le Ciel me fait mauuais visage,*
*Tout me fasche & me nuit,*
*Et reserué l'amour & le courage,*
*Rien de bon ne me suit.*

*Les Astres les plus doux ont coniuré ma perte,*
*Ie ne sçay plus nul soustien,*
*La cour me semble vne maison deserte,*
*Où ie ne trouue rien.*

*Les hõmes & les Dieux menassent ma fortune:*
*Mais en leur cruauté*
*Pour mon soulas tout ce que i'importune,*
*Ce n'est que ta beauté.*

*Les traits de tes beautez sont d'assez fortes armes*
*Pour vaincre mon malheur,*
*Et dans la gesne assisté de tes charmes,*
*Ie mourray sans douleur.*

*Dedans l'extremité de la peine où nous sommes*
*Souspirant nuict & iour,*

Ie feints que c'est la disgrace des hommes,
Mais c'est celle d'amour.

Parmy tant de dangers c'est auec peu de crainte
Que ie prens garde à moy,
En tous mes maux le suiect de ma plainte
C'est d'estre absent de toy.

Pour m'oster aux plus forts qui me voudroient poursuiure
Ie trouue assez de lieux:
Mais quel climat m'asseurera de viure
Si ie quitte tes yeux?

Le Soleil meurt pour moy, vne nuict m'enuironne,
Ie pense que tout dort,
Ie ne voy rien, ie ne parle à personne;
N'est-ce pas estre mort?

## EPIGRAMME.

Ie doute que ce fils ne prospere,
Mars & l'amour en sont ialoux,
Pource qu'il est beau comme vous,
Et courageux comme son Pere.

L'infidelité me desplaist,
Et mon amour iuge qu'elle est

Le plus noir crime de la terre:
Lors que les Dieux firent venir
Les premiers esclats du tonnerre,
Ce ne fut que pour la punir.

La Deesse qui fait aymer,
Des flots de l'inconstante mer
Sortit à la clarté du monde.
Or Venus si ton doux flambeau
Fust venu d'ailleurs que de l'onde,
Sans doute il eut esté plus beau.

Ce qu'vn hyuer a faict mourir,
Vn Printemps le faict refleurir,
Le Destin change toute chose,
Mon amitié tant seulement,
Vos beaux lys & vos belles roses
Dureront eternellement.

En fin mon amitié se lasse,
Ie suis forcé de me guarir,
L'amour qui me faisoit perir
Tous les iours peu à peu se passe.
I'ay r'appellé mon iugement,
I'ay fait vœu d'aymer sagement,
Ie rougis de ma seruitude,
Et proteste deuant les Dieux

*Que ie hay ton ingratitude*
*Plus que ie n'ay chery tes yeux.*

*Ie n'ay plus le soing de te plaire,*
*Mes charmes sont esuanouis,*
*Desormais ie me resiouis*
*De ta haine & de ta cholere.*
*Ceste lascheté d'endurer*
*Ne me sçauroit guere durer:*
*Ie veux estre exempt de souffrance*
*Aussi bien que toy de pitié,*
*Et viure auec l'indifferance*
*Dont tu traictes mon amitié.*

*Iamais douleur insuportable*
*Iusques à mon mal n'empira;*
*Iamais esprit ne souspira*
*D'vn trauail si peu profitable.*
*Ie vis trop amoureusement,*
*Ie sers trop malheureusement,*
*Ma belle ne veut point entendre,*
*Le mal qu'elle me fait sentir,*
*Et me deffend de rien pretendre*
*Que la honte & le repentir.*

*O mes Dieux, ô mon influence,*
*Regardez la peine où ie suis:*
*Sans faire un crime ie ne puis*
*Esperer une recompense.*

O Dieux qui gouuernez nos cœurs,
Si vous n'estes des Dieux moqueurs,
Ou des Dieux sans misericorde,
Remettez moy dans ma maison;
Ou faites enfin qu'on m'accorde
Ou la mort, ou la guerison.

Ie n'ay repos ny nuict ny iour,
Ie brusle, ie me meurs d'amour;
Tout me nuit, personne ne m'ayde,
Le mal m'oste le iugement,
Et plus ie cherche de remede,
Moins ie trouue d'allegement.

Ie suis desesperé, i'enrage,
Qui me veut consoler m'outrage,
Si ie pense à ma guarison
Ie tremble de ceste esperance,
Ie me fasche de ma prison,
Et ne crains que ma deliurance.

Orgueilleuse & belle qu'elle est
Elle me tue, elle me plaist,
Ses faueurs qui me sont si cheres,
Quelquesfois flattent mon tourment,
Quelquesfois elle a des choleres
Qui me poussent au monument.

Mes amoureuses fantasies,
Mes passions, mes frenaisies,
Qu'ay-ie plus encore à souffrir?
Dieux, Destins, Amour, ma Maistresse,
Ne dois-ie iamais ny guerir,
Ny mourir du trait qui me blesse?

Mais suis-ie point dans vn tombeau,
Mes yeux ont perdu leur flambeau,
Et mon ame Iris l'a rauie,
Encor voudrois-je que le sort
Me fist auoir plus d'vne vie,
Affin d'auoir plus d'vne mort.

Pleust aux Dieux qui me firent naistre,
Qu'ils eussent retenu mon estre
Dans le froid repos du sommeil,
Que ce corps n'eust iamais eu d'ame,
Et que l'amour ou le Soleil
Ne m'eussent point donné leur flame.

Tout ne m'apporte que du mal,
Mon propre demon m'est fatal,
Tous les Astres me sont funestes,
I'ay beau recourir aux autels,
Ie sens que pour moy les celestes
Sont foibles comme les mortels.

O Destins tirez moy de peine,
Dites moy si ceste inhumaine

Consent à mon affliction,
Ie beniray son iniustice,
Et n'auray d'autre passion,
Que de courir à mon supplice.

Las! ie ne sçay ce que ie veux,
Mon ame est contraire à mes vœux,
Ce que ie crains ie le demande,
Ie cherche mon contentement,
Et quand i'ay du mal i'apprehende,
Qu'il finisse trop promptement.

## SONNET.

SI i'estois dans vn bois poursuiuy d'vn lion,
Si i'estois à la mer au fort de la tempeste,
Si les Dieux irritez vouloient presser ma teste,
Du faix du mont Olympe & du mont Pelion.

Si ie voyois le iour qui veit Deucalion,
Où la mort ne cuida laisser homme ny beste,
Si pour me deuorer ie voyois toute preste,
La rage des flambeaux qui brusloient Ilion.

Ie verrois ces dangers auecques moins d'ennuy
Que les maux violents que ie souffre auiourd'huy,
Pour vn mauuais regard que m'a dôné mô Ange,
Ie voy desia sur moy mille foudres pleuuoir,

De la mort de son fils Dieu contre moy se venge,
Depuis que ma Philis se fasche de me voir.

## SONNET.

Les Parques ont le teint plus gay que mon visage,
Ie croy que les damnez sõt plus heureux que moy:
Außi le vieux tiran qui leur donne la loy,
Des peines que ie sens n'a iamais eu l'vsage.

Les iours les plus serains pour moy sont pleins d'orage,
Les obiects les plus beaux pour moy sõt pleins d'effroy,
Et du plus doux accueil que me fasse le Roy,
Mon esprit incensé croit souffrir vn outrage.

Ton iniuste mespris m'a faict ceste douleur,
Depuis incessamment ie resue à mon malheur,
Et rien plus que la mort ne me peut faire enuie,
Voyez si mon malheur s'obstine à me punir,
Ie pense que la mort refuse de venir,
Pour ce qu'elle n'est point si triste que ma vie.

## ODE.

Plein de cholere & de raison,
Contre toy barbare saison,

Ie prepare vne rude guerre
Malgré les loix de l'vniuers,
Qui de la glace des hyuers
Chassent les flammes du tonnerre:
Auiourd'huy l'ire de mes vers
Des foudres contre toy desserre.

Ie veux que la posterité
Au rapport de la verité
Iuge ton crime par ma hayne,
Les Dieux qui sçauent mon malheur
Cognoissent qu'il y va du leur,
Et d'vne passion humaine,
Participans à ma douleur
Promettent d'alleger ma peine.

La Parque retranchant le cours
De tes Soleils bien que si cours,
Rien que nuict sur toy ne deuide;
Puisses tu perdre tes habits,
Et ce qu'au parc de nos brebis
Peut souhaitter le loup auide,
T'arriue, & tous les maux d'Ibis,
Comme les souhaittoit Ouide.

Ceres ne voit point sans fureur
Les miseres du Laboureur,
Que ta froidure a fait resoudre,
A brusler mesmes les forests,

Les champs ne ſont que des mareſts,
L'eſté n'eſpere plus de moudre,
Le reuenu de ſes guereſts,
Car il n'y trouuera que poudre.

Tous nos arbres ſont deſpoüillez,
Nos promenoirs ſont tous moüillez,
L'eſmail de noſtre beau parterre
A perdu ſes viſues couleurs;
La gelee a tué les fleurs
L'air eſt malade d'vn caterre,
Et l'œil du Ciel noyé de pleurs
Ne ſçait plus regarder la terre.

La naſſaille attendant le flux
Des ondes qui ne courent plus,
Oyſifue au port eſt retenuë,
La tortuë & les limaçons
Ieuſnent perclus ſous les glaçons;
L'oyſeau ſur vne branche nuë
Attend pour dire ſes chanſons
Que la fueille ſoit reuenuë.

Le Heron quand il veut peſcher
Trouuant l'eau toute de rocher
Se paiſt du vent & de ſa plume,
Il ſe cache dans les roſeaux,
Et contemple au bord des ruiſſeaux
La bize contre ſa couſtume,

*Souffler la neige ſur les eaux,*
*Où bouilloit autresfois l'eſcume.*

*Les poiſſons dorment aſſeurez,*
*D'vn mur de glace remparez*
*Francs de tous les dangers du monde,*
*Fors que de toy tant ſeulement,*
*Qui reſtreins leur moite element,*
*Iuſqu'à la goutte plus profonde,*
*Et les laiſſes ſans mouuement,*
*Enchaſſez en l'argent de l'onde.*

*Tous les vents briſent leurs liens,*
*Et dans les creux Æoliens,*
*Rien n'eſt reſté que le zephire,*
*Qui tient les œillets & les lys*
*Dans ſes poulmons enſeuelis,*
*Et triſte en la priſon ſouſpire*
*Pour les membres de ſa Philis,*
*Que la tempeſte luy deſchire.*

*Auiourd'huy mille matelots,*
*Où ta fureur combat les flots*
*Deffaillis d'art & de courage,*
*En l'aduanture de tes eaux,*
*Ne rencontrent que des tombeaux,*
*Car tous les aſtres de l'orage*
*Irriter contre leurs vaiſſeaux,*
*Les abandonnent au naufrage.*

Mais tous ces maux que ie descris,
Ne me font point ietter des cris,
Car eusses tu porté l'abysme,
Iusques où nous leuons les yeux,
Et d'vn desbord prodigieux
Trempé le Ciel iusqu'à la cime,
Au lieu de t'estre iniurieux,
Hyuer ie louërois ton crime.

Helas! le gouffre des malheurs
D'où ie puise l'eau de mes pleurs,
Prend bien d'ailleurs son origine,
Mon desespoir dont tu te ris
C'est la douleur de ma Cloris,
Qui rend toute la cour chagrigne,
Les Dieux qui tous en sont marris,
Iurent ensemble ta ruine.

Ce beau corps ne dispose plus,
De ses sens dont il est perclus,
Par la froideur qui les assiege:
Espargne hyuer tant de beauté
Remets sa voix en liberté,
Fais que ceste douleur s'allege,
Et pleurant de ta cruauté,
Fais distiller toute la neige.

Qu'elle ne touche de si pres
L'ombre noire de tes Cypres,

Car si tu menassois sa teste,
Le laurier que tu tiens si cher,
Et que l'esclair n'ose toucher
Seroit subiect à la tempeste,
Et les Dieux luy feroient secher
La racine comme le feste.

Mais si ta crainte ou ta pitié,
Veut flechir mon inimitié
Sois luy plus doux que de coustume;
Ronge nos vignes de muscats,
Dont les muses font tant de cas,
Mais à la faueur de ma plume,
Dans ses membres si delicats
Ne rameine iamais le rume.

Promeine tes froids Aquilons
Par la campagne des gelons,
Greste dessus les monts de Thrace:
Mais si iamais tu reprimas,
La violence des frimas,
Et la dureté de ta glace
Sur les plus temperez climats,
Le sien tousiours ayt ceste grace.

Sa maison comme le sainct lieu,
Consacré par le nom d'vn Dieu,
Rien que pluye d'or ne possede,
Ta neige fonde sur son toit

Vn sacré nectar qui ne soit,
Ny bruslant, ny glacé, ny tiede,
Mais tel que Iupiter le boit
Dans la coupe de Ganimede.

Si tu m'accorde ce bon-heur,
Par cest œil que i'ay fait Seigneur
D'vne ame a l'aymer obstinee,
Ie iure que le Ciel lira
Ton nom qu'on n'enseuelira,
Qu'au tombeau de la destinee,
Et par moy ta loüange ira,
Plus loing que la derniere annee.

## ODE AV PRINCE D'ORANGE.

VN Esprit lasche & mercenaire,
Qui d'vne gloire imaginaire,
Flatte les cœurs ambitieux,
Lors qu'il parle de vos loüanges,
Met les hommes plus vicieux
A la comparaison des Anges.

Aussi bien nuë & sans appas,
La pauure muse n'ose pas,
Parmy les pompes où vous estes
Faire venir la verité,
Et si les bouches des Poëtes

Ne quittent leur ſeuerité;
Elles demeureront muettes.

Prince ie dis ſans me loüer,
Que le Ciel m'a voulu doüer
D'vn eſprit que la France eſtime,
Et qui ne fait point mal ſonner
Vne loüange legitime;
Quand il trouue à qui la donner.

Mais le vice à qui tout aſpire,
Maiſtriſe auecques tant d'Empire,
Ceux qui gouuernent l'Vniuers:
Que chez les plus heureux Monarques,
O honte de ce temps peruers!
A peine ay-ie trouué de marques
Qui fuſſent dignes de mes vers.

Et depuis que la cour aduouë,
Ces ames de cire & de bouë,
Que tout crime peut employer:
Chacun attend qu'on le corrompe;
Et les grands donnent le loyer
Tant ſeulement à qui les trompe.

Lors que la force du deuoir
Pouſſe mon ame à deceuoir
Quelqu'vn à qui ie fais hommage:

Si quelquesfois pour vn mortel,
Ie tire vn immortel image ;
C'est afin qu'il se rende tel
Qu'il se voit peint en mon ouurage.

Mais quand ie pense à ta valeur,
O que mon sort à de malheur !
Car mesme de nouueaux Orphees
Ne pourroient en flattant les Dieux,
Dire si bien, que tes Trophees
Ne meritent encore mieux.

Quels vers faut il que ie prepare ?
En quel si beau marbre de Pare
Dois-ie grauer des monumens ,
Qui soient fidelles à ta gloire ?
Quels si religieux sermens ,
Iurant tes faits à la memoire
Feront croire que ie ne mens ?

L'Espaigne mere de l'orgueil ,
Ne preparoit vostre cercueil,
Que de la corde & de la roüe,
Et venoit auec des vaisseaux
Qui portoient peintes sur la prouë,
Des potences , & des bourreaux.

Ses trouppes à plaine licence,

*Venoient fouler vostre innocence,*
*Et l'appareil de ses efforts*
*Craignoit de manquer de matiere :*
*Où vos champs tapissez de corps*
*Manquoient plustost de cymetiere,*
*Pour le sepulchre de ses morts.*

*Les vostres que mordit sa rage,*
*Mourant disoient en leurs courages :*
*O nos terres, ô nos clartez !*
*Si vous n'estes plus asseruies,*
*Ayant gaigné vos libertez,*
*Nous voulons bien perdre nos vies.*

*O vous que le destin d'honneur,*
*Retira pour nostre bon-heur :*
*Belles ames soyez apprises,*
*Que l'horreur de vos corps destruicts,*
*N'a point rompu nos entreprises,*
*Et que nous recueillons les fruicts,*
*Des peines que vous auez prises.*

*Nos ports sont libres, nos rempars*
*Sont asseurez de toutes parts,*
*Picorans iusqu'au bout du monde :*
*Si nos victorieux nochers,*
*Trouuent des ennemys sur l'onde*
*Ce sont les vents, & les rochers.*

Ainsi ta gent victorieuse,
Dessus la tombe glorieuse
Des braues dont tu fus le chef:
Maurice vante ta prouësse,
Et dans les pleurs de son meschef
Verse des larmes de liesse.

Toy seul grand Prince és le vainqueur:
Car si les tiens monstrent du cœur,
Tout ce qui les y faict resoudre
Sont tes yeux, dont le feu reluit
Dans le sang, & parmy la poudre,
Comme aux orages de la nuict
Brillent les flammes de la foudre.

Sans toy qui ne deuoit douter,
Que ce peuple au lieu de gouster
La douceur d'vn repos durable,
De sa foible rebellion,
Retomboit plus miserable
En la vengeance du Lion?

La liberté qu'on a veu naistre
Du grand Mars, dont tu pris ton estre,
Apres luy veufue de support,
Si tu n'eusses esté son frere:
Par quel secours que de la mort,
Esperoit elle se deffaire

Des mains d'vn ennemy si fort?

Tu l'arrachas du precipice,
Faisant voir que tout est propice
A qui tu daignes secourir,
Et qu'ayant ton destin pour elle,
Parce que tu ne peux mourir
La liberté n'est pas mortelle.

Mais que pour te deifier,
Il te falut sacrifier
De sang au tenebreux Monarque;
Que pour espargner le denier
Qu'on paye aux riues de la Parque,
Tu fis riche le nautonnier
Qui conduiɛt la mortelle barque.

Hercule à qui les immortels
Ont donné rang à leurs Autels,
N'a pas mieux merité sa feste,
Et si le sort l'eust assailli
Des forces qu'il t'a mis en teste,
Il eust sans doute deffailli.

Ostende où les soldats d'Ibere,
En riant de vostre misere,
Pleuroient la cause de la leur:
Voyant le sort qui t'accompagne

Vendre tant mesme le malheur,
A creu que le demon d'Espaigne
S'entend auecques ta valeur.

Les ans qu'on mit pour ses ruynes
Furent les iours dont tes machines,
Regaignerent vn plus beau lieu:
Et c'est ainsi que tes iournees,
Comme on les conte pour vn Dieu,
Valent autant que des annees.

A Nuiport où ton œil charmoit
La frayeur, & la desarmoit,
On vit Bellone au sang trempee:
Dans le choc se precipiter,
Et par fois qu'elle estoit frappee
Au lieu de Mars, & Iupiter,
Ne reclamer que ton espee.

Aux coups que le Canon tiroit,
Le Ciel de peur se retiroit,
La mer se veid toute alumee,
Les astres perdirent leur rang,
L'air s'estouffa de la fumee,
La terre se noya de sang.

Parmy la nuict de ces tumultes
Quelque grand Dieu que tu consultes,

*Alors que tout ſemble perir,*
*Vint aux coups afin de te ſuiure*
*Sans beſoin de te ſecourir :*
*Car pour ne t'empeſcher de viure*
*La Parque auroit voulu mourir.*

*L'ennemy battu ſans retraitte,*
*N'auoit au bout de ſa deffaicte*
*Que ta clemence pour ſupport :*
*Ainſi par fois apres l'orage,*
*Les nochers ont trouué leur port,*
*Sur les rochers de leur naufrage.*

*A bien chanter tant de combats,*
*Où iamais tu ne ſuccombas,*
*Ie voudrois conſacrer mes veilles:*
*Mais ton eſprit trop retenu,*
*Se faſcheroit à tes oreilles,*
*Si ie l'auois entretenu*
*De la moindre de tes merueilles.*

*Auſſi bien n'eſt il pas beſoin,*
*Que mon Poëme ſoit teſmoing*
*De tes exploits ſi manifeſtes :*
*Car quelque part qu'on puiſſe aller,*
*Si quelqu'vn n'a point veu tes geſtes*
*Il en a bien ouy parler.*

L'horison de la gent sauuage,
N'a point de mont ny de riuage,
Où ne soit adoré ton los:
Que dans ton nom l'Hyperboree
A faict voir à nos mattelots,
Haut escrit en lettre doree
Sur le fer de ses iauelots.

Puis que sa gloire est accomplie,
Grands destins ie ne vous supplie,
Que de faire continuer
L'honneur où ie le vois paroistre
Sans le faire diminuer,
Quand vous ne le pouuez accroistre.

Mais le Ciel que tu dois orner,
Maurice tasche de borner
Le fil sacré de tes iournees:
Il t'a desia marqué le lieu
Où tu dois apres cent annees,
Assis un peu plus bas que Dieu,
Fouler aux pieds les destinees.

Les Muses en m'ouurant les Cieux,
M'ont faict voir que ces demidieux
A qui la terre faict offrande:
Fors le bien de ton amitié,
N'ont point felicité si grande,

*Qui ne te peut faire pitié.*

*Les astres, dont la bien veillance*
*Se sent forcer de ta vaillance,*
*Sont apprestez pour t'accueillir:*
*Desia leur splendeur t'enuironne,*
*Dieu comme fleurs les vient cueillir,*
*Pour t'en donner vne couronne*
*Qui ne pourra iamais vieillir.*

*IE pensois au repos, & le celeste feu*
*Qui me fournit des vers s'allantissoit vn peu,*
*Lors que le messager qui m'a rendu ta lettre,*
*Dans ma premiere ardeur m'est venu tout remettre,*
*I'ay d'abord à plus pres deuiné ton dessein,*
*Et dés lors que mes yeux ont recogneu ton sein,*
*Mon sang s'est rechauffé, tes vers m'ont picqué l'ame,*
*Et de leur propre esclat m'ont ietté de la flamme:*
*Clairac en est esmeu, son fleuue en a grossi,*
*Et dans ce peu de temps que ie t'escris cecy,*
*D'autant qu'à ta faueur il sent flatter son onde,*
*Lot s'est rendu plus fier que riuiere du monde.*
*Le desbord insolent de ses rapides eaux,*
*Couurant auec orgueil le faiste des roseaux,*
*Fait taire nos moulins, & sa grandeur farouche*

Ne sçauroit plus souffrir qu'vn auiron le touche,
Dans l'excez de la ioye où tu le viens rauir,
Ce torrent glorieux ne daigne plus seruir:
Ie l'ayme de l'honneur qu'il rend à ta caresse,
Et luy veux faire part aux Autels que ie dresse.
Resuant sur son riuage apres tes beaux escrits
Tout à coup dans l'obiect d'vn pẽser qui m'a pris,
Ie disois en voyant comme son flot se pousse,
Ainsi va la fureur d'vn Roy qui se courrouce;
Ainsi mes ennemis contre moy furieux,
M'ont rendu sans subiect le sort iniurieux,
Et si loing estendu leur orgueilleux rauage,
Qu'à peine sur les monts ay-ie veu du riuage,
Mon exil ne sçauoit où trouuer seureté,
Par tout mil accidents choquoient ma liberté,
Quelques deserts affreux, ou des forests suantes,
Rendent de tant d'humeur les campagnes puãtes,
Ont esté le seiour, où le plus doucement
I'ay passé quelques iours de mon banissement.
Là vrayment l'amitié d'vn Marquis fauorable,
Qui neust iamais horreur de mon sort deplorable,
Diuertit mes soucis, & dans son entretien,
Ie trouuay du bon sens qui consola le mien,
Autrement dans l'ennuy d'vn lieu si solitaire,
Où l'esprit ny le corps ne trouuent rien à faire,
Où le plus Philosophe auecques son discours
Ne sçauroit sans languir auoir passé deux iours,
Le chagrin m'eust saisi sans vne grande chere.

Qui deux fois chaque iour enchantoit ma misere,
Car ie n'ay sceu trouuer de l'humeur dont ie suis,
Vn plus present remede à chasser mes ennuys:
Et si comme tu dis vous auez tous enuie
De me faire passer vn iour de douce vie,
Appreste des bons vins: mais n'en prends point d'autruy,
Car ie sçay que ton Pere en a de bon chez luy.
Il m'a bien obligé du salut qu'il m'enuoye,
Dis luy que cest honneur m'a tout comblé de ioye,
Et qu'vn pauure banny ne croyoit pas auoir
Ceste prosperité que tu m'as fait sçauoir:
Ainsi t'ayme le Ciel, & iamais la disgrace,
Ne frape ton destin, ny celuy de ta race.
Si mon malheur s'appaise, & qu'il me soit permis
De refaire ma vie auecques mes amis,
Ie verray de quel œil tu verras mon passage,
Et que ces vers t'en soient vn asseuré message:
Possible auant qu'vn mois ayt acheué son cours,
Le Soleil me rendra ses agreables iours.
Ie croy que ce primtemps doit chasser mon orage
Mon mauuais sort vaincu flattera mon courage,
Et perdant tout espoir de m'abattre iamais
Tout confus il viendra me demander la paix;
Et quand mon iuste Roy n'aura plus de cholere
Qui m'a persecuté taschera de me plaire.
Lors pour toute vengeance quoy qu'ils ayent tasché,

Ie diray sans mentir qu'ils ne m'ont point fasché,
Et qu'vn exil si plein de danger & de blasme
Ne m'a point fait changer le visage ny l'ame.
Ceux auec qui ie vis sont estonnez souuent
De me voir en mon mal aussi gay que deuant:
Et le malheur fasché de ne me voir point triste,
Ignore d'où me vient l'humeur qui luy resiste;
C'est l'arme dont le Ciel a voulu me munir
Contre tant d'accidents qui me deuoient venir;
Autrement vn tissu de tant de longues peines
M'eust gelé mille fois le sang dedans les veines,
Mõ esprit dés long temps fust reduit en vapeur
S'il eust peu conceuoir vne vulgaire peur:
Mon ame de frayeur fust elle point faillie
Lors que Panat me fit sa brutalle saillie?
Que les armes au poing accompagné de deux
Il me fit voir la mort en son teint plus hideux?
Ie croyois bien mourir, il le croyoit de mesme,
Mais pour cela le front ne me deuint point blesme,
Ma voix ne changea point, & son fer inhumain
A me voir si constant luy trembloit à la main.
Encore vn accident aussi mauuais ou pire
Me plongea dans le sein du poissonneux Empire,
Au milieu de la nuit, où le front du Croissant
D'vn petit bout de corne à peine apparoissant,
Sembloit se retirer & chasser les tenebres,
Pour ietter plus d'effroy dans des lieux si funebres.
Lune romps ton silence, & pour me dementir

Reproche moy la peur que tu me vis sentir,
Que deus-je deuenir vn iour que le Tonnerre
Presque dessous mes pieds vint ballier la terre?
Il brusla mes voisins, il me couurit de feu,
Et si pour tout cela ie le craignis bien peu.
Mais vraymẽt ce discours te doit sembler estrãge;
Et tu vois que ces vers sentent trop ma loüange,
Tu m'as mis sur ce train, ie te veux imiter,
Et comme tu l'as fait i'escris pour me flatter.
A Dieu, ne reuiens plus soliciter ma veine,
I'ay fait à ce matin ces vers tout d'vne haleine,
Et pour me diuertir du desir de la Cour,
Depuis peu i'en escris plus d'autant chasque iour,
Ie finis vn trauail, que ton esprit qui gouste
Les doctes sentiments trouuera bon sans doute:
Ce sont les saincts discours d'vn fauory du Ciel,
Qui trouua le poison aussi doux que le miel,
Et qui dans la prison de la Cité d'Athenes
Veid lascher sans regret & sa vie & ses chenes.
Ainsi quand il faudra nous en aller à Dieu
Puissions nous sans regret abandonner ce lieu:
Et voir en attendant que la fortune m'ouure
L'ame de la faueur & le portail du Louure.

# AV ROY, ODE.

CEluy qui lance le Tonnerre,
Qui gouuerne les elemens,
Et meut auec des tremblemens
La grande masse de la terre:
Dieu qui vous mist le sceptre en main
Qui vous le peut oster demain,
Luy qui vous preste sa lumiere,
Et qui malgré les fleurs de lis,
Vn iour fera de la poussiere
De vos membres enseuelis.

Ce grand Dieu qui fit les abysmes
Dans le centre de l'Vniuers,
Et qui les tient tousiours ouuers
A la punition des crimes:
Veut aussi que les innocens
A l'ombre de ses bras puissans
Trouuent vn asseuré refuge,
Et ne sera point irrité
Que vous tarissiez le deluge,
Des maux où vous m'auez ietté.

Esloigné des bords de la Seine,
Et du doux climat de la Cour,

Il me ſemble que l'œil du iour,
Ne me luit plus qu'auecques peine:
Sur le faiſte affreux d'vn rocher,
D'où les ours n'oſent approcher:
Ie conſulte auec des furies,
Qui ne font que ſolliciter
Mes importunes reſueries
A me faire precipiter.

Auiourd'huy parmy des Sauuages
Où ie ne trouue à qui parler,
Ma triſte voix ſe perd en l'air,
Et dedans l'echo des riuages,
Au lieu des pompes de Paris,
Où le peuple auecques des cris
Benit le Roy parmy les ruës,
Icy les accens des corbeaux,
Et les foudres dedans les nues
Ne me parlent que de tombeaux.

I'ay choiſi loing de voſtre Empire
Vn vieux deſert, où des ſerpens
Boiuent les pleurs que ie reſpans,
Et ſoufflent l'air que ie reſpire:
Dans l'effroy de mes longs ennuys,
Ie cherche inſenſé que ie ſuis
Vne li onne en ſa cholere,
Qui me deſchirant par morceaux

Laisse mon sang, & ma misere,
En la bouche des lionceaux.

Iustes Cieux qui voyez l'outrage,
Que ie souffre peu iustement,
Donnez à mon ressentiment
Moins de mal, ou plus de courage:
Dedans ce lamentable lieu,
Fors que de souspirer à Dieu,
Ie n'ay rien qui me diuertisse;
Iob qui fut tant homme de bien
Accusa le Ciel d'iniustice,
Pour vn moindre mal que le mien.

Vous grand Roy, si sage & si iuste,
Qu'on ne voit point de Roy pareil,
Suiurez vous le mesme conseil
Qui fit iadis faillir Auguste?
Sa faute offence ses nepueux,
Et faict perdre beaucoup de vœux
Aux autels qu'on doit à sa gloire:
Mesme les astres auiourd'huy
Font des plaintes à la Memoire,
De ce qu'elle a parlé de luy.

Encore dit-on que son ire,
L'auoit bien iustement pressé,
Et qu'Ouide ne fut chassé

*Que pour auoir osé mesdire,*
*Moy dont l'esprit mieux arresté,*
*D'vne si sotte liberté*
*Ne se trouua iamais capable:*
*Aussi tost que ie fus banny*
*Ie souhaittay d'estre coulpable,*
*Pour estre iustement puny.*

*Mais iamais la melancholie*
*Qui trouble ces mauuais esprits,*
*N'a fait paroistre en mes escrits,*
*Vn pareil excez de folie:*
*Et si depuis le premier iour*
*Que mon deuoir & mon amour,*
*M'attacherent à vos seruices,*
*Ie n'ay tout oublié pour eux,*
*Le Ciel pour chastier mes vices*
*Fasse vn Enfer plus rigoureux.*

*Ie n'ay point failly que ie sçache,*
*Et si i'ay peché contre vous,*
*Le plus dur exil est trop doux,*
*Pour punir vn crime si lasche:*
*Aussi quels lieux ont ce credit,*
*Où pour vn acte si maudit*
*Chascun n'ayt droict de me poursuiure?*
*Quel Monarque est si loing d'icy,*
*Qu'il me vueille souffrir de viure,*
*Si mon Roy ne le veut aussi?*

Quoy que mon discours execute,
Que feray-ie à mon mauuais sort?
Qu'appliqueray-ie que la mort,
Au malheur qui me persecute?
Dieu qui se plaist à la pitié,
Et qui d'vn sainct vœu d'amitié
Ioinct vos volontez à la sienne,
Puis qu'il vous a voulu combler
D'vne qualité si chrestienne,
Vous oblige à luy ressembler.

Comme il faict à l'humaine race,
Qui se prosterne à ses autels,
Vous ferez paroistre aux mortels,
Moins de iustice que de grace:
Moy dans le mal qui me pousuit
Ie fais des vœux pour qui me nuit,
Que iamais vne telle foudre,
N'esbransle l'establissement
De ceux qui vous ont fait resoudre,
A signer mon banissement.

Vn iour leurs haines appaisees
Feront caresse à ma douleur,
Et mon sort loing de mon malheur,
Trouuera des routtes aisees:
Si la clarté me dure assez,
Pour voir apres ces maux passez

Vn Ciel plus doux à ma fortune,
Mon ame ne rencontrera
Aucun soucy qui l'importune,
Dans les vœux qu'elle vous fera.

De la veüe la plus hardie,
Qu'Apollon ayt iamais remply,
Et du chant le plus accomply
De sa parfaicte melodie,
Dessus la fueille d'vn papier,
Plus durable que de l'acier,
Ie feray pour vous vn image,
Ou des mots assez complaisans,
Pour bien parler de mon courage,
Manqueront à vos courtisans.

Là suiuant vne longue trace
De l'histoire de tous nos Roys,
La Nauarre & les monts de Foix,
S'estonneront de vostre race.
Là ces vieux pourtraicts effacez
Dans mes poëmes retracez,
Sortirent de vieilles chroniques,
Et ressuscitez dans mes vers,
Ils reuiendront plus magnifiques
En l'estime de l'vniuers.

Depuis celuy que la fortune

*Amena si pres du Liban,*
*Et sous qui l'orgueil du Turban*
*Veid fouler le front de la Lune,*
*Ie feray parler ces Rois morts,*
*Et renouuellant mes efforts*
*Dans le discours de nostre vie,*
*Ie feray si bien mon deuoir,*
*Que la voix mesme de l'enuie*
*Vous parlera de me reuoir.*

# A MONSEIGNEVR LE DVC DE LVYNES.

*Scriuains toufiours empeschés,*
*Apres des matieres indignes,*
*Coulpables d'autant de pechez,*
*Que vous auez noirci de lignes,*
*Ie m'en vay vous apprendre icy,*
*Quel deust estre vostre soucy,*
*Et dessus les iustes ruines*
*De vos ouurages criminels,*
*Auecques des vers eternels*
*Peindre l'image de Luynes.*

*Ie confesse qu'en me taisant*
*D'vne si glorieuse vie,*
*Ie m'estois rendu complaisant*
*Aux iniustices de l'enuie,*
*Et meritois bien que le Roy*
*En suitte du premier effroy,*
*Dont me fit pallir sa menace,*
*M'eust fait sentir les cruautez,*
*Qu'on ordonne aux desloyautez,*
*Qui n'ont point merité de grace.*

*A qui plus iustement qu'à luy,*

Se doiuent nos sainctes loüanges?
Quel des humains voit auiourd'huy
Sa vertu si proche des Anges?
Ceux que le Ciel d'vn iuste choix
Fait entrer dans l'ame des Roys,
Ils ne sont plus ce que nous sommes,
Et semblent tenir vn milieu
Entre la qualité de Dieu
Et la condition des hommes.

Vn chacun les doit estimer,
Ainsi qu'vn Ange tutelaire,
La vertu c'est de les aymer,
L'innocence est de leur complaire:
Les mouuemens de la bonté
C'est proprement leur volonté;
Les suiure c'est fuir le vice,
Bien viure c'est les imiter,
Et ce qu'on nomme meriter,
C'est de mourir pour leur seruice.

Grand Duc que toutes les vertus
Recommandent à nostre estime,
Et que les vices abatus
Tiennent pour vainqueur legitime,
Benits soient par tout l'vniuers
Les doctes & les sages vers,
Où ta gloire sera semee,

Et iamais ne soient innocens,
Ceux qui refuseront l'encens
Aux Autels de ta renommee.

Vn nombre d'esprits furieux
De ta prosperité s'irrite,
Et fait des querelles aux Cieux,
Pour auoir payé ton merite.
Appaisez vous foibles mutins,
En despit de vous les Destins
Luy seront à iamais propices,
Puis que mon Prince en prend le soing;
Sçachez que sa fortune est loing
Du naufrage & des precipices.

Si son ame estoit sans appas,
Si sa valeur estoit sans marques,
Et que sa vertu ne fust pas
Necessaire aupres des Monarques,
On pourroit auec moins de tort
Blasmer son fauorable sort,
Mais toutes nos ingratitudes
S'accorderont à confesser,
Que sa prudence a faict cesser
La honte de nos seruitudes.

Quand le Ciel parmy nos dangers,
Auoit horreur de nos prieres,

Que les yeux des plus estrangers
Donnoient des pleurs à nos miseres,
Quand nos maux alloient iusqu'au bout,
Que l'estat branslant de par tout
Estoit prest à changer de maistre,
Il fist mourir nostre douleur,
Et perdre esperance au malheur
De le faire iamais renaistre.

Ce grand Iour, où tant de plaisirs
Succederent à tant de peines,
Qui fit changer tant de desirs,
Et qui r'appaisa tant de haines:
Tous nos cœurs sans fard & sans fiel,
Enclinans où l'amour du Ciel
Poussoit vos volontez vnies,
Rauis de ce commun bon heur,
Firent des vœux à son honneur,
Pour nos calamitez finies.

Ceux qui mieux ont senti l'effect,
D'vne si loüable victoire,
Honteux du bien qu'il leur a faict,
Ont du mal à souffrir sa gloire:
Ils arrachent à leurs esprits
Le ressentiment du mespris,
Dont la grandeur estoit foulee,
Quand leur foiblesse auec raison,

Souhaittoit l'heureuse saison
Que ce grand Duc a r'appellee.

Le remors vous doit bien punir,
Vostre ame est bien peu liberale,
De luy nier le souuenir
D'vne grace si generale.
Que vos fureurs changent d'obiect,
Außi bien cherchant le suiect
De la hayne qui vous anime,
Vous ne trouuerez point dequoy,
Sinon que la faueur du Roy
Tienne lieu de honte & de crime.

Ceux qui veillent à rechercher
Quelque iuste suiect de blasme,
Ne peuuent point luy reprocher
Vn deffaut du corps ny de l'ame:
Pour moy lors que ie pense à luy,
Ceste enuie qui pousse autruy
De mes sens bien loing se retire,
Tous mes vers vont au compliment,
Et ne sçauroient trouuer comment
Il se faut prendre à la satire.

S'il est coulpable, c'est d'auoir
Trop de iustice, & de vaillance,
D'aymer son Prince, & receuoir

Les effects de sa bien veillance:
Grand Duc laisse courir le bruit,
Et gouste doucement le fruict
Que la bonne fortune apporte,
Tous ceux qui sont tes ennemys,
Voudroient bien qu'il leur fust permis
D'estre criminels de la sorte.

Iamais à leurs funestes vœux
Vn Dieu propice ne responde:
Iamais sinon ce que tu veux
Ne puisse reüßir au monde,
Que tousiours de meilleurs succez
Te donnent de nouueaux accez
A des felicitez plus grandes,
Et qu'enfin les plus enragez
A ta deuotion rangez,
Te viennent payer des offrandes.

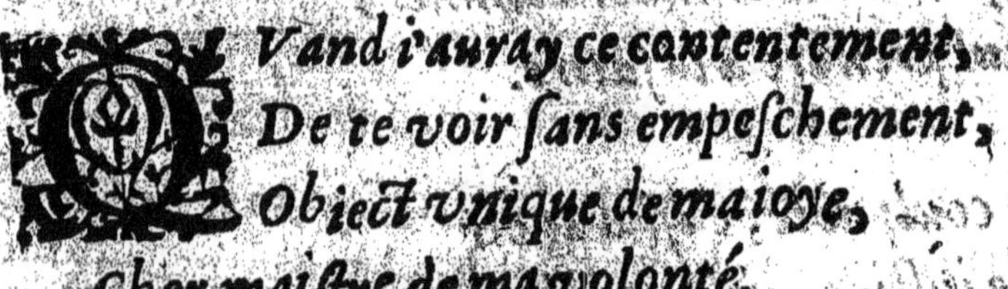

Vand i'auray ce contentement,
De te voir sans empeschement,
Object unique de ma ioye,
Cher maistre de ma volonté,

*A quoy voudras tu que i'employe*
*Les heures de ma liberté?*

*Ie ne veux point seruir de nombre,*
*Suyuant apres toy comme vne ombre:*
*Dés qu'vn maistre que i'aymois bien*
*M'eut traitté dans ceste coustume,*
*Les douceurs de son entretien*
*Me tournerent en amertume.*

*Il est vray qu'vn sort malheureux,*
*Par vn astre bien tenebreux,*
*Conduisoit le train de ma vie,*
*Quand les Dieux touchez de pitié,*
*Malgré les hommes & l'enuie*
*Me donnerent ton amitié.*

*Depuis vn insensible orgueil*
*De voir mes malheurs au cercueil,*
*M'a donné tant d'ingratitude,*
*Que ie ne puis sans déplaisir,*
*Permettre que la seruitude*
*Prenne vne heure de mon loisir.*

QVand la Diuinité, qui formoit ton essence,
Veid arriuer le temps au point de ta naissance,
Elle choisit au Ciel son plus heureux flambeau,
Et mit dans vn beau corps un esprit assez beau:
La trempe que tu pris en arriuant au monde
Estoit du feu, de l'air, de la terre, & de l'onde,
Immortels Elemens, dont des corps si diuers
Estrangement meslez font vn seul Vniuers,
Et durent enchaisnez par les liens des ames,
Selon que le destin a mesuré nos trames.
Triste condition, que le sort plus humain
Ne nous peut asseurer au soir d'estre demain.
Ainsi te mit nature au cours de la fortune,
Aussi subiect que tous à ceste loy commune,
D'vn naturel fragile, & qui se vient ranger
A quel point que l'humeur le force de changer:
Impatient, tardif, iniurieux, affable,
Despiteux, complaisant, malicieux, aymable,
Serf de tes passions, & du commun soucy,
Des vices des mortels, & des vertus aussi:
N'attens point qu'en ton nõ honteusemẽt i'escriue
Ce qui ne fut iamais sur la Troyenne riue,
Que ie t'appelle Achile, & que tu sois vanté
Par tant de faux exploits qu'on a iadis chanté:
Ces Poetes resuent par leur plume hypocrite
De tous ces vieux Heros ont trompé le merite,
Et sans aucune foy laissans mille tesmoins,

Ils nous en disent plus, mais en font croire moins:
Car au rapport tropeur d'vn demy Dieu qu'on nõme
Ie douteray s'il fut tant seulement vn homme:
Mon esprit plein d'amour, & plein de liberté,
Sans fard & sans respect, t'escrit la verité;
Et sans aucun dessein d'offencer ou de plaire,
Ie fais ce que mon sens me conseille de faire.
I'escrirois le Demon qui du train de tes iours
Si difficilement guidoit le ieune cours;
Et l'astre dont tu vis la haine si puissante
Opposer tant d'effort à ta vertu naissante:
I'escrirois ton destin, auant le doux moment
Que pour te faire serf le Ciel te fit amant:
Mais nostre ieune temps laisse aussi peu de marque,
Que le vol d'vn oyseau, ou celuy d'vne barque,
Et les traits de ses ans confusement passez,
Pesent au souuenir s'ils n'en sont effacez,
Laissãt ces iours perdus iusqu'aux premieres forces,
Que l'amour vient tanter de ses douces amorces:
Mes vers ne discourront que depuis le beau iour
Que tu te vins ranger à l'empire d'Amour,
Et suyuant ta fureur, tu penseras peut estre
Que dés lors seulement tu commenças à naistre,
Que tu ne fus viuant, ny d'esprit, ny de corps,
Que depuis qu'vn bel œil te donna mille morts:
Les aymables attraits, dont les yeux d'vne dame
Firent naistre l'ardeur de ta premiere flamme,
Furent bien tost vainqueurs, & l'amour qui le prit

*Au lieu de te desplaire obligea ton esprit:*
*Ton naturel ployable à la premiere atteinte*
*Souspira son tourment d'vne si douce plaincte;*
*Et si modestement permit d'estre arresté,*
*Qu'il sembla que tes fers estoient ta liberté;*
*Tant le sort de ta vie autrement malheureuse*
*Se trouue pour ton bien de nature amoureuse.*
*En ce destin les maux que le Ciel a versez*
*Dans l'erreur de tes iours sans cesse trauersez,*
*Ont trouué leur remede, & n'est peine si forte,*
*Que par luy ton esprit legerement ne porte.*
*Quand le poison d'amour t'eut vne fois charmé,*
*Contre tout autre effort tu fus assez armé;*
*Toute autre passion au prix mousse & legere,*
*Depuis ne fut en toy que foible & passagere,*
*Depuis pour viure esclaue au ioug d'vne beauté,*
*Ton ame ne fut plus qu'amour, que loyauté;*
*Celle qui gouuernoit ta captiue pensee*
*Dissimuloit le coup dont elle fut blessee:*
*La honte, & le deuoir, & ce fascheux honneur,*
*Ennemys coniurez de taut nostre bonheur,*
*De contrainctes froideurs desesperoient son ame,*
*Quand ton obiect pressant solicitoit sa flame.*
*En ses regards forcez son amour paroissoit,*
*Et par la resistance heureusement croissoit:*
*Tes yeux, dont la fureur auoit changé l'vsage,*
*Languissoient estonnez aupres de son visage;*
*Son visage & le tien plus blanc, frais, & vermeil,*

Que le teint de l'Aurore, & le front du Soleil.
Elle estoit à tes yeux plus agreable encore,
Que deuant le Soleil ne fut iamais l'Aurore.
Vostre obiect en son sexe, esgallement pouuoit
Se dire le plus beau que la nature auoit,
Et les traicts de ta face auiourd'huy, que l'iniure
Du temps qui change tout a changé ta figure!
Vniquement parfaicts, sont punis d'vn amour,
A qui mille beautez font encores la Cour.
Qu'elle deust estre alors, & combien plus prisee
Ta face, que le poil n'auoit point desguisee.
En ta ieune vigeur, conforme au ieune obiect
De la premiere belle à qui tu fus subiect,
Tu meritois beaucoup, & si l'amour auare
Eust frustré ton espoir, il eust esté barbare,
Indigne que iamais à son sacré brasier
Aucun amant portast le mirthe & le rosier.
Mais ce Dieu pour t'oster tout subiet de te plaindre,
L'a voulu auec toy de mesmes nœuds estraindre;
De mutuelle ardeur son esprit enflamma,
Et rangea ton amour au point qu'elle t'ayma.
D'vn semblable desir vous taschiez à vous plaire;
Ce que l'vn desseignoit, l'autre le vouloit faire:
Vous lisiez dãs vos fronts ce que vos cœurs disoiẽt,
Et de mesmes propos vos ames deuisoient:
Alors qu'impatient en ta flamme excessiue
Tu blasmois le refus de son amour craintiue,
Son cœur plus que le tien de martyre souffroit,

*Te refusant du corps ce que l'ame t'offroit;*
*Ta qualité de marque, aucunement estrange*
*A son sang populaire & tiré de la fange,*
*N'yoit à son espoir les bien-heureux accords,*
*Qui ioignent sous l'hymen deux esprits & deux corps;*
*Et ce titre d'espoux, honteux aux ames fortes,*
*Que par despit du Ciel & de l'amour tu portes,*
*Duisoit mal à ton aage, & pour vous allier,*
*Il eust fallu la terre au Ciel apparier.*
*Quelquesfois en riant tu m'as compté la feste*
*Que pour vostre nopçage l'on pensoit toute preste,*
*Lors que sa parenté ridicule, esperoit*
*Qu'vn accord entre vous ferme demeureroit.*
*Elle qui seulement d'Amour fut incensee,*
*Ne s'entretint iamais de si folle pensee:*
*Mais contre le destin auec toy se plaignoit,*
*Qu'à vos desirs esgaux le rang ne se ioignoit.*
*Il est vray qu'en l'effort de ceste rage extreme*
*Tu pouuois oublier & ta race & toy-mesme;*
*Et l'amant qui troublé de tel empeschement*
*Se destourne d'aymer, ayme trop laschement.*
*Mais tu sçauois qu'Amour meurt en la iouissance,*
*Qu'il nous trauaille plus, moins il a de licence,*
*Qu'en des baisers permis ceste vertu s'endort,*
*Et que le lict d'Hymen est le lict de sa mort.*

DEsia trop longuement la paresse me flatte,
Et ie sens qu'à la fin elle deuient ingratte;
I'ay donné trop de temps à mon propre plaisir,
Pour trop de liberté i'ay manqué de loisir:
Ie veux effrontement auecques mon salaire,
Nourrir à tes dépens le soucy de me plaire.
Ie ne puis estre esclaue, & viure en te seruant,
Cõme vn Maistre d'hostel, Secretaire, ou suiuant:
Telle condition veut vne humeur seruile,
Et pour me captiuer elle est vn peu trop vile.
Mais puis que le destin a trahy mon esprit,
Et que loing du Perou la fortune me prit,
Ie dois aymer mon ioug, m'y rendre volontaire,
Et dedans la contraincte obeyr & me taire:
C'est d'vn iuste deuoir surmonter la raison,
Et trouuer la franchise au fonds d'vne prison.
Or ie suis bien heureux sous ton obeyssance,
En ma captiuité i'ay beaucoup de licence,
Et tout autre que toy, se lasseroit en fin
D'auoir si cherement vn serf si libertin.
Le soin de te seruir c'est ce qui moins m'afflige,
Et l'honneur de te voir est ce qui plus m'oblige:
Ton entretien est doux, agreable, & sçauant (auãt.
Aux plus doctes discours qu'on peut mettre en
Tes regards sont courtois, tes propos amiables,
Ton humeur agreable, & tes mœurs sociables;
Tes charges, tes maisons, tes qualitez, ton bien,
Au prix de ta vertu, ie ne les prise rien:

Estime ton merite il vaut mieux que le Gange,
Tes richesses au prix sont de terre & de fange;
Cela n'a point d'esclat aupres de ta valeur,
Et mon poëme aussi n'emprunte rien du leur:
La race, la grandeur, l'argent, la renõmee, [mee:
Aux iugemẽs biẽ clairs n'est qu'ombre & que fu-
C'est vn lustre pipeur, qui s'escoulle, & qui fuit
Auec l'entendement du brutal qui le suit.
Ie sçay que la nature a voulu que tu prinsses,
Et le sang, & le nom d'vne race de Princes:
Mais quãd biẽ les grãds Roys, dõt ce nõ est fameux,
T'auroient laissé bien riche, & florissãt cõme eux,
Si d'vn esprit cõmun le Ciel t'auoit fait naistre,
Ie serois bien marry de t'auoir eu pour maistre.
Qu'vn homme sans esprit est rude & desplaisãt,
Et que le ioug des sots est fascheux & pesant:
Vn sage à leur desir sans contraincte ne plie,
Et iamais sans regret d'vn tel nœud ne se lie:
Vn sot il est cruel, ingrat, imperieux,
Tantost on le voit morne, & tantost furieux;
Oblige sans subiect, mal à propos offence,
Et qui ne faict iamais du bien quand il y pense,
Son esprit ignorant ne peut rien estimer,
Il n'a nulle raison, il ne sçait rien aymer:
Or il veut qu'on le tance, & tantost qu'on le loüe
Tantost il fait du bruit, & tantost il se ioüe,
Il ne sçait qui le fasche, ou qui luy fait plaisir,
Et luy mesme en son cœur n'entend point sõ desir,

Mais d'vn orgueil farouche, & d'vne ame insolēte
Il force tout deuoir, toutes loix violente;
Et ne peut accorder, tout ignorant qu'il est,
Qu'vne chose soit bien que quand elle luy plaist:
Estre sçauant chez luy, c'est vne honte, vn crime;
Il croit que c'est tout vn qu'vn charme ou qu'vne
Si Dieu m'auoit iamais à tel maistre dōné, [rime.
Ie pourrois bien iurer que ie serois damné,
Et croy que mes destins auroiēt moins de cholere,
De m'auoir attaché des fers d'vne galere,
Bourrellé comme ceux que tu voyois ramer,
Quand vn si beau dessein te porta sur la mer.
Neptune est effroyable, il tempeste, il escume,
Sa fureur iusqu'au Ciel vosmit son amertume,
Trahit les plus heureux, & leur faict vn cercueil
Tātost d'vn banc de sable, & tātost d'vn escueil:
Ses abois font horreur, & mesme en la bonace
Par vn silence affreux ce trompeur nous menace.
Il a deuant tes yeux faict blesmir les nochers,
Obscurcy le Soleil, & fendu les rochers:
De ses flots il faict naistre & mourir le tonnerre;
Et de son bruict hydeux gemit toute la terre:
L'image de la mort passe au trauers des flots,
Dans les cœurs endurcis des plus fiers matelots:
Ces frayeurs ne t'ont point esbranlé le courage,
On t'a veu tousiours ferme au plus fort de l'ora-
D'vn iugement robuste au milieu du danger [ge;
Tenir indifferent vn sepulchre estranger;

Et les lasches accens d'vne voix estonnee
Ne t'ont point faict gemir comme faisoit Ænee,
Bien que moins rudement Neptune l'assaillit,
Tout heros qu'il estoit, le cœur luy deffaillit,
Il eut peur de la mort, & se remit en l'ame
Ses compagnons bruslez dans la Troyenne flame:
Enuia leur destin, & d'vn esprit heureux,
Pour estre hors du peril, les nomma bien heureux,
Se fust voulu rebattre auec l'ombre d'Achille,
Se plaignoit de suruiure aux cendres de sa ville,
Et de n'auoir l'honneur que ses os fussent mis
Dans le tombeau de Troye où gisoient ses amis
Iamais tes sentimens n'auront tant de mal ai
Quelque pan de la terre où le Soleil te laisse,
Tu tiens esgallement & propice, & fatal,
Ou la terre estrangere, ou le pays natal.
Ha! que i'ay du regret de n'auoir veu le monde
Par où ta ieune ardeur te promena sur l'onde,
I'escrirois en beaux vers le climat, & le lieu
Où ton bras attacqua les ennemys de Dieu;
Ie serois glorieux d'auoir prins ton image,
A qui les mieux vãtez viendroiẽt faire vn hõ-
Tu me dois accorder deux heures de loisir, [mage.
Pour contenter icy mon curieux desir,
Me faire vn long recit de toutes les trauerses,
Que t'ont fait tant de mers & de terres diuerses;
Ie sçauray iusques où la ligne tu passas,
Les hommes que tu pris, les lieux que tu forças,

Et ce combat naual, où ton ardeur trop prompte
Fit rougir tous les tiens de colere & de honte.
I'ignore ces hazards, tu me diras que c'est,
Tu me diras comment vn naufrage se faict,
Le sanglant desespoir dont le vaincu se ronge,
Et les dangers hydeux où le soldat se plonge,
L'estat qu'vn homme libre, apres que le destin
Au Comite cruel l'a donné pour butin,
Auec combien d'horreur il se range à la chaine,
Et force l'innocence à receuoir la peine.
A voir tous ces obiects d'horreur & de pitié,
Ie croy qu'on en deuient plus dur de la moitié;
C'est ce qui rend ainsi le marinier farouche,
Du mal de son prochain moins esmeu qu'vne
Et sur nos passiõs nostre desir vainqueur [souche:
Enfin dispose à tout & les yeux, & le cœur.
Vne lente coustume auec le temps emporte
De nostre naturel l'affection plus forte;
Mais ta douce nature, & ton cœur seulement
De ces contagions n'est touché nullement.
Tu reuins tout courtois, si bien qu'en apparence
Tu n'auois point passé les riuages de France.
Entre tes qualitez ceste douceur d'esprit,
Qui si facilement par l'oreille me prit,
Oblige plus que tout vn grand qui s'humilie,
Faict vn ioug fort aise dont le plus fier se lie:
Il ne faut qu'vn sousris, il ne te faut qu'vn mot,
Affin d'ensorceller & le sage, & le sot.

Ceux là de leur grandeur comme ie pense abusent,
Qui leur salut au moindre insollemment refusẽt.
Dans vne vanité qui les tient tous contrains,
Ne voyãs ce qu'ils sõt, qu'en l'éclat de leurs trains
Se trouuent estonnez perdans leur bonne mine,
Si leur suitte ordinaire auec eux ne chemine:
Pour monstrer leur pouuoir d'vn accent irrité
Parlent à leurs suyuans auec authorité.
Il est bien raisonnable icy que ie te die,
Que ton esprit bien sain n'a point leur maladie:
L'Astre qui te fit naistre euita ce malheur,
Et suiuit vn destin bien differend du leur:
Ne crois point que ie mente à dessein de te plaire,
C'est ce que ie n'ay point accoustumé de faire.
Ie fais le plus souuent mes discours trop hardis,
Et pource qu'on me croit on hayt ce que ie dis:
Bien heureux auiourd'huy, que te voulãt dépein-
Ie ne suis obligé de faillir ou de feindre: [dre,
Pour toy seul mon humeur qui suit la verité,
Trouue de l'aduantage en sa seuerité.
Vne iuste amitié m'excite le courage
D'vne incroyable ardeur au dernier ouurage:
Mon esprit glorieux s'attache à cét obiect,
Et tire vanité d'vn si rare subiect.
Ta vertu me rauit, & fait que mon poëme
Seruant à ton plaisir m'obligera moy-mesme.
Or pour le grand dessein où i'engage mes vers,
Il faut que tes destins me soiẽt mieux descouuers

Que i'entre dans ton ame, & que de là ie tire
La matiere du liure où ie te veux descrire :
Mon trauail sera long, & depuis ton berceau
Poßible durera iusques à mon tombeau.
Au rapport de mes vers, n'espere pas qu'on croye
Que tu sois descendu du fugitif de Troye :
Car mes inuentions sans prendre rien d'autruy
Te feront bien sortir d'außi bon lieu que luy.
Il fut vn vagabond, & quoy qu'on le renomme,
Ie ne sçay s'il posa les fondemens de Rome :
Le conte de sa vie est fort vieux & diuers,
Virgile par luy mesme a desmenty ses vers,
Il le depeint deuot, & le confesse traistre
Vers l'Amour que leurs Dieux recognoissēt pour (maistre.
Mais mō dessein n'est pas d'examiner icy
Les deffauts du Troyen, ny du Poëte außi.
Pleust à Dieu que des miens nos escriuains se taisēt
Et qu'à leur goust tardif mes ardeurs me deplaisēt :
Toutesfois mon renom n'aura que faire d'eux,
Pourueu que mon trauail soit au gré de nous deux :
Si mes esprits lassez perdent iamais haleine,
Ton agreable accueil r'animera ma veine :
En me loüant vn peu tu me feras plaisir,
Et me reschaufferas d'vn plus ardant desir,
Vn regard de mespris me rebutte & me lasse,
Et mon sang le plus chaud en deuiēt tout de glace,
Donne moy du repos, & ne viens point choisir
A mes conceptions les lieux ny le loisir.

Ores i'ayme la ville, ores la solitude,
Tantost la promenade, & tantost mon estude:
Bref si tu ne me tiens pour vn fascheux rimeur,
Tu souffriras vn peu de ma mauuaise humeur.

## EPIGRAMME.

GRace à ce Comte liberal,
Et à la guerre de Mirande:
Ie suis Poëte & Caporal,
O Dieux que ma fortune est grande!
O combien ie reçois d'honneur
Des sentinelles que ie pose!

Le sentiment de ce bon heur
Faict que iamais ie ne repose:
Si ie couche sur le paué,
Ie n'en suis que plustost leué
Parmy les trouppes de la guerre;
Ie n'ay point vn repos en l'air:
Car mon lict ne sçauroit branler
Que par vn branlement de terre.

## A MONSIEVR DV FARGIS.

IE ne m'y puis resoudre, excuse moy de grace,
Escriuãt pour autruy ie me sens tout de glace;
Ie te promis chez toy des vers pour vn amant,

Qui se veut faire ayder à plaindre son tourment:
Mais pour luy satisfaire, & bien plaindre sa flame,
Ie voudrois parauant auoir cogneu son ame.
Tu sçais bien que chacun a des gousts tout diuers,
Qu'il faut à chaque esprit vne sorte de vers,
Et que pour bien renger le discours & l'estude,
En matiere d'amour ie suis vn peu trop rude:
Il faudroit comme Ouide auoir esté picqué;
On escrit aysément ce qu'on a pratiqué.
Et ie te iure icy sans faire le farouche,
Que de ce feu d'amour aucun traict ne me touche;
Ie n'entends point les loix, ny les façons d'aymer,
Ny comment Cupidon se mesle de charmer:
Ceste diuinité des Dieux mesme adoree,
Ces traits d'or & de plomb, ceste trousse doree,
Ces aisles, ces brandons, ces carquois, ces appas,
Sont vrayment vn mystere où ie ne pense pas.
La sotte antiquité nous a laissé des fables
Qu'vn hõme de bon sens ne croit point receuables,
Et iamais mon esprit ne trouuera bien sain
Celuy là qui se paist d'vn fantosme si vain,
Qui se laisse emporter à des confus mensonges,
Et vient mesme en veillant s'embarasser de songes.
Le vulgaire qui n'est qu'erreur, qu'illusion,
Trouue du sens caché dans la confusion,
Mesme des plus sçauans: mais non pas des plus sages

Expliquent aiourd'huy ces fabuleux ombrages.
Autresfois les mortels parloient auec les Dieux,
On en voyoit pleuuoir à toute heure des Cieux:
Quelquesfois on a veu prophetiser des bestes,
Les arbres de Dodonne estoient aussi Prophetes.
Ces comptes sont fascheux à des esprits hardis,
Qui sentent autrement qu'on ne faisoit iadis.
Sur ce propos vn iour i'espere de t'escrire,
Et prendre vn doux loisir pour nous donner à
rire;
Cependant ie te prie encore m'excuser,
Et me laisser ainsi libre à te refuser,
Me permettre tousiours de te fermer l'oreille,
Quand tu me prieras d'vne faueur pareille.
Penses tu quand i'aurois employé tout vn iour
A bien imaginer des passions d'Amour,
Que mes conceptions seroient bien exprimées
En paroles de choix, bien mises, bien rimées;
L'autre n'y trouueroit possible rien pour luy,
Tant il est malaisé d'escrire pour autruy:
Apres qu'à son plaisir i'aurois donné ma peine,
Ie sçay bien que possible il loueroit ma veine;
Vrayment ces vers sont beaux, ils sont doux &
coulants,
Mais pour ma passion ils sont vn peu trop lents;
I'eusse bien desiré que vous eussiez encore,
Mieux loüé sa beauté, car vrayment ie l'honore;
Vous n'auez point parlé du front, ny des cheueux,

Ny de son bel esprit seul obiect de mes vœux :
Tant seulement six vers encor ie vous supplie ;
Mon Dieu que de trauail vous donne ma folie !
Il voudroit que son front fust aux astres pareil,
Que ie la fisse ensemble & l'Aube, & le Soleil ;
Que i'escriue comment ses regards sont des armes,
Comme il verse pour elle vn ocean de larmes.
Ces termes esgarez offencent mon humeur,
Et ne viennent qu'au sens d'vn nouice rimeur,
Qui reclame Phœbus ; quant à moy ie l'abjure,
Et ne recognois rien pour tout que ma nature.

## SATYRE PREMIERE.

QVI que tu sois, de grace escoute ma satyre,
Si quelque humeur ioyeuse autre part ne t'attire,
Ayme ma hardiesse, & ne t'offence point
De mes vers, dont l'aigreur vtilement te point ;
Toy que les Elemens ont faict d'air & de bouë,
Ordinaire suiect où le malheur se iouë,
Sçache que ton filet, que le destin ourdit,
Est de moindre importance encor qu'on ne te dit.
Pour ne le point flatter d'vne diuine essence,
Voy la condition de ta sale naissance,
Que tiré tout sanglant de ton premier seiour,

Tu vois en gemissant la lumiere du iour;
Ta bouche n'est qu'aux cris & à la faim ouuerte,
Ta pauure chair naissante est toute descouuerte,
Ton esprit ignorant encor ne forme rien,
Et moins qu'vn sẽs brutal sçait le mal & le biẽ.
A grand peine deux ans t'enseignẽt vn langage,
Et des pieds & des mains te font trouuer vsage.
Heureux au prix de toy les animaux des champs,
Ils sõt les moins hays, cõme les moins meschans.
L'oyselet de son nid à peu de temps s'eschappe,
Et ne craint point les airs que de sõ aisle il frappe:
Les poissons en naissant commencent à nager;
Et le poulet esclos chante & cherche à mãger.
Nature douce mere à ces brutales races,
Plus largement qu'à toy leur a donné des graces;
Leur vie est moins suiecte aux facheux accidens
Qui trauaillent la tienne au dehors & dedans:
La beste ne sent point peste, guerre, ou famine,
Le remors d'vn forfaict en son corps ne la mine;
Elle ignore le mal pour en auoir la peur,
Ne cognoist point l'effroy de l'Acheron trõpeur.
Elle a la teste basse, & les yeux contre terre,
Plus pres de son repos, & plus loing du tonnerre:
L'ombre des trespassez n'aigrit son souuenir,
On ne voit à sa mort le desespoir venir:
Elle compte sans bruit & loing de toute enuie
Le terme dont nature a limité sa vie,
Donne la nuict paisible aux charmes du sõmeil,

Et tous les iours s'esgaye aux clartez du Soleil,
Franche de passions, & de tant de trauerses,
Qu'on voit au changement de nos humeurs diuerses.
Ce que veut mon Caprice, à ta raison desplaist;
Ce que tu trouues beau, mon œil le trouue laid:
Vn mesme train de vie au plus constant n'agree,
La prophane nous fasche autant que la sacree.
Ceux qui dans les bourbiers des vices empeschez
Ne suiuent que le mal, n'ayment que les pechez,
Sont tristes bien souuent, & ne leur est possible
De consommer vne heure en volupté paisible.
Le plus libre du monde est esclaue à son tour,
Souuent le plus barbare est suiect à l'amour,
Et le plus patient que le Soleil esclaire
Se trouue quelquesfois emporté de cholere.
Comme Saturne laisse & prend vne saison;
Nostre esprit abandonne & reçoit la raison.
Ie ne sçay quelle humeur nos volontez maistrise,
Et de nos passions est la certaine crise:
Ce qui sert auiourd'huy nous doit nuire demain
On ne tient le bon heur iamais que d'vne main;
Le destin inconstant sans y penser oblige,
Et nous faisant du bruit souuent il nous afflige:
Les riches plus contans ne se sçauroient guerir
De la crainte de perdre & du soin d'acquerir.
Nostre desir changeant suit la course de l'aage,
Tel est graue & pesant qui fut iadis volage,

Et sa masse caduque esclaue du repos
N'ayme plus qu'à resuer, hayt le ioyeux propos:
Vne salle vieillesse en desplaisir confite,
Qui tousiours se chagrigne, & tousiours se despite,
Voit tout à contre cœur, & ses membres cassez
Se rongent de regret de ses plaisirs passez,
Veut trainer nostre enfance à la fin de la vie,
De mesme sang boüillant veut estouffer l'enuie.
Vn vieil Pere resueur aux nerfs tous refroidis,
Sans plus se souuenir quel il estoit iadis,
Alors que l'impuissance esteint sa conuoitise
Veut que nostre bon sens reuere sa sottise;
Que le sang genereux estouffe sa vigueur,
Et qu'vn esprit bien né se plaise à la rigueur.
Il nous veut attacher nos passions humaines,
Que son malade esprit ne iuge pas bien saines:
Soit par rebellion, ou bien par vn erreur;
Ces repreneurs fascheux me sont tous en horreur;
I'approuue qu'vn chacun suiue en tout la nature,
Son Empire est plaisant, & sa loy n'est pas dure:
Ne suiuãt que son train iusqu'au dernier momẽt.
Mesmes dans les malheurs on passe heureusemẽt.
Iamais mon iugement ne trouuera blasmable
Celuy-là qui s'attache à ce qu'il trouue aymable,
Qui dans l'estat mortel tient tout indifferent,
Aussi bien mesme fin à l'Acheron nous rend;
La barque de Charon à tous ineuitable,
Non plus que le meschant n'espargne l'equitable.

Iniuste Nautonnier helas ! pourquoy sers tu
Auec mesme auiron le vice & la vertu ?
Celuy qui dans les biens a mis toute sa ioye,
Et dont l'esprit auare apres l'argent aboye,
Ou qu'il tourne la terre en refendant la mer,
Ses nauires iamais ne puissent abysmer :
L'autre qui rien du tout que les grandeurs ne prise,
Et qu'vn vif aiguillon de vanité maistrise,
Soit tousiours bien paré, mesure tous ses pas,
S'imagine en soy-mesme estre ce qu'il n'est pas ;
Qu'il fasse veoir vn sceptre à son ame aueuglee,
Et son ambition ne soit iamais reiglee :
Cestuy-cy veut poursuiure vn vain titre de vent,
Qui pour nous maintenir nous perd le plus souuent ;
Il s'attache à l'honneur, suit ce destin seuere,
Qu'vne sotte coustume ignoramment reuere :
De sa condition ie prise le bon-heur,
Et trouue qu'il faict bien de mourir pour l'honneur.
Vn esprit enragé qui voudroit voir en guerre
Pour son contentement & le Ciel & la terre,
Ne respire brutal que la flamme & le fer,
Et qui croit que son ombre estonnera l'enfer,
Qu'il employe au carnage, & la force, & les charmes,

Et ſon corps nuict & iour ne ſoit veſtu que d'armes;
Vne ſauuage humeur, qui dans l'horreur des bois
Des chiens auec le cor anime les abois.
Son deſſein innocent heureuſement pourſuiue,
Et la tranquilité de ceſte peine oyſiue:
Qu'il trauaille ſans ceſſe à broſſer les foreſts,
Et iamais le butin n'eſchape de ſes rets.
Celuy qu'vne beauté d'ineuitable amorce
Retient dans ſes liens plus de gré que de force,
Qu'il ſe flatte en ſa peine, & taſche à prolonger
Les ſoucis qui le vont ſi doucement ronger;
Qu'il perde rarement l'obiect de ce viſage,
Ne deſtourne iamais ſon cœur de ceſte image,
Ne ſe ſouuienne plus du ieu, ny de la Cour,
N'adore aucun des Dieux qu'apres celuy d'amour,
N'ayme rien que ce ioug, & touſiours s'eſtudie
A tenir en humeur ſa chere maladie;
Ne ſe trouble iamais d'aucun ſoupçon ialoux,
Se mocque des acqueſts d'vn impuiſſant eſpoux;
Qu'il ſe trouue allegé par la moindre careſſe
Des fers les plus peſans dōt ſa rigu eur le preſſe,
Sauue les mouuemens de ſes affections,
Ne taſche de brider iamais ſes paſſions.
Si tu veux reſiſter, l'amour te ſera pire,
Et ta rebellion eſtendra ſon empire:
Amour a quelque but, quelque temps de durer,
Que noſtre entendement ne peut pas meſurer:

C'eſt

*C'est vn fieureux tourment, qui trauaillant nostre ame*
*Luy dõne des accez & de glace & de flame,*
*S'attache à nos esprits comme la fieure au corps,*
*Iusqu'à ce que l'humeur en soit toute dehors.*
*Contre ses longs efforts la resistance est vaine,*
*Qui ne peut l'euiter il doit aymer sa peine.*
*L'esclaue patient n'est qu'à demy dompté,*
*Il veut à sa contraincte vnir sa volonté.*
*Le Sanglier enragé, qui d'vne dent poinctuë*
*Dans son gosier sanglant mort l'espieu qui le tuë,*
*Se nuit pour se deffendre, & d'vne aueugle effort*
*Se trauaille luy-mesme, & se donne la mort.*
*Ainsi l'homme souuent s'obstine à se destruire,*
*Et de sa propre main il prend peine à se nuire.*
*Celuy qui de nature, & de l'amour des Cieux*
*Entrant en la lumiere est nay moins vicieux,*
*Lors que plus son Genie aux vertus le conuie,*
*Il force sa nature, & fait toute autre vie,*
*Imitateur d'autruy ne suit plus ses humeurs*
*S'esgare pour plaisir du train des bonnes mœurs;*
*S'il est nay liberal, au discours d'vn auare*
*Il taschera d'esteindre vne vertu si rare;*
*Si son esprit est haut, il le veut faire bas,*
*S'il est propre à l'estude, il parle des combats.*
*Ie croy que les destins ne font venir personne*
*En l'estre des mortels qui n'ayt l'ame assez bõne;*
*Mais on la vient corrompre, & le celeste feu*

Qui luit à la raison ne nous dure que peu:
Car l'imitation rompt nostre bonne trame,
Et tousiours chez autruy fait demeurer nostre
ame.
Ie pense que chacun auroit assez d'esprit,
Suiuant le libre train que Nature prescrit:
A qui ne sçait farder, ny le cœur, ny la face,
L'impertinence mesme a souuent bonne grace.
Qui suiura son Genie, & gardera sa foy,
Pour viure bien-heureux, il viura comme moy.

## SATYRE SECONDE.

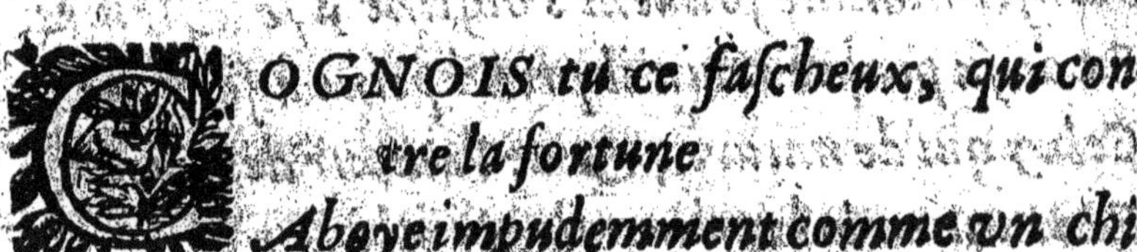

COGNOIS tu ce fascheux, qui contre la fortune
Abaye impudemment comme un chië à la Lune?
Et qui voudroit ce semble en destourner le cours
Par l'importunité d'vn outrageux discours:
D'vne sotte malice en son ame il s'afflige,
Quand la faueur du Roy ses fauoris oblige.
Vn homme, dont le nom est à peine cogneu,
D'vn pais estranger nouuellement venu,
Que la fortune aueugle en promenant sa roüe,
Tira sans y penser d'vne orniere de boüe
Malgré toute l'enuie au dessus du malheur,
D'vn credit insolent gourmande la valeur:

Et nous le permettons, & le François endure
Qu'à ses propres despens ceste grandeur luy dure.
Nos Princes autresfois estoient bien plus hardis,
Où se cache auiourd'huy la vertu de iadis?
Apprends malicieux comme tu sçais mal viure,
Qu'vne fortune est d'or, & que l'autre est de
cuiure;
Que le sort a des loix qu'on ne sçauroit forcer,
Que sõ cõpas est droict, qu'on ne le peut fausser.
Nous venõs tous du Ciel pour posseder la terre;
La faueur s'ouure aux vns, aux autres se reserre;
Vne necessité que le Ciel establit
Deshonore les vns, les autres establit:
Vn ignoble souuent de riches biens herite,
L'autre dans l'hospital est tout plein de merite.
Pour trouuer le meilleur, il faudroit bien choisir,
Ne crois point que les Dieux soiẽt si pleins de loisir.
Encor si chaque infame estoit marqué d'vn si-
Qui de toutes vertus le fist trouuer indigne [gne,
Les Roys qui sous les Dieux disposẽt du bõheur,
Enrichiroient tousiours le merite & l'honneur:
Que si l'ame des Dieux est la mesme iustice,
Si ce qui leur desplaist porte le nom de vice,
Les Roys qui sont leurs fils & Lieutenans icy,
Peuuent iuger des bons, & des mauuais aussi.
Et sans flater mon Roy, ie trouue bien estrange
Qu'vn vulgaire ignorant & tiré de la fange,
Contre sa maiesté se monstre iniurieux,

Dessous ses actions portant l'œil curieux.
Quant à moy ie repute vne faueur bien mise
Enuers le plus chetif que le Roy fauorise,
Quoy que tousiours bien pauure, & tousiours dedaigné
Sur mon esprit l'enuie encor n'ayt rien gaigné:
Qu'vn homme de trois iours, de soye, & d'or se couure,
Du bruit de sa carrosse importune le Louure;
Qu'vn estrãger heureux se mocque des François,
Qu'il ayt mille suiuans, pourueu que ie n'en sois.
Ie leur fais ce souhait en mon humeur hardie,
Ie ne crains point faillir, quoy que ma Muse die:
Ma liberté dit tout, sans toutesfois nommer
Par vne vaine aigreur ceux que ie veux blasmer.
Aussi n'attends iamais que ie te face rire
D'vn vers, que sans danger ie ne sçaurois escrire.
Ceux-là sont fols vrayment qui vendent vn bon mot
De cent coups de bastons que fait donner vn sot;
Esclaues imprudens de leur humeur mauuaise
Ne sçauent mediter vn vers qu'il ne desplaise.
Des pasquins contre aucuns ie ne compose icy,
Et ne sçaurois souffrir des iniures aussi.
Le Dieu des vers m'inspire vne modeste flame,
Qui n'est propre à donner ny receuoir du blasme:
Ie hay la mesdisance & ne puis consentir
De gaigner auec peine vn triste repentir.

Chacun qui voit mes vers, s'il a les yeux d'vn homme,
Cognoistra son portraict cõbiẽ qu'on ne le nõme.
Qui ne lict ma satyre, il n'en n'est pas tancé,
Plusieurs s'en fascheront à qui ie n'ay pensé.
Qui hait trop la laideur de son vilain visage,
Il ne deuroit iamais en regarder l'image:
Qui craint d'estre repris, il n'a qu'à se cacher
Et de là mon dessein n'est plus de le fascher.

## ODE.

Lors qu'on veut que les Muses flattent
Vn homme qu'on estime à faux,
Et qu'il faut cacher cent deffaux,
Afin que deux vertus esclattent;
Nos esprits d'vn pinceau diuers,
Par l'artifice de nos vers
Font le visage à toutes choses;
Et dans le fard de leurs couleurs,
Font passer des mauuaises fleurs
Sous le teinct des lys & des roses:

Ce vagabond, de qui le bruict
Fut si chery des destinees,
Et si grand que trois mille annees
Ne l'ont point encores destruict:
Auecques de si bonnes marques

N'eust foulé la rigueur des Parques,
Ny peuplé le pays Latin,
Si depuis qu'on brusla sa ville
Auguste n'eust prié Virgile
De luy faire vn si beau destin.

Tout de mesme au siecle où nous sommes,
Les richesses ont achepté
De nostre auare lascheté
La façon de loüer les hommes:
Mais ie ne te conseille pas,
De presenter aucun appas,
A tant de plumes hypocrites:
D'autant que la posterité
Verra mieux dans la verité
La memoire de tes merites.

Laisse là ces esprits menteurs,
Sauue ton nom de leurs ouurages,
Les complimens sont des outrages,
Dedans la bouche des flateurs:
Moy qui n'ay iamais eu le blasme
De farder mes vers ny mon ame,
Ie trouueray mille tesmoings
Que tous les censeurs me reçoiuent,
Et que les plus entiers me doiuent
La gloire de mentir le moins.

Ceste grace si peu vulgaire
Me donne de la vanité,
Et faict que sans temerité
Ie prendray le soing de te plaire,
Les Dieux aydans à mon dessein,
Me verseront dedans le sein
Vne fureur mieux animee;
Ils m'apprendront des traits nouueaux,
Et plus durables & plus beaux,
En faueur de ta renommee.

Mais aussi tost que mon desir,
Qui ne respire que la gloire
De trauailler à ta memoire,
Iouïra d'vn si doux loisir,
Mon Astre qui ne sçayt reluyre,
Que pour me troubler & me nuire,
Cachera son mauuais aspect,
Et son influence inhumaine
N'a pas eu pour moy tant de hayne,
Qu'elle aura pour toy de respect.

Mes affections exaucees
En l'ardeur d'vn si beau proiect;
Recouureront pour ton suiect
La liberté de mes pensees:
Mes ennuys seront escartez,
Et mon ame aura des clartez

Si propices à tes loüanges,
Que le Ciel s'il n'en est ialoux,
Ayant trouué mes vers si doux,
Il les fera redire aux Anges.

Ie sens vne chaleur d'esprit,
Qui vient persuader ma plume,
De tracer le plus grand volume
Que François ayt iamais escrit.
Tout plein de zele & de courage
Ie m'embarque à ce grand ouurage;
Ie sçay l'Antarctique & le Nort,
I'entends la carte & les estoilles;
Et ne fais point enfler mes voilles
Auant qu'estre asseuré du port.

Par les rochers, & dans l'orage
De l'onde où ie me suis commis,
Ie prepare à mes ennemis
L'esperance de mon naufrage:
Mais que les Astres irritez
De toutes leurs aduersitez
Persecutent mon entreprise.
Ie ne cognois point de malheur,
Qu'au seul renom de ta valeur
Ie ne vainque, ou ie ne mesprise.

MOn Dieu que la franchise est rare !
Qu'on trouue peu d'honnestes gens !
Que la fortune & ses regens
Sont pour moy d'vne humeur auare !
Losieres, personne que toy,
Dans les troubles où ie me voy,
Ne me monstre vn œil fauorable ;
Tout ne me faict qu'empeschement,
Et l'amy le plus secourable
Ne m'assiste que laschement.

Si i'estois vn homme de fange,
Ou d'vn esprit iniurieux,
Qui ne portast iamais les yeux
Sur le subiect d'vne loüange ;
Ou qu'on m'eust veu desobliger
Ceux qui me veulent affliger :
Ie ne serois point pardonnable,
I'approuuerois mes ennemys,
Et trouuerois irraisonnable
Le secours que tu m'as promis.

Mais iamais encores l'enuie
D'escrire vn Pasquin ne me prit,
Et tout le soin de mon esprit

Ne tend qu'à l'aise de ma vie.
I'ayme bien mieux ne dire mot
Du plus infame & du plus sot,
Et me sauuer dans le silence ;
Que d'exposer mal à propos
A l'effort d'vne violence
Ma renommee, & mon repos.

O Destin que tes loix sont dures !
L'inn ocence ne sert de rien :
Que le sort d'vn homme de bien
A de cruelles aduentures !
Ce grand Duc redouté de tous,
Dont ie ne souffre le courroux,
Pour aucun crime que ie sçache,
Me menasse d'vn chastiment,
Contre qui l'ame la plus lasche
Fremiroit de ressentiment.

Il est bien aisé de me nuire,
Car ie ne puis m'assubiectir
Au soucy de me garantir,
Quoy qu'on fasse pour me destruire :
Ie sçay bien qu'vn astre puissant,
A tous ses vœux obeyssant,
Force les plus fiers à luy plaire,
Et que c'est plus de dépiter

La menace de sa cholere,
Que le foudre de Iupiter.

Mais que la flame du tonnerre
Vienne esclatter à mon trespas,
Et le Ciel fasse sous mes pas
Creuer la masse de la terre,
Mon esprit sans estonnement
S'appreste à son dernier moment :
Plus ie sens approcher le terme,
Plus ie desire aller au port,
Et tousiours d'vn visage ferme
Ie regarde venir la mort.

Ainsi quoy que ce fier courage
Menasse mon foible destin,
Sans estre poltron ny mutin
Ie verray fondre cet orage,
Et coniurer ton amitié,
De n'auoir ny soin ny pitié,
Quelque malheur qui m'importune.
Dieu nous blesse & nous sçait guarir :
Et les hommes ny la fortune,
Ne nous font viure ny mourir.

# STANCES.

QVe mon espoir est foible & ma raison confuse,
C'est bien hors de propos
Bruslant comme ie fais, que mon esprit s'amuse
A chercher du repos.

Les remedes plus doux qui touchent à ma playe
Irritent ma douleur,
Et ie suis en fureur, quand mon discours s'essaye
De ruyner mon malheur.

Car vn si cher ennuy combat ma violence,
Ie meurs si doucement,
Que pour me secourir ie ferois conscience
De parler seulement.

Phillis dans les tourmẽs que ta rigueur me dõne,
Quoy que ie meure à tort,
Ie me diray coulpable, afin qu'on te pardonne
L'iniure de ma mort:

Amour a resolu que ie sois ta victime:
Mais que ta cruauté

A son occasion ne fasse point de crime,
Qu'auecques ta beauté.

Non mon sort est meilleur, Phillis veut que ie
Et sans compassion [viue,
Ne sçauroit endurer qu'vn déplaisir arriue
A mon affection.

On voit sur son visage animé de sa flame
Qu'elle a de la pitié,
Et ma fureur me trouble, où ie vois que son ame
Entend mon amitié.

Ie sçais bien que l'honneur, & les loix de la vie
Combattent son desir,
Et que sa chasteté resiste à mon enuie
Auecques déplaisir.

Son cœur dans cet effort sauuant son innocence
Languit pour mon subiect,
Et donne ses souspirs sans doute à mon absence,
Plustost qu'à son obiect.

Vn riual me trauerse, elle qui s'en afflige
Se defferoit de luy:
Mais la condition de ce fascheux, l'oblige
De souffrir auec luy.

*Cét amant importun, dont elle est offencée,*
*Pese à son entretien,*
*Et recognoist assez qu'elle a dans la pensée*
*Autre feu que le sien.*

# ELEGIE.

*CHere Phillis, i'ay bien peur que tu meures*
*Dans ce desert si triste où tu demeures:*
*Helas! quel sort te peut là retenir?*
*A quoy se peut ton ame entretenir?*
*Ta fantasie est elle point passée?*
*L'aurois tu bien encor en la pensée?*
*Te souuient il de la Cour ny de moy,*
*Et de m'auoir iadis donné ta foy?*
*S'il t'en souuient Phillis, ie te coniure*
*Par tous les droicts d'amour & de nature,*
*Fais moy l'honneur de t'asseurer aussi*
*Que ie languis de mon premier soucy.*
*Si tu sçauois à quel point de folie*
*M'a faict venir ceste melancolie;*
*Si tu sçauois à quoy ie suis reduict,*
*En quel trauail mon ame est iour & nuict,*
*Quoy que t'ait dit de moy ta deffiance,*
*Ta ialousie, ou ton impatience:*

*Tu m'aymerois, & sçachant mes ennuys,*
*Tu me plaindrois en l'estat où ie suis ;*
*Pasle, deffait, & sec comme vne idole,*
*Changé d'humeur, de face, de parolle :*
*Tousiours ie resue en mon affliction,*
*Sans nul desir de consolation ;*
*Ie ne veux point que personne s'employe*
*A r'animer mon esprit ny ma ioye :*
*Car sans te faire vn peu de trahison,*
*Ie ne sçaurois chercher ma guarison.*
*Puis qu'il est vray que i'ay cest aduantage,*
*Que mon seruice a gaigné ton courage,*
*Et que parmy tant d'aymables amans*
*Mon seul obiect touche tes sentimens ;*
*Ie serois bien d'vn naturel barbare,*
*Bien moins ciuil qu'vn Scythe, qu'vn Tartare,*
*Si ie n'aymois le bien de ton amour*
*Plus cherement que la clarté du iour.*
*Le Ciel m'enuoye vn traict de son tonnerre,*
*Et sous mes pieds face creuer la terre :*
*Dés le moment qu'vn sort iniurieux*
*De ma memoire effacera tes yeux ;*
*Helas ! comment trouueray-ie en ma vie*
*Quelque subiect qui m'en donnast enuie ?*
*Quelle beauté me sçauroit obliger*
*A diuertir ma flame, ou la changer ?*
*Dedans la tienne où loge ma fortune,*
*Venus a mis ses trois Graces en vne :*

Amour luy mesme auec tous ses attraits,
Cõme il est peint dans les plus beaux pourtraits,
Rapporte à peine vne petite trace
Du vif esclat qui reluit dans ta face :
Et tes beaux yeux, où s'est lié mon sort,
Touchent les cœurs d'vn mouuement si fort,
Que si le Ciel d'vne pareille flame
Nous inspiroit sa volonté dans l'ame,
Tous les mortels d'vne inuincible foy
Obeyroient à la diuine loy.
Ton front paroist, comme aupres de la nue
Paroist au Ciel Diane toute nue,
Plus vny qu'elle, & qu'on ne voit gasté
D'aucune tache empreinte en sa beauté :
Vn teint vermeil & frais comme l'Aurore,
Lors qu'elle vient des riuages du More,
Sur ton visage a semé tant d'appas,
Qu'il faut t'aymer, ou bien ne te voir pas.
Amour sçachant de quels traicts est pourueuë
Ceste beauté, s'est faict oster la veuë :
Il n'ose point hazarder ses esprits
A la mercy du charme qui m'a pris :
Et tel qu'il est, imperieux & braue,
Il meurt de peur de deuenir esclaue.
O cher tyran des hommes & des Dieux,
Aueugle toy de grace encores mieux ;
Demeure ainsi dans ta premiere crainte,
Et ne la vois iamais viue ny peinte :

Tu

Tu ne sçaurois regarder vn moment
De ses beautez l'ombre tant seulement,
Sans t'embraser, sans trouuer la ruyne
De ton Empire en leur flame diuine.
Que si l'effort de ton cœur indompté
De ses appas sçauoit ta liberté,
Tu te plaindrois d'auoir l'ame trop dure,
Et maudirois ta force & ta nature:
Car le bon-heur d'aymer en si bon lieu,
Passe sa gloire & le repos d'vn Dieu.
Que penses tu que le Soleil est aise,
Lors qu'vn rayon de sa clarté la baise;
Lors que Phillis regarde son flambeau
D'vn air ioyeux, le iour en est plus beau:
Et quand Phillis luy fait mauuais visage,
Le iour est triste & chargé de nuage:
L'air glorieux de former ses souspirs
Entre en sa bouche, auecques des zephirs
Tous embasmés de roses de l'Aurore,
Et tous couuerts des richesses de Flore.
Zephir doux vent, doux createur des lys,
S'il te souuient encor de ta Phillis,
R'anime-la, fais tant qu'elle reuienne
Pour te baiser, & me laisse la mienne.
Mais les discours qu'on nous a faict de toy,
En mon esprit n'ont iamais eu de foy;
Ton feinct amour, tes fausses aduantures
Ne sont que vent, & que vaines figures:

Mais il est vray que ie suis bien atteinct ;
Et que mon mal ne sçauroit estre feinct.
Que pleust aux Dieux que le discours des fa-
Trouuast en moy ses effects veritables, [bles,
Et que le sort me voulust transformer
En quelque obiect qui ne sceust rien aymer ;
Que ie mourusse, ou qu'il me fust possible,
De deuenir vne chose insensible,
Vn vent, vne ombre, vne fleur, vn rocher ;
Qu'aucun desir ne peust iamais toucher.
O vous amans qui n'estes plus en vie,
Esprits heureux qui n'estes plus en vie,
Là bas noyant vos maux en vos erreurs,
Vous trouuez bien plus douces vos fureurs.
Tristes forçats qui remplissez ce gouffre,
Souffrez vous bien les peines que ie souffre ?
Pasles sujects des eternelles nuicts,
Estes vous bien aussi morts que ie suis ?
O mon fidelle & mon triste Genie,
Quand tu verras ma trame desunie,
Et que mon ame ira toucher les bords
De la riuiere où passent tous les morts ;
Volle au deserts où ma Phillis demeure,
Dy luy qu'en fin le Ciel veut que ie meure,
Que la rigueur de mon iniuste sort
Consent en fin de me donner la mort.
Tu la verras peut estre vn peu touchee,
Et de ma mort aucunement faschee.

Va donc Genie, il est temps de partir
Vois que mon ame est preste de sortir.
Mais mon Genie arreste toy, ie resue,
Ceste douleur me donne vn peu de tresue;
I'entends Phillis, son visage me rit,
Le souuenir de ses yeux me guerit.
Comment, mourir? non reprenons courage,
Vn teinct plus vif remonte en mon visage,
Ma force esteincte est preste à s'animer,
Et tout mon sang vient à se r'allumer.
Amour m'esmeut, ie ne suis plus si blesme,
Phillis m'ayma que i'estois tout de mesme:
Car ie sçay bien qu'encor elle verroit
En mes regards des traits qu'elle aymeroit.
Que si l'excez de ma douceur fatale
Rend quelquesfois ce corps hydeux & pasle,
Cela, Phillis deuroit plus animer
Ce beau desir qui te pousse à m'aymer:
Mon mal me rend ainsi desagreable,
Pour trop aymer ie deuiens moins aymable,
Ton œil me rend, ou plus laid, ou plus beau,
Comme il m'approche, ou tire du tombeau.

MOn esperance resleurit,
Mon mauuais destin pert courage;
Auiourd'huy le Soleil me rit,
Et le Ciel me fait bon visage.

*Mes maux ont acheué leur temps,*
*Maintenant ma douleur se renge,*
*A la fin mes vœux sont contens,*
*Amour a r'amené mon Ange.*

*Dieux que i'ay si souuent priez*
*Sans me vouloir iamais entendre,*
*Ie vous ay bien iniuriez*
*D'estre si longs à me la rendre.*

*I'excuse vostre cruauté,*
*Ie perds le soing de vous desplaire,*
*Le retour de ceste beauté*
*A finy toute ma colere.*

*EN fin guery d'vne amitié funeste,*
*A mon esprit desormais il ne reste*
*Qu'vn sentiment de iuste desplaisir,*
*D'auoir langui d'vn si mauuais desir;*
*Bien malheureux d'auoir dans la pensee*
*Le souuenir de ma fureur passee,*
*Qui fut honteuse, & dont ie m'en repens,*
*Doresnauant plus sage à mes despens:*
*Que si iamais mon iugement s'oublie,*
*Iusqu'à rentrer en semblable folie,*
*Dieux qui vengez les crimes des humains,*
*Punissez moy si vous auez des mains;*
*Si vous auez pouuoir sur la tempeste,*

*Ne la pouſſez ailleurs que ſur ma teſte.*
*Et vous beaux yeux plus aymez que le iour,*
*Qui rempliſſez tous mes eſprits d'Amour,*
*Pour penitence octroyez moy de grace,*
*Mourant pour vous, que mon peché s'efface;*
*Que ie reprenne en vos diuins appas*
*D'vn laſche crime vn glorieux treſpas:*
*Et quand mon ame en vos liens captiue*
*Pour mieux ſouffrir obtiendra que ie viue,*
*Que le regret d'auoir eſté ſi ſot,*
*Et ſans le bien de vous ſeruir pluſtoſt,*
*Chaque moment reproche à mon courage*
*Le deshonneur de mon premier ſeruage.*
*Faictes le donc beaux yeux, ie le conſens:*
*Mais ie demande vn mal que ie reſſens:*
*Ie ſuis deſia dans ce ſupplice meſme*
*Preſt de mourir depuis que ie vous ayme.*
*Le ſouuenir d'auoir porté des fers,*
*Si malheureux me tient dans les enfers;*
*A chaque fois que ce bel œil m'enuoye*
*Ses doux regards pleins d'honneur & de ioye,*
*Où Venus rit, où ſes petits Amours*
*Paſſent le temps à ſe baiſer touſiours;*
*Les vains ſouſpirs d'vne contraincte flame,*
*Me font ainſi diſcourir en mon ame.*
*Pauure abuſé que i'eus mauuais conſeil,*
*Que i'ay bien pris la nuict pour le Soleil;*

Que mon esprit fut autresfois facile,
Et que l'erreur me trouua bien docile,
Que ie feus lourd, que ie feus insensé,
Mon iugement en est tout offensé :
Les faux attraits à qui ie fais hommage
Qu'ont ils d'esgal à ce diuin visage?
Ce n'est qu'horreur au prix de ta beauté,
A qui ie viens donner ma liberté.
Dieux! que l'Amour estoit bien en colere,
De m'obliger au soucy de luy plaire;
Que mes destins sont bien mes ennemys,
Qui m'ont trahi de me l'auoir permis.
Vous qui m'ostez ceste mauuaise enuie,
Qui bannissez la honte de ma vie,
Chere Amaranthe, à qui ie dois le bien
D'auoir rompu cest infame lien,
Gardez qu'Amour ne me soit plus contraire,
Que mon destin ne soit mon aduersaire.
Dictes aux Dieux, vous qui les gouuernez,
Et leur esprit en vos yeux retenez,
Que si mon ame est encores capable
D'vn autre Amour si lasche & si coulpable,
Ils n'auront point de tonnerre si fort,
Qui ne me donne vne trop douce mort.
Mais où l'Amour trouueroit-il des armes?
Quelle beauté luy fournira de charmes,
Pour desgager encores mes esprits
Des beaux liens où ie demeure pris?

*Autre que vous n'a rien que ie desire,*
*Vous estes seule au monde que i'admire:*
*Ie vous adore, & iure vos beaux yeux,*
*Qu'vn Paradis ne me plairoit pas mieux.*
*Que si mes vœux rendoient iamais possible*
*Qu'à vos regards mon ame feust visible;*
*Vous y verriez les plus beaux mouuemens*
*Qu'Amour iamais feit naistre à des amans;*
*Vous y verriez la douce frenaisie*
*Dont vous auez ma volonté saisie;*
*Mille pensers à vos yeux incognus*
*D'vn grand respect iusqu'icy retenus;*
*Vous y verriez vn cœur sans artifice,*
*Se presentant luy mesme en sacrifice,*
*Et qui se croit mourir assez heureux,*
*Si vous croyez qu'il feist bien l'amoureux.*
*Il est trop vray, ma peine est assez claire,*
*Et c'est en vain que ie la pense taire.*
*Qui ne cognoist à mes yeux languissans,*
*A mes souspirs sans cesse rauissans;*
*Qu'vne fureur secrette me deuore,*
*Que ie n'ay sceu vous descouurir encores?*
*Bien que pressé de ne la plus celer,*
*Aupres de vous ie ne sçaurois parler.*
*Ce que ie voy reluire en ce visage*
*Me faict faillir la voix & le courage:*
*Mais si ie puis iamais me r'asseurer,*
*Ou si ie puis en fin moins souspirer,*

*Ie parleray, ie vous diray ma peine,*
*Qu'autre que moy iugeroit inhumaine,*
*Mais que ie sens plus douce mille fois,*
*Que ie ne croy la fortune des Roys.*

*AVssi souuẽt qu'amour faict pẽser à mõ ame*
*Combien il mit d'attraits dans les yeux de ma Dame,*
*Combien c'est de l'hõneur d'aymer en si bon lieu,*
*Ie m'estime aussi grand & plus heureux qu'vn [Dieu,*
*Amaranthe, Phillis, Caliste, Pasithee;*
*Ie hay ceste mollesse à vos noms affectee;*
*Ces titres qu'on vous fait auecques tant d'appas,*
*Tesmoignent qu'en effect vos yeux n'en auoiẽt [pas.*
*Au sentiment diuin de ma douce furie,*
*Le plus beau nõ du mõde est le nom de Marie,*
*Quelque soucy qui m'ayt enuelopé l'esprit,*
*En l'oyant proferer, ce beau nom me guerit;*
*Mon sang en est esmeu, mon ame en est touchee*
*Par des charmes secrets d'vne vertu cachee:*
*Ie la nomme tousiours, ie ne m'en puis tenir,*
*Ie n'ay dedans le cœur autre ressouuenir.*
*Et ne cognois plus rien, ie ne voy plus personne,*
*Pleust à Dieu qu'elle sceust le mal qu'elle me dõne;*
*Qu'vn bon Ange voulust examiner mes sens,*
*Et qu'il luy rapportast au vray ce que ie sens;*
*Qu'amour eust prins le soing de dire à ceste belle,*
*Si ie suis vn moment sans souspirer pour elle;*

*Si mes desirs luy font aucune trahison,*
*Si ie pensay iamais à rompre ma prison.*
*Ie iure par l'esclat de ce diuin visage,*
*Que ie serois marry de deuenir si sage.*
*En l'estat où ie suis aueugle & furieux,*
*Tout bon aduis me chocque & m'est iniurieux.*
*Quand le meilleur amy que ie pourrois auoir,*
*Touché du sentiment de ce commun deuoir,*
*A m'oster cet Amour employeroit sa peine,*
*Il n'auroit trauaillé que pour gaigner ma haine :*
*En telle bienveillance vn Dieu m'offenceroit,*
*Et ie me vengerois du bien qu'il me feroit.*
*Qui me veut obliger, il faut qu'il me trahisse,*
*Qu'il prenne son plaisir à voir que ie perisse.*
*Honorez mes fureurs, ventez ma lascheté,*
*Mesprisez deuant moy l'honneur, la liberté ;*
*Consentez que ie pleure, aymez que ie souspire,*
*Et vous m'obligerez de plus que d'vn Empire.*
*Mais non, reprochez moy ma honteuse douleur,*
*Dictes combien l'Amour m'apporte de malheur ;*
*Que pour vn faux plaisir ie perds ma renõmee,*
*Que mes esprits n'ont plus leur force accoustumee ;*
*Que ie deuiens fascheux, sans courage, & brutal :*
*Bref que pour cet amour tout m'est rendu fatal.*
*Faictes le pour tuer l'ardeur qui me consume,*
*Car ie cognois qu'ainsi ma flame se r'alume ;*
*Plus on presse mon mal, plus il fuit au dedans,*

Et mes desirs en sont mille fois plus ardans.
A l'abord d'un censeur ie sens que mon martyre
De dépit & d'horreur dans mes os se retire.
Amour ne faict alors que renforcer ses traicts,
Et donne à ma maistresse encores plus d'attraits.
Ainsi ie trouue bon que chacun me censure,
Affin que mon tourment d'auantage me dure.
Pour conseruer mon mal ie fais ce que ie puis,
Et me croyant heureux sans doute ie le suis:
Ie ne recherche point de Dieux , ny de fortune,
Ce qu'ils font ou dessous, ou par dessus la Lune
Pour le bien des mortels: tout m'est indifferent,
Excepté le plaisir que ma peine me rend.
Ie croy que mon seruage est digne de loüange,
Ie croy que ma maistresse est belle com' vn Ange,
Qu'elle merite bien d'auoir lié ma foy,
S'il est vray que sō ame ayt de l'amour pour moy:
Elle me l'a iuré, la promesse est vn gage,
Où la foy tient le cœur auecques le langage.
Ie suis bien peu deuot d'auoir quitté ses yeux,
Ie suis trop nonchalant d'vn bien si precieux.
Ie ne deurois iamais esloigner ce visage,
Qu'apres que de mes sens i'auray perdu l'vsage:
Aussi bien mes esprits loin de ses doux regards
N'ont que melancholie, & mal de toutes parts:
Le seul resouuenir des beautez de ma Dame
Est l'vnique entretien qui resiouït mon ame.

Mais si les immortels me font iamais auoir,
Au moins auant mourir, l'honneur de la reuoir;
Quelque necessité que le Ciel me prescriue,
Quelque si grãd malheur que iamais m'en arriue,
Ie me suis resolu d'attendre que le sort
Aupres de ses beautez fasse venir ma mort.
Si tandis ie souffrois le coup des destinees,
I'aurois bien du regret à mes ieunes annees,
Mon ombre ne feroit qu'iniurier les Dieux,
Et plaindre incessãment l'absence de vos yeux.

## ELEGIE.

MON ame est triste, & ma face abbatue,
Ie n'en puis plus, ta disgrace me tuë:
Croy que ie t'ayme, & que pour te fascher,
I'ay ton plaisir & mon repos trop cher;
Que si ie viens iamais à te desplaire
Ie ne veux point que le Soleil m'esclaire;
Et si les Dieux ont si peu de pitié
Que de m'oster vn iour ton amitié,
Il ne faut point d'autre coup de tonnerre,
Pour me bannir du Ciel & de la terre.
Hier pressé bien fort de ma douleur,
En souspirant mon innocent malheur,

*Ie suppliois Lisandre de te dire,*
*Que ton courroux au desespoir me tire,*
*Et si bien tost il ne s'en va cesser,*
*Tu n'auras plus à qui te courroucer:*
*Car mon esprit consommé de ta hayne*
*Ne peut souffrir dauantage de peine.*
*Sans plus de mal, ie cognois bien pourquoy*
*Ton doux regard s'est destourné de moy,*
*Et que ma faute est assez pardonnable,*
*Ou tu rendras ton amitié coulpable.*
*Voy donc de grace, auant que te venger,*
*Que ton amour, ou mon crime est leger;*
*Que i'ay du droict assez pour me deffendre,*
*Si tu ne prens plaisir de me reprendre:*
*Car en tel cas ie me veux accuser,*
*Et mon pardon moy-mesme refuser,*
*Ie diray tout pour flatter ta colere;*
*I'ay si tu veux assaßiné mon pere,*
*Mesdit des Dieux, empoisonné l'Autel,*
*I'ay plus failly que ne peut vn mortel:*
*Mais si iamais tu me donnois licence*
*De te presser à bien voir mon offence,*
*Ie iugerois que ie suis trop puny,*
*Pour vn moment de ta grace banny.*
*Lors que le Ciel de tes faueurs me priue,*
*Comment crois tu mon Ange que ie viue?*
*Ce qui me plaist de tous costez me fuit,*
*En toutes parts tout me chocque & me nuit;*

Ie ne voy rien que des obiects funebres,
Comme mes yeux, mon ame est en tenebres:
Mon ame porte vn vestement de dueil,
Tous mes esprits sont comme en vn cercueil:
Lors ma memoire est toute enseuelie,
Mon iugement suit ma melancolie;
Tantost ie prends le soir pour le matin,
Tantost ie prends le Grec pour le Latin;
Soit vers, ou prose, à quoy que ie trauaille
Ie ne puis rien imaginer qui vaille.
Prends en pitié, redonne la clarté
A mon esprit, rends luy la liberté.
Que me veux tu? ie confesse mon crime,
I'ay merité que le foudre m'abysme.
Puis qu'il te plaist ie t'ay manqué de foy,
Ie me repens, & ie ne sçay pourquoy.
Il est bien vray qu'aux yeux du populaire
Ce que i'ay faict paroistra temeraire,
Et me traictant comme vn esprit abiect,
Ce long courroux semble auoir du subiect.
Mais si tu veux considerer encore
Ce que ie suis, à quel point ie t'honore,
A quel degré mon amitié s'estent,
Ce souuenir ne t'ennuyra pas tant,
Ie ne veux point m'ayder de mon merite,
Pour excuser ma faute qui t'irrite,
Ny mandiant vn estranger appuy
Deuoir ma paix à la fureur d'autruy:

*Il ne faut point qu'autre que moy te trace*
*Honteusement vn retour à ta grace:*
*Si c'est Lisandre à qui ie dois ce bien,*
*Mon repentir ne m'a seruy de rien;*
*Si c'est luy seul pour qui tu me pardonnes,*
*C'est desormais à luy que tu me donnes,*
*Et que tu veux laisser à sa mercy*
*De me sauuer & de me perdre aussi.*
*Mais s'il te reste encores quelque flame*
*Des beaux desirs que ie t'ay veu dans l'ame,*
*Si tu n'as point perdu ceste bonte,*
*Si tu n'as point changé de volonté;*
*Ie suis certain que tu seras bien aise*
*Qu'autre que toy ton cœur ne me rapaise:*
*Et ie serois marry qu'autre que nous*
*Eust iamais sceu ma faute, & ton courroux.*
*Tu me diras que ta haine estoit feinte,*
*Qu'en ce despit mon ame estoit contraincte,*
*Que tu voulois esprouuer seulement*
*Si ton courroux me pressoit mollement;*
*Si le refus de ta douce caresse*
*M'obligeroit à changer de maistresse:*
*Lors par le Ciel, par l'honneur de ton nom,*
*Par tes beaux yeux ie iureray que non;*
*Que l'amitié de tous les Roys du monde,*
*Tous les presens de la terre & de l'onde,*
*L'amour du Ciel, la crainte des enfers,*
*Ne me sçauroient faire quitter mes fers;*

Ne me sçauroient arracher le courage,
Ce bel esprit & ce diuin visage.
Comme les cœurs se plaisent à l'amour,
Comme les yeux sont aises d'vn beau iour,
Comme vn printemps tout l'Vniuers recree;
Ainsi l'esclat de ta beauté m'agree,
L'eau de la Seine arrestera son flux,
Le temps mourra, le Ciel ne sera plus,
Et l'Vniuers aura changé de face,
Auparauant que cett' humeur me passe.

## A MADAMOISELLE DE ROHAN, SVR LA MORT DE Madame la Duchesse de Neuers.

IE vous donne ces vers pour nourrir vos douleurs,
Puis que ceste Princesse est digne de vos pleurs,
Et ne veux point reprendre vn dueil si legitime,
Pour elle vos regrets prennent vn iuste cours,
Et de les arrester, ie croirois faire vn crime,
Aussi bien que la mort en arrestant ses iours.

Ie sçay bien que vostre ame assez robuste & saine

Auecques son discours a combatu sa peine,
Et qu'elle a vainement cherché sa guarison:
Y tascher apres vous on ne le peut sans blasme,
Car ie ne pense pas qu'on trouue en la raison
Ce que vous ne pouuez trouuer dedãs vostre ame.

Les plus cuisans malheurs trouuẽt allegemẽt,
Apres que le deuoir a rendu sagement
Tout ce que l'amitié demande à la nature:
Mais lors que mon esprit songe à vous consoler
Contre les sentimens d'vne perte si dure,
Plus ie suis preparé, moins i'ay dequoy parler.

Tandis que la memoire à vos sens renouuelle
L'esclat de la vertu qui reluysoit en elle,
Vous nourrissez en vain quelque espoir de gua-
Et quand le souuenir d'vne amitié si ferme [rir:
Pour guarir vostre ennuy se laissera mourir,
Croyez que vostre vie est proche de son terme.

Aussi ceste Princesse estant loing de vos yeux
Le iour de tous vos maux est le plus odieux:
La mort de vos langueurs est la moins inhumaine
Quelque part de la terre où vous faciez seiour,
Il ne vous reste plus que des obiects de haine,
Apres auoir perdu l'obiect de vostre Amour.

De

*De moy, si la rigueur d'vn accident semblable*
*M'auoit osté le fruict d'vn bien si desirable,*
*Ie croirois que pour moy tout n'auroit que du mal;*
*Mes pieds ne s'oseroient asseurer sur la terre,*
*Le iour m'offenceroit, l'air me seroit fatal,*
*Et la plus douce paix me seroit vne guerre.*

*Aigrissez vous tousiours d'vn chagrin plus recent*
*Que vostre ame, en flattãt l'ennuy qu'elle ressẽt,*
*Pour si chere compagne incessamment souspire;*
*Iamais son entretien ne vous sera rendu,*
*Et le Ciel reparant vos pertes d'vn Empire,*
*Vous donneroit bien moins que vous n'auez perdu.*

## A ELLE MESME.

*PVis qu'en cet accident le sort vous desoblige,*
*Ie croy que tout le monde auecques vous s'afflige;*
*Et ce commun malheur qui trouble l'Vniuers,*
*Reprocheroit vn crime aux loix de la nature,*
*Sinon que ceste mort a faict naistre nos vers,*
*Dont l'aymable douceur efface son iniure.*

*A voir vos sentimens escrits si doucement*

*A voir vostre douleur peinte si viuement,*
*Ie croy qu'en vain la mort de ce butin se vante,*
*Car comme la raison m'apprend à discourir,*
*Celle que vous plaignez est encore viuante,*
*Puis qu'elle est dans vos vers qui ne sçauroient mourir.*

*Vous meslez dans ce dueil tant d'agreables charmes,*
*Que c'est estre insensé que luy donner des larmes:*
*Ie la croy bien heureuse en si rare tombeau,*
*Et regarde sa gloire auecques tant d'enuie,*
*Que si l'on m'eust deu faire vn monumēt si beau,*
*Ie mourrois de regret de ne l'auoir suyuie.*

*I'ay creu que la tristesse estoit pleine de maux,*
*Et perdois en l'erreur d'vn iugement si faux*
*La douce resuerie où l'ennuy nous amuse:*
*Mais vous faictes le dueil auecques tant d'appas*
*Que i'ayme la rigueur, combien que ie l'accuse,*
*Et trouue du plaisir à craindre le trespas.*

*IE suis bien ieune encor, & la beauté que i'ayme*
*Est ieune comme moy,*
*I'ay souuent desiré de luy parler moy-mesme*
*Pour luy donner ma foy.*
*I'obey sans cōtraincte à l'Amour qu'il me dōne*
*Quelque desir qu'il ayt,*

*Et ſans luy reſiſter mon ame s'abandonne*
*A tout ce qui luy plaiſt.*
*Si pour luy teſmoigner combien ie ſuis fidelle*
*Il me falloit mourir,*
*Quoy qu'on euſt faict la mort mille fois plus*
*L'on m'y verroit courir. [cruelle,*
*Ie iure mon deſtin, & le iour qui m'eſclaire,*
*Qu'il eſt tout mon ſoucy,*
*Et ce Soleil ſi beau ne faict que me déplaire*
*Quand il n'eſt pas icy.*
*Lors que l'Aube enſuiuãt la nuict qu'elle a chaſ-*
*Eſpart ſes treſſes d'or, [ſee*
*Le premier mouuement qui vient à ma penſee,*
*C'eſt l'Amour d'Alidor.*
*Ie taſche en m'eſueillant à rapeller les ſonges*
*Que i'ay faict en dormant,*
*Et dans le ſouuenir de leurs plaiſans menſonges*
*Ie reuoy mon amant.*
*Mon eſprit amoureux n'eſt point ſans violence*
*Au milieu du repos,*
*Ie le voy dans la nuict, & parmy le ſilence*
*I'entens ſes doux propos.*
*Tous les ſecrets d'Amour que le ſommeil expri-*
*Mon ame les reſſent : [me ;*
*Et le matin ie penſe auoir commis vn crime*
*Dans mon lict innocent.*
*De honte à mon reſueil ie ſuis toute confuſe,*
*Et d'vn œil tout faſché*

Ie voy dãs mon miroir la rougeur qui m'accuse
D'auoir faict vn peché:
Ie me veux repentir de ceste double offence,
Mais ie ne sçay comment:
Car mon esprit troublé me faict vne deffence,
Que luy mesme desment.
Dans mon lict desolé toute moitte de larmes
Ie prie tous les Dieux
De mal traicter Morphee, à cause que ses charmes
Ont abusé mes yeux.
Helas! il est bien vray que ie suis amoureuse,
Et qu'en mon sainct Amour
Ie me puis reputer l'Amante plus heureuse
Qui soit en ceste Cour.
I'adore vne beauté si viue, & si modeste
Qu'elle peut tout rauir.
Et qui ne prend plaisir d'estre toute celeste,
Qu'afin de me seruir.
Il a dedans ses yeux des pointes & des charmes
Qu'vn tigre gousteroit,
Et si Mars luy voyoit mettre la main aux armes
Il le redouteroit.
Il va dans les combats, plus fier qu'à la rapine
Ne marche le Lion,
Et plus braue qu'Achile ardant à la ruyne
Des pompes d'Ilion.
C'est le meilleur esprit, & le plus beau visage
Qu'on ayt encores veu:

Et les meilleurs esprits n'ont point eu d'auãtage
Que mon Amant n'ayt eu.
La gloire entre les cœurs qui la font mieux pa-
Fait estime du sien, [roistre
Et les mieux accõplis ne le sçauroient cognoistre
Sans en dire du bien.
Hors de luy, la vertu dans l'ame la plus belle,
Est comme en vn tombeau,
Et ses plus grands esclats sont moins qu'vne
Au prix de ce flambeau, [estincelle
Ie pense en l'adorant que mon idolatrie
A beaucoup merité,
Et i'aymerois bien mieux mettre à feu ma patrie,
Que l'auoir irrité.
Dieux que le beau Paris eut vne belle proye!
Que c'est amant fit bien!
Alors qu'il alluma l'embrasement de Troye
Pour amortir le sien.
O mon cher Alidor, ie suis bien moins qu'He-
Digne de t'esmouuoir: [leine
Mais tu sçais bien aussi qu'auecques moins de
Tu me pourrois auoir. [peine
Il la fallut prier, mais c'est moy qui te prie;
Et la comparaison
De ses affections auecques ma furie,
Est loing de la raison.
L'impression d'honneur, & celle de la honte
Sont hors de mon esprit,

La chasteté m'offence, & paroist vn vieux cõte
Que ma mere m'apprit.
Iamais fille n'ayma d'vne amitié si forte;
Tous mes plus chers parens,
Depuis que i'ay conceu l'Amour que ie te porte,
Me sont indifferens.
Ils auroient beau se plaindre & m'appeller bar-
On me doit pardonner.: [bare,
Car vers eux ie ne suis de mon amour auare,
Que pour te la donner.

Reçois ma passion, pourueu que ton merite
N'en soit pas offencé:
Et vois que mon esprit ne te l'auroit escrite
S'il n'estoit insensé.

---

DIs moy Thyrsis sans vanité,
Remarques tu que la beauté,
Qui tient ton esprit & ta vie,
Ayt pour toy quelque peu d'amour?
Cognois tu bien qu'elle ayt enuie
De te le tesmoigner vn iour?

Elle est si parfaicte & si belle,
Que sans blasme d'estre cruelle
Elle peut destourner ses yeux
Des mortels, & de leurs offrandes,

Et mesme refuser aux Dieux
L'amitié que tu luy demandes.

Mais außi faut-il aduouër,
Que tout ce qu'on sçauroit louër
En tes perfections abonde,
Et qu'elle se doit estimer
La premiere beauté du monde,
Pource que tu la veux aymer.

S'il est vray qu'vne mesme flame
Vous ayt mis des desirs dans l'ame;
Ie te louë d'estre amoureux,
Tu fais bien d'essuyer tes larmes,
Et de te croire bien heureux
Depuis qu'on a quitté les armes.

Que ton amour eut de profit
Du monstre que le Roy desit;
Tout le monde alloit à la guerre,
Et chacun s'estonnoit, de voir
Le plus braue homme de la terre
Si paresseux à ce deuoir.

Ie disois pallissant de honte:
Il n'a qu'vne valeur trop prompte;
Mais ce courage est endormy,
C'est en vain que l'honneur le presse,

*Il hayt trop peu cet ennemy,*
*Et cherit trop ceste maistresse.*

---

*PArmy ces promenoirs sauuages*
*I'oy bruire les vents & les flots,*
*Attendant que les mattelots*
*M'emportent hors de ces riuages.*
*Icy les rochers blanchissans*
*Du choc des vagues gemissans,*
*Herissent leurs masses cornues*
*Contre la cholere des airs,*
*Et presentent leurs testes nuës*
*A la menace des esclairs.*

*I'oy sans peur l'orage qui gronde,*
*Et fust ce l'heure de ma mort,*
*Ie suis prest à quitter le port*
*En dépit du Ciel & de l'onde.*
*Ie meurs d'ennuy dans ce loisir:*
*Car vn impatient desir*
*De reuoir les pompes de Louure*
*Trauaille tant mon souuenir,*
*Que ie brusle d'aller à Douure,*
*Tant i'ay haste d'en reuenir.*

*Dieu de l'onde, un peu de silence;*
*Vn Dieu faict mal de s'esmouuoir,*

*Fais moy paroistre ton pouuoir*
*A corriger ta violence.*
*Mais à quoy sert de te parler,*
*Esclaue du vent & de l'air,*
*Monstre confus, qui de nature*
*Vuide de rage & de pitié,*
*Ne monstres que par aduanture*
*Ta haine, ny ton amitié?*

*Nochers qui par vn long vsage*
*Voyez les vagues sans effroy,*
*Et qui cognoissez mieux que moy*
*Leur bon & leur mauuais visage:*
*Dictes moy, ce Ciel foudroyant,*
*Ce flot de tempeste aboyant,*
*Les flancs de ces montagnes grosses,*
*Sont-ils mortels à nos vaisseaux?*
*Et sans aplanir tant de bosses*
*Pourray-ie bien courir les eaux?*

*Allons Pilote où la fortune*
*Pousse mon genereux dessein;*
*Ie porte vn Dieu dedans le sein*
*Mille fois plus grand que Neptune:*
*Amour me force de partir,*
*Et deust Thetis pour m'engloutir*
*Ouurir mieux ses moittes entrailles:*
*Cloris m'a sceu trop enflammer;*

*Pour craindre que mes funerailles*
*Se puissent faire dans la mer.*

*O mon Ange ! ô ma destinee !*
*Qu'ay-ie fait à cet element,*
*Qu'il tienne si cruellement*
*Contre moy sa rage obstinee ?*
*Ma Cloris ouure icy tes yeux,*
*Tire vn des tes regards aux Cieux ;*
*Ils dissiperont leurs nuages,*
*Et pour l'amour de ta beauté*
*Neptune n'aura plus de rage,*
*Que pour punir sa cruauté.*

*Desia ces montagnes s'abaissent,*
*Tous leurs sentiers sont aplanis,*
*Et sur ces flots si bien vnis*
*Ie voy des alcions qui naissent.*
*Cloris que ton pouuoir est grand !*
*La fureur de l'onde se rend*
*A la faueur que tu m'as faicte,*
*Que ie vay passer doucement ;*
*Et que la peur de la tempeste*
*Me donne peu de pensement.*

*L'ancre est leuee, & le zephire,*
*Auec vn mouuement leger*
*Enfle la voile, & fait nager*

*Le lourd fardeau de la nauire.*
*Mais quoy? le temps n'est plus si beau,*
*La tourmente reuient dans l'eau,*
*Dieux que la mort est infidele!*
*Chere Cloris, si ton amour*
*N'auoit plus de constance qu'elle,*
*Ie mourois auant mon retour.*

## SONNET.

*Qui que tu sois bien grãd & bien-heureux sans doute,*
*Puis que Deheins en parle, & qu'il t'estime tãt;*
*Voy la trouppe des Sœurs, qui se dispose toute*
*A courre auecques toy sur l'Empire flotant.*

*Thetis ne frapera ta nef qu'en la flatant,*
*Tu choisiras les vents, & la celeste voute*
*De tous ses feux ioyeux sur ton chef esclattant,*
*Caressera tes yeux, & guidera ta route.*

*Quelque terre incognuë où tu viendras à bord;*
*Ses vers cognus par tout seront ton passeport:*
*Mais non ne les prends pas auecques toy dans l'onde,*
*Le Soleil qui ne veit iamais rien de si beau*
*Enchanté parmy nous s'amuseroit dans l'eau,*
*Et d'vne longue nuict aueugleroit le monde.*

MAintenant que Phillis est morte,
Et que l'amitié la plus forte,
Dont vn cœur fut iamais atteint,
Est dans le sepulchre auec elle,
Ie croy que l'amour le plus saint
N'a plus pour moy rien de fidele.

Cloris, c'est mentir trop souuent,
Tes propos ne sont que du vent,
Tes regards sont tous pleins de ruzes,
Tu n'as point pour tout d'amitié,
Ie me mocque de tes excuses,
Et t'ayme moins de la moitié.

Ie te voy tousiours en contraincte,
Il te vient tousiours quelque crainte;
Tu ne trouues iamais loisir,
Dy plustost que ie t'importune,
Et que ie te ferois plaisir
De chercher ailleurs ma fortune.

Ne fais plus semblant de m'aymer,
Et quoy qu'il me soit bien amer
Du perdre vne si douce flame:
Si tu n'as point d'amour pour moy,
Ie iure tes yeux & mon ame,
De ne songer iamais à toy.

*Ie t'allois consacrer ma plume,*
*Et te peindre dans vn volume*
*Sur qui les ans ne peuuent rien:*
*Sçache vn peu de la renommee,*
*Comment i'ay sçeu dire du bien*
*D'vne autre que i'auois aymée.*

*Mais cela ne te touche pas,*
*Les vers sont de mauuais appas:*
*Vn roc n'en deuient point passible,*
*Ce sont de foibles hameçons*
*Pour ton naturel insensible,*
*Que luy promettre des chansons.*

*Que veux-tu plus que ie te donne*
*Auiourd'huy que Dieu m'abandonne,*
*Que le Roy ne me veut pas veoir,*
*Que le iour me luit en cholere,*
*Que tout mon bien est mon sçauoir:*
*Dequoy plus te pourrois-ie plaire?*

*Si mon mauuais sort peut changer,*
*Ie iure de te partager*
*Les prosperitez où i'aspire:*
*Et quand le Ciel me feroit Roy,*
*Vn present de tout mon Empire*
*Te feroit preuue de ma foy.*

Mais tu n'as point l'esprit auare,
Et quelque dignité si rare
Qu'vn Dieu mesme te vint offrir,
Quelque tourment qu'il eust dans l'ame,
Tu le laisserois bien souffrir
Auant que soulager sa flame.

Quant à moy las de tant bruster,
Et si pressé de reculer,
I'ay desesperé de la place:
La nature icy vaut bien peu,
Qu'vn front de neige, vn cœur de glace
Puissent tenir contre le feu.

TOn orgueil peut durer au plus deux ou trois ans:
Apres ceste beauté ne sera plus si viue,
Tu verras que ta flame alors sera tardiue,
Et que tu deuiendras l'obiect des mesdisans.

Tu seras le refus de tous les Courtisans;
Les plus sots laisseront ta passion oysiue,
Et tes desirs honteux d'vne amitié lasciue
Tenteront vn valet à force de presens.

Tu chercheras à qui te donner pour maistresse;
On craindra ton abord, on fuira ta caresse:
Vn chascun de par tout te donnera congé,

Tu reuiendras à moy, ie n'en feray nul compte,
Tu pleureras d'amour, ie riray de ta honte:
Lors tu seras punie, & ie seray vengé.

## SONNET.

VOs rigueurs me pressoient d'vne douleur si
forte,
Que si vostre present receu si cherement
Encor vn iour ou deux eust tardé seulement,
Vous n'eussiez obligé qu'vne personne morte.

Iamais esprit ne fut trauaillé de la sorte,
Tout ce que ie faisois aigrissoit mon tourment,
Et pour me secourir i'essayois vainement
Tout ce que la raison aux plus sages apporte:

Enfin ayant baisé dans ce don precieux
La trace de vos mains, & celle de vos yeux,
I'ay repris ma santé plus qu'à demy rauie.
Cloris vous estes bien maistresse de mon sort:
Car ayant eu pouuoir de me donner la vie,
Vous auez bien pouuoir de me donner la mort.

## SONNET.

DEpuis qu'on m'a donné licence d'esperer,
Ie me trouue obligé d'aymer ma seruitude;

*Ie n'accuseray plus Cloris d'ingratitude,*
*Puis qu'elle me permet l'honneur de l'adorer.*

*Ie croy qu'apres cela tout me doit prosperer,*
*Que mon amour sera franc de solicitude,*
*Et que le sort humain n'a point d'inquietude,*
*Dont mes felicitez se puissent alterer.*

*I'espere desormais de viure sans enuie*
*Parmy tous les plaisirs que peut donner la vie:*
*Ie voy mes plus grands maux entieremẽt gueris.*
*Mon ame mocque toy des feux que tu souspires,*
*I'espere des thresors, i'espere des Empires,*
*Et si n'espere rien que de seruir Cloris.*

## SONNET.

*ME dois-ie taire encor Amour, quelle apparence?*
*Iamais esprit ne fut forcé comme le mien:*
*Il faut ou denouër, ou rompre ce lien,*
*Et d'vn dernier effort tanter ma deliurance:*

*Trop de discretion nuit à mon esperance:*
*En fin ie veux sçauoir, ou mon mal, ou mõ bien,*
*Et quiter ce respect qui ne sert plus de rien,*
*Que d'vn sot exercice à ma perseuerance.*

Mon amour ne veut plus seruir si laschement,
Elle ostera bien tost ce foible empeschement,
Rien plus ne me sçauroit obliger à me taire:
Phillis se rit d'vn mal qu'elle me voit celer,
Et me iuge vn enfant qui ne sçauroit rien faire,
Puis que comme vn enfant ie ne sçaurois parler.

AVssi franc d'amour que d'enuie
Ie viuois loing de vos beautez,
Dans les plus douces libertez
Que la raison donne à la vie:
Mais les regards imperieux
Qu'Amour tire de vos beaux yeux,
M'ont bien faict changer de nature.
Ha! que les violents desirs
Que me donna ceste aduanture,
Furent traistres à mes plaisirs.

Le doux esclat de ce visage
Qui paroissoit sans cruauté,
Et des ruses d'vne beauté,
Me sembloit ignorer l'vsage;
Me surprint d'vn si doux malheur,
Et m'affligea d'vne douleur
Si plaisante à ma frenaisie,
Que deslors i'aymay ma prison,
Et deliuray ma fantasie
De l'Empire de ma raison.

Contre ce coup ineuitable,
Qui me mit l'amour dans le ſein,
Ie ne ſçay prendre aucun deſſein,
Ny facile, ny profitable.
Embraſé d'vn feu qui me ſuit
Par tout où le Soloil me luit,
Ie paſſe les monts Pyrenées,
Où les Neiges que l'œil du iour,
Et les foudres ont eſpargnees,
Fondent au feu de mon amour.

Sur ces riuages où Neptune
Fait tant d'eſcume & tant de bruit,
Et ſouuent d'vn vaiſſeau deſtruit
Fait ſacrifice à la Fortune;
I'inuoque les ondes & l'air:
Mais au lieu de me conſoler,
Les flots grondent à mon martyre,
Mes ſouſpirs vont auec le vent,
Et mon pauure eſprit ſe retire
Auſſi triſte qu'auparauant.

Mes langueurs, mes douces furies,
Quel ſort, quel Dieu, quel element
Nous oſtera l'aueuglement
De vos charmantes reſueries?
La froide horreur de ces foreſts,
L'humidité de ces mareſts,

Ceste effroyable solitude,
Dont le Soleil auec des pleurs
Prouoque en vain l'ingratitude,
Que font elles a mes douleurs?

Grands deserts, sablons infertiles,
Où rien que moy n'ose venir,
Combien me deuez-vous tenir
Dans ces campagnes inutiles?
Chauds regards, amoureux baisers,
Que vous estes dans ces deserts
Bien sensibles à ma memoire!
Phillis, que ce bon heur m'est doux,
Et que ie trouue de la gloire
A me ressouuenir de vous!

En fin ie croy que la tempeste
Me permettra d'ouurir mes yeux,
Et que l'inimitié des Cieux
Me laissera leuer la teste:
Apres tous ces maux acheuez,
Les faueurs que vous reseruez
A ma longue perseuerance,
Reprocheront à mon ennuy,
D'auoir creu que mon esperance
Me quitteroit plustost que luy.

Au retour de ce long voyage

*La terre en la faueur de Phillis,*
*D'œillets, de roses, & de lys*
*Semera par tout mon passage:*
*Ces grands pins deuenus plus beaux,*
*Ioignans du faiste les flambeaux*
*Dont la voute du Ciel se pare,*
*Iront aux astres s'enquerir,*
*Si quelque autre bien s'accompare*
*A celuy que ie vay querir.*

*Ce iour sera filé de soye,*
*Le Soleil par tout où i'iray*
*Laissera, quand ie passeray,*
*Des ombrages dessus ma voye.*
*Les Dieux à mon sort complaisans*
*Me combleront de leurs presens,*
*I'auray tout mon soul d'ambrosie;*
*Les Deesses me viendront voir,*
*Au moins si vostre courtoisie*
*Leur veut permettre ce deuoir.*

*Ceste triste nuict acheuee*
*Mon ame quittera le dueil,*
*Si les tenebres du cercueil*
*Ne preuiennent mon arriuee.*
*A l'aise du premier abord,*
*Lors que tous nos destins d'accord*
*Permettront que ie vous reuoye,*

Si ie n'ay pour me secourir
Des remedes contre ma ioye,
Ie dois bien craindre de mourir.

Ie sçay qu'à la faueur premiere
Que vos regards me ietteront,
Mes esprits rauis quitteront
Le doux obiect de la lumiere.
C'est tout vn, i'ayme bien mon sort:
Car les cruautez de la mort
N'ont point de si cruelle gene,
Que des Roys ne voulussent bien
Se trouuer en la mesme peine,
Pour vn mesme honneur que le mien.

Cloris, ma franchise est perduë,
Mais quand pour guerir mon ennuy
Quelque Dieu me l'auroit renduë,
Mon ame se plaindroit de luy.
Toute la force, & l'industrie
Que i'opposois à la furie
De mes trauaux trop rigoureux,
A fait des efforts inutiles:
Car mes sentimens indociles
En deuiennent plus amoureux.

Ce qui peut finir ma souffrance,
Et recommencer mon plaisir,

S'esloigne de mon esperance
Aussi bien que de mon desir.
Les destins, & le Ciel luy-mesme,
Qui recognoissent comme i'ayme,
Au seul obiect de mes douleurs,
Ne me presentent point leur ayde,
Car ils sçauent que tout remede
Est plus foible que mes langueurs.

Ie cognois bien que l'œil d'vn Ange
Que le Ciel ne gouuerne pas,
Et qui tient à peu de loüange,
Qu'Amour brusle de ses appas;
S'il veut vn iour à ma priere
Ietter l'esclat de sa lumiere,
A l'aduantage de mes vœux,
Faire naistre au sort qui merit
Plus de bien que ie ne merite,
Et plus d'honneur que ie ne veux.

Tandis que ma flame, ou ma rage
Attendoit apres sa beauté,
Vn faux & criminel ombrage
Embarrasse sa volonté.
Ce feint honneur, ceste fumee
Vient estonner sa renommee
De l'impudence des mortels:
Cloris perdez ceste foiblesse,

*Si vous ne viuez en Deesse,*
*Dequoy vous seruent mes Autels?*

*Le plus audacieux courage*
*Deuant vous ne fait que trembler;*
*Qui void vostre diuin visage*
*N'est plus capable de parler.*
*Vos yeux gouuernent les pensees*
*Des ames les plus insensees,*
*Et les bornent de toutes parts:*
*Et la plus aigre mesdisance*
*N'est qu'honneur, & que complaisanc[e]*
*Aux attraits de vos doux regards.*

*Moy qui suis deuenu perfide*
*Contre les Dieux que i'adorois,*
*Et dont l'ame n'a plus de guide,*
*Sinon l'Empire de vos loix;*
*Ie vous croy parfaicte & diuine,*
*Et mon iugement imagine*
*Que les faits les plus odieux,*
*Lors que vous leur donnez licence,*
*Sont plus iustes que l'innocence,*
*Et que la saincteté des Dieux.*

*Mais quand des ames indiscrettes*
*S'amuseroient à discourir*
*De nos flammes les plus secrettes,*

*Elles ne doiuent pas mourir.*
*O Dieux qui fistes les abysmes*
*Pour la punition des crimes,*
*Ie renonce à vostre pitié,*
*Et vous appelle à mon supplice,*
*Si iamais mon ame est complice*
*De la fin de nostre amitié.*

*Chere Cloris ie vous coniure*
*Par les nœuds dont vous m'arrestez,*
*Ne vous troublez point de l'iniure*
*Des faux bruits que vous redoutez:*
*Comme vous i'en ay des atteintes,*
*Et mille violentes craintes*
*Me persecutent nuict & iour;*
*Ie croy que les Dieux & les hommes*
*Dedans le climat où nous sommes*
*Ne parlent que de nostre amour.*

*Ie suis plus craintif que vous n'estes,*
*Et crains que les destins ialoux*
*Ne donnent vn langage aux bestes,*
*Pour leur faire parler de nous.*
*Vne ombre, vn rocher, vn zephire,*
*Parlent tout haut de mon martyre:*
*Et quand les foudres murmurans*
*Menacent le peché du monde;*
*Ie croy que le tonnerre gronde*

*Du seruice que ie vous rends.*

*Mais quoy que le Ciel & la terre*
*Troublassent nos contentemens,*
*Et nous fissent souffrir la guerre*
*Des astres & des elemens;*
*Il faut rire de leurs malices,*
*Et dans vn fleuue de delices*
*Noyer les soings iniurieux,*
*Qui priuent nos ieunes annees*
*Des douceurs, que les destinees*
*Ne permeetent iamais aux vieux.*

## SONNET.

*L'Autre iour inspiré d'vne diuine flame*
*I'entray dedans vn temple, où tout religieux,*
*Examinant de pres mes actes vicieux,*
*Vn repentir profond faict souspirer mon ame.*

*Tandis qu'à mon secours tous les Dieux ie reclame,*
*Ie voy venir Pillis: quand i'apperceus ses yeux,*
*Ie m'escriay tout haut: Ce sont icy mes Dieux,*

Ce temple & cet autel appartient à ma Dame.

Les Dieux iniuriez de ce crime d'Amour
Conspirent par vengeance à me rauir le iour:
Mais que sans plus tarder leur flame me confonde.

O mort, quand tu voudras ie suis prest à partir;
Car ie suis asseuré que ie mourray martyr,
Pour auoir adoré le plus bel œil du monde.

## SONNET.

SI quelquesfois Amour permet que ie respire,
Et que pour vn moment i'escoute ma raison,
Mon esprit aussi tost pense à ma guarison,
Et me veut affranchir de ce fascheux Empire.

Il est vray que mon mal ne peut deuenir pire,
Qu'vn esclaue seroit honteux de ma prison,
Et que les plus damnez à ma comparaison
Trouueroient iustement des matieres pour rire.

Cloris d'vn œil riant, & d'vn cœur sans remords,

Me tient dãs des tourmẽs pires que mille morts,
Sans espoir que iamais sa cruauté s'amende.

Helas ! apres auoir à mes douleurs songé,
Ie voudrois me resoudre à demander congé :
Mais i'ay peur d'obtenir le don que ie demande.

S'Il est vray Cloris que tu m'aymes,
Mais i'entens que tu m'aymes bien,
Ie ne croy point que les Roys mesmes
Ayent vn heur comme le mien.
Que la mort seroit importune,
De venir changer ma fortune
A la felicité des Dieux ;
Tout ce qu'on dit de l'ambrosie,
Ne touche point ma fantaisie,
Au prix des graces de tes yeux.

Sur mon ame il m'est impossible
De passer vn iour sans te voir,
Qu'auec vn tourment plus sensible
Qu'vn damné n'en sçauroit auoir.
Le sort qui menace ma vie,
Quand les cruautez de l'enuie
Me firent esloigner du Roy,
M'exposant à tes yeux en proye,
Me donna beaucoup plus de ioye
Qu'il ne m'auoit donné d'effroy.

Que ie me pleus dans ma misere !
Que i'aymay mon bannissement !
Mes ennemis ne valent guere
De me traicter si doucement.
Cloris, prions que leur malice
Fasse bien durer mon supplice ;
Ie ne veux point partir d'icy,
Quoy que mon innocence endure,
Pourueu que ton amour me dure,
Que mon exil me dure aussi.

Ie iure l'Amour & sa flame,
Que les doux regards de Cloris
Me font desia trembler dans l'ame,
Quand on me parle de Paris :
Insensé ie commence à craindre,
Que mon Prince me va contraindre
A souffrir que ie sois remis.
Vous qui le mistes en cholere,
Si vous l'empeschez de le faire
Vous n'estes plus mes ennemys.

Toy qui si viuement pourchasses
Les remedes de mon retour,
Prens bien garde quoy que tu fasses,
De ne point fascher mon amour.
Arreste vn peu, rien ne me presse,
Ton soin vaut moins que ta paresse,

Me bien seruir c'est m'affliger:
Ie ne crains que ta diligence,
Et prepare de la vengeance
A qui tasche de m'obliger.

Il te semble que c'est vn songe
D'entendre que ie m'ayme icy,
Et que le chagrin qui me ronge
Vienne d'vn amoureux soucy:
Tu penses que ie ne respire
Que de sçauoir où va l'Empire,
Que deuient ce peuple mutin;
Et quand Rome se doit resoudre,
A faire partir vne foudre
Qui consomme le Palatin.

Toutes ces guerres insensees
Ie les trouue fort à propos;
Ce ne sont point là les pensees
Qui s'opposent à mon repos,
Quelques maux qu'apportent les armes,
Vn amant verse peu de larmes
Pour flechir le courroux diuin;
Pourueu que Cloris m'accompagne,
Il me chaut peu que l'Allemagne
Se noye de sang ou de vin.

Et combien qu'vn appas funeste

*Me traine aux pompes de la Cour,*
*Et que tu sçais bien qu'il me reste*
*Vn soin d'y retourner vn iour:*
*Quoy que la fortune appaisee*
*Se rendist à mes vœux aisee,*
*Auiourd'huy ie ne pense pas*
*Soit il le Roy qui me rappelle,*
*Que ie puisse m'esloigner d'elle*
*Sans trouuer la mort sur mes pas.*

*Mon esprit est forcé de suiure*
*L'aymant de son diuin pouuoir,*
*Et tout ce que i'appelle viure,*
*C'est de luy parler, & la voir.*
*Quand Cloris me faict bon visage*
*Les tempestes sont sans nuage,*
*L'air le plus orageux est beau;*
*Ie ris quand le tonnerre gronde,*
*Et ne croy point que tout le monde*
*Soit capable de mon tombeau.*

*La felicité la plus rare*
*Qui flatte mon affection,*
*C'est que Cloris n'est point auare*
*De caresse & de passion.*
*Le bonheur nous tourne en coustume,*
*Nos plaisirs sont sans amertume,*
*Nous n'auons ny courroux ny fard;*

*Nos trames sont toutes de soye,*
*Et la Parque apres tant de ioye*
*Ne les peut acheuer que tard.*

*Esloigné de vos yeux où i'ay laissé mon ame,*
*Ie n'ay de sentiment que celuy du malheur,*
*Et sans vn peu d'espoir qui luit parmy ma flame,*
*Mon trespas eust esté ma derniere douleur.*

*Pleust au Ciel qu'auiourd'huy la terre eust quitté l'onde,*
*Que les raiz du Soleil fussent absens des Cieux,*
*Que tous les elemens eussent quitté le monde,*
*Et que ie n'eusse point abandonné vos yeux.*

*Vn arbre que le vent emporte à ses racines,*
*Vne ville qui voit desmolir son rempart,*
*Le faiste d'vne tour qui tombe en ses ruines,*
*N'ont rien de comparable à ce sanglant despart.*

*Depuis vostre demon ne sert plus que de nombre,*
*Mes sens de ma douleur s'en vont desia rauis;*
*Ie ne suis plus viuant, & passerois pour ombre,*
*Sinon que mes souspirs descouurent que ie vis.*

Mon ame est dans les fers, mon sang est
dans la flame,
Iamais malheur ne fut à mon malheur esgal;
I'ay des vautours au sein, i'ay des serpens dans
l'ame,
Et vos traičts qui me font encore plus de mal.

Errant depuis deux mois de Prouince en
Prouince,
Ie traine auecques moy la Fortune & l'Amour;
L'vn oblige mes pas à courtiser mon Prince,
L'autre oblige mes sens à vous faire la cour.

Des plus rares beautez en ce fascheux voyage,
Où iadis pour aymer les Dieux fussent allez,
M'ont assez prodigué les traits de leur visage:
Mais ce n'estoit qu'horreur à mes yeux desolez.

Par tout où loing de toy la fortune me traine,
Ie iure par tes yeux que tout mon entretien
N'est que d'entretenir ma vagabonde peine,
Et qu'il me souuient moins de mon nom que
du tien.

En ma condition d'où mille soins ne partent,
L'entendemẽt me laisse, & tout conseil me fuit:
Tous autres pensemens de mon ame s'escartent
Au souuenir du tien qui sans cesse me suit.

Que

Que ta fidelité se forme à mon exemple ;
Fuy comme moy la presse, hay cõme moy la Cour:
Ne frequente iamais bal, promenoir, ny temple,
Et que nos deitez ne soyent rien que l'Amour.

Tout seul dedans ma chambre où i'ay faict ton Eglise,
Ton image est mon Dieu, mes paßions ma foy:
Si pour me diuertir Amour veut que ie lise,
Ce sont vers que luy mesme a composé pour moy.

Dans le trouble importun des soucis de la guerre
Chacun me voit chagrin: car il semble à me voir
Que ie fais des proiects pour conquerir la terre,
Et mes plus hauts desseins ne sont que de t'auoir.

I'Ay trop d'honneur d'estre amoureux,
Et voy bien que les plus heureux
Ont droict de me porter enuie:
Mais quoy que menasse le sort,
Ie puis bien deffier la mort,
Puis que vous possedez ma vie.

Les plus deuotieux mortels,
Rendant leur seruice aux Autels
Qu'on dresse aux deitez supremes,
Ne font brusler que de l'encens,
Et pour vous adorer, ie sens

Que ie me ſuis bruſlé moy-meſme.

Les Roys ont de diuers honneurs,
Leurs eſclaues ſont des ſeigneurs,
Les elemens ſont leur partage,
Toute la terre eſt leur maiſon;
Moy ie n'ay rien qu'vne priſon:
Mais ie l'eſtime dauantage.

QVand tu me vois baiſer tes bras;
Que tu poſes nuds ſur tes draps,
Bien plus blancs que le linge meſme:
Quand tu ſens ma bruſlante main
Se pourmener deſſus ton ſein,
Tu ſens bien Cloris que ie t'ayme.

Comme vn deuot deuers les cieux
Mes yeux tournez deuers tes yeux,
A genoux aupres de ta couche,
Preſſé de mille ardans deſirs,
Ie laiſſe ſans ouurir ma bouche
Auec toy dormir mes plaiſirs.

Le ſommeil aiſe de t'auoir
Empeſche tes yeux de me voir,
Et te retient dans ſon Empire
Auec ſi peu de liberté,

Que ton esprit tout arresté
Ne murmure ny ne respire.

La rose en rendant son odeur,
Le Soleil donnant son ardeur,
Diane & le char qui la traine,
Vne Naiade dedans l'eau.
Et les Graces dans vn tableau,
Font plus de bruict que ton haleine

Là ie souspire aupres de toy,
Et considerant comme quoy
Ton œil si doucement repose,
Ie m'escrie : ô Ciel ! peux tu bien
Tirer d'vne si belle chose
Vn si cruel mal que le mien ?

IE iure le iour qui me luit,
Et la froide horreur de la nuict
Où la tristesse me conuie,
Que le temps de mon amitié
Doit plus durer de la moitié,
Que ne faict celuy de ma vie.

Apres que mon suprême iour
M'aura porté dans le seiour
Des ames mieux fauorisees,
Mon amour versera des pleurs,

Qui feront naiſtre mille fleurs
Dans les campagnes Elizees.

Ce doux & ce poignant ſoucy,
Le meſme qui me touche icy,
Reuiura dans mon ame morte,
Et les eſprits qui me verront,
Approchant mon feu iureront
Qu'ils n'en ont point veu de la ſorte.

Apres moy d'vn appas flatteur
Quelque infidelle ſeruiteur
Surprendra tes deſirs nouices,
Et tu n'as point aſſez de foy,
Pour permettre que mes ſeruices
Te faſſent ſouuenir de moy.

Ie te coniure par tes yeux;
Que i'ayme, & que i'honore mieux;
Ny que le Ciel, ny que la terre,
Toſt ou tard de t'en repentir:
Car le Ciel te feroit ſentir
Quelque pointe de ſon tonnerre.

LA frayeur de la mort eſbranle le plus ferme:
Il eſt bien malaiſé
Que dans le deſeſpoir, & proche de ſon terme
L'eſprit ſoit appaiſé.

*L'ame la plus robuste, & la mieux preparee*
*Aux accidens du sort,*
*Voyant aupres de soy sa fin toute asseuree,*
*Elle s'estonne fort.*
*Le criminel pressé de la mortelle crainte*
*D'vn supplice douteux,*
*Encore auec espoir endure la contrainte*
*De ses liens honteux.*
*Mais quand l'arrest sanglant a resolu sa peine,*
*Et qu'il void le bourreau,*
*Dont l'impiteuse main luy destache vne chaine,*
*Et luy met vn cordeau;*
*Il n'a goutte de sang qui ne soit lors glacee,*
*Son ame est dans les fers;*
*L'image du gibet luy monte à la pensee,*
*Et l'effroy des enfers.*
*L'imagination de cet obiect funeste*
*Luy trouble la raison,*
*Et sans qu'il ayt du mal, il a pis que la peste,*
*Et pis que le poison.*
*Il iette malgré luy les siens dans sa destresse,*
*Et traine en son malheur*
*Des gens indifferens, qu'il voit parmy la presse*
*Pasles de sa douleur.*
*Par tout dedans la Greue il voit fendre la terre;*
*La Seine est l'Acheron,*
*Chaque rayon du iour est vn traict de tonnerre,*
*Et chaque homme Charon.*

La consolation que le prescheur apporte
Ne luy fait point de bien:
Car le pauure se croit vne personne morte,
Et n'escoute plus rien.
Les sens sont retirez, il n'a plus son visage;
Et dans ce changement
Ce seroit estre fol, de conseruer l'vsage
D'vn peu de iugement.
La nature, de peine & d'horreur abbatuë,
Quitte ce malheureux:
Il meurt de mille morts, & le coup qui le tuë
Est le moins rigoureux.

## SONNET.

QVelque si doux espoir où ma raison s'appuye,
Vn mal si descouuert ne se sçauroit cacher;
I'emporte malheureux, quelque part où ie fuye,
Vn trait qu'aucun secours ne me peut arracher.

Ie viens dans vn desert mes larmes espancher,
Où la terre languit, où le Soleil s'ennuye,
Et d'vn torrent de pleurs qu'on ne peut estancher
Couure l'air de vapeurs, & la terre de pluye.

*Parmi ces tristes lieux trainãt mes longs regrets,*
*Ie me promene seul dans l'horreur des forests,*
*Où le funeste orfraye, & le hibou se perchent,*
*Là le seul reconfort qui peut m'entretenir,*
*C'est de ne craindre point que les viuans me cherchent,*
*Où le flambeau du iour n'osa iamais venir.*

## SONNET.

*IE passe mon exil parmy de tristes lieux,*
*Où rien de plus courtois qu'vn loup ne m'auoisine,*
*Où des arbres puants formillent d'Escurieux,*
*Où tout le reuenu n'est qu'vn peu de resine.*

*Où les maisons n'ont rien plus froid que la cuisine,*
*Où le plus fortuné craint de deuenir vieux.*
*Où la sterilité faict mourir la lesine,*
*Où tous les Elemens sont mal voulus des Cieux.*

*Où le Soleil contrainct de plaire aux destinees,*
*Pour estendre mes maux alonge ses iournees,*
*Et me faict plus durer le temps de la moitié:*
*Mais il peut bien changer le cours de sa lumiere,*
*Puis que le Roy perdant sa bonté coustumiere*
*A destourné pour moy le cours de sa pitié.*

## SONNET.

Courtisans qui passez vos iours dans les delices,
Qui n'esloignez iamais la demeure des Roys,
Qui ne sçauez que c'est de la rigueur des loix,
Vous seuls à qui le Ciel a caché ses malices:
Si vous trouuez mauuais qu'au fort de mes supplices,
Les souspirs & les pleurs m'échappẽt quelquesfois
Parlez à ces rochers, venez dedans ces bois,
Qui de mon desespoir vont estre les complices.

Vous verrez que mes maux sont sans cõparaisõ,
Et que i'inuoque en vain le temps, & la raison
Aux tourmens infinis que le destin m'ordonne:
Ie sens de tous costez mon espoir assailli;
Pourquoy veux-ie esperer aussi qu'on me pardõne?
On ne pardonne point à qui n'a point failly.

## SONNET.

Esprits qui cognoissez le cours de la nature,
Vous seuls à qui le Ciel apprend sa volonté,
Et dont les sentimens trouuent de la clarté
Dans la plus noire nuict d'vne chose future.

*Celestes, qui voyez mon ame à la torture,*
*Qui sçauez le dedale où le sort m'a ietté;*
*Quand est-ce que ie dois r'auoir ma liberté?*
*Dictes moy qui de vous entend mon aduanture;*

*Ange qui que tu sois, vueille songer à moy:*
*Et lors que tu seras de garde aupres du Roy,*
*De qui le cœur deuot est tousiours en priere,*
*Arreste moy le cours de son inimitié,*
*Et dis luy que s'il veut exercer sa pitié,*
*Il n'en trouua iamais de si belle matiere.*

## SONNET.

*Vous dont l'ame diuine aspire aux choses sainctes,*
*Et que le Ciel a fait l'obiect de son amour;*
*Verserez vous des pleurs, & ferez vous des plainctes,*
*Quand pour l'amour de Dieu vous laisserez le iour?*
*Les coulpables esprits ont tousiours mille craintes*
*Lors qu'il leur faut quitter ce vicieux seiour,*
*Et leurs yeux criminels auecques des côtrainctes*
*Approchent de l'esclat de la celeste Cour.*
*Mais vostre espoux, qui sceut parfaictement bien viure,*

S'est pleu dãs les assauts que le trespas nous liure:
Il est dedans le Ciel, où vous irez aussi,
Il est où vos pensers incessamment seiournent:
Pourquoy donc voulez vous que ses esprits retournent?
Ils sont plus auec vous que s'ils estoient icy.

Donne vn peu de relasche au dueil qui t'a surpris,
Ne t'oppose iamais aux droits de la nature,
Et pour l'amour d'vn corps ne mets point tes esprits
Dedans la sepulture.

La mort dãs tes regrets à toy se presentãt,
Te faict voir qu'elle n'est qu'horreur, & que misere
Pourquoy donc tasches tu qu'elle t'en fasse autãt
Qu'elle a fait à ton Pere?

Quoy que l'affliction te fasse discourir,
Tes beaux iours ne sõt point en estat de le suiure;
Comme c'estoit à luy la saison de mourir,
C'est la tienne de viure.

Il estoit las d'honneur, de fortune, de iours;
Tes ieunes ans ne font que commencer la vie,
Et si tu vas si tost en acheuer le cours,
Que deuiendra Liuie?

*Remets pour l'amour d'elle encore ses appas,*
*Qui s'en vont effacez dans ton visage sombre;*
*Et qu'vn si long chagrin ne te maltraicte pas*
*Pour contenter vne ombre.*

*Il est vray qu'vn tel mal est fascheux à guerir;*
*Et de quelque vigueur que ton esprit puisse estre*
*Il te faut souspirer, lors que tu vois perir*
*Celuy qui t'a fait naistre.*

*Encore ses vertus touchoient ton amitié*
*Au delà du deuoir où la nature oblige,*
*Si bien que la raison approuue la pitié*
*Pour l'ennuy qui t'afflige.*

*Ses conseils sçauoient rendre vn Roy victorieux,*
*Son renom honoroit & la paix & la guerre;*
*Et ie croy que l'enuie est cause que les Cieux*
*L'ont osté de la terre.*

*Mais aussi quel climat n'en a du desplaisir?*
*L'Europe à son suiect se plaint contre les Parques,*
*Autant que si leurs lacs estoient venus saisir*
*Quelqu'vn de ses Monarques.*

Ie voy comme le Ciel pour soulager ton dueil
Veut que tout l'vniuers à tes souspirs responde,
Et pour t'en exempter, ordonne à son cercueil
Les pleurs de tout le monde,

Toutesfois tous ces cris sont des soings superflus,
Nos plaintes dans les airs sont vainement poussees;
Vn homme enseuely ne considere plus
Nos yeux ny nos pensees.

Sçachãt qu'il a rẽdu ce qu'on doit aux Autels,
Tu dois estre asseuré de sa beatitude,
Ou ton Esprit troublé croit que les Immortels
Sont pleins d'ingratitude.

Tes importuns regrets se rendront criminels,
Ton Pere en son repos ne trouuera que peine;
Puis qu'il sẽble estre admis aux plaisirs eternels
Pour te mettre à la gene.

Le mal deuient plus grand lors que nous l'irritons:
Reuiens dans les plaisirs que la ieunesse apporte;
C'est vn grand bien de voir fleurir les reiettons
Lors que la souche est morte.

*Vn hōme de bō ſens ſe mocque des malheurs,*
*Il plaint eſgallement ſa ſeruante & ſa fille;*
*Iob ne verſa iamais vne goutte de pleurs*
*Pour toute ſa famille.*

*Apres t'eſtre affligé penſe à te reſiouyr;*
*Qui t'a faict la douleur t'a laiſſé les remedes:*
*Il ne te reſte plus que de ſçauoir iouyr*
*Des biens que tu poſſedes.*

*Arreſte donc ces pleurs vainement reſpādus,*
*Laiſſe en paix ce deſtin que tes douleurs deteſtēt,*
*Il faut apres ces biens que nous auons perdus*
*Sçauoir ceux qui nous reſtent.*

## AV ROY.

*CHer obiect des yeux & des cœurs,*
*Grand Roy dont les exploits vainqueurs*
*N'ont rien que de doux & d'auguſte,*
*Vſez moins de voſtre amitié,*
*Vous perdrez ce titre de Iuſte*
*Si vous vſez trop de pitié.*

*Quand vn Roy par tant de proiects,*
*Voit dans l'ame de ſes ſuiects*
*Son authorité diſſipee;*
*Quoy que raiſonne le conſeil,*

*Ie pense que les coups d'espee*
*Sont vn salutaire appareil.*

*L'honneur d'vn iuste Potentat,*
*Est de faire qu'en son estat*
*La paix ayt des racines fermes:*
*Par là se doit-il maintenir,*
*Et demeurer tousiours aux termes*
*De pardonner & de punir.*

*Contre ces esprits insensez,*
*Qui se tiennent interessez*
*En la calamitié publique,*
*Selon la loy que nous tenons,*
*Il ne faut point qu'vn Roy s'explique*
*Que par la bouche des canons.*

*Les forts brauent les impuissans,*
*Les vaincus sont obeissans,*
*La iustice estouffe la rage:*
*Il les faut rompre sous le faix;*
*Le tonnerre finit l'orage,*
*Et la guerre apporte la paix.*

*Henry, destourne icy tes yeux,*
*Et regardant ces tristes lieux,*
*Consacrez à ta sepulture,*
*Considere comme ton cœur*

*Se lasche, & contre sa nature*
*Reçoit vn ennemy vainqueur.*

*Nous croyons que ces reuoltez*
*A nostre abord espouuantez*
*Se defendront mal à la breche:*
*Et qui fera comparaison*
*De vingt canons contre vne fleche,*
*Dira que nous auons raison.*

# ODE.

*VN corbeau deuant moy croasse,*
*Vne ombre offusque mes regards*
*Deux bellettes, & deux renards,*
*Trauersent l'endroit où ie passe:*
*Les pieds faillent à mon cheual,*
*Mon laquay tombe du haut mal,*
*I'entends craqueter le tonnerre,*
*Vn esprit se presente à moy,*
*I'oy Charon qui m'apelle à soy,*
*Ie voy le centre de la terre.*

*Ce ruisseau remonte en sa source,*
*Vn bœuf grauit sur vn clocher,*

Le sang coule de ce rocher,
Vn aspic s'accouple d'une ourse.
Sur le haut d'vne vieille tour
Vn serpent deschire vn vautour,
Le feu brusle dedans la glace,
Le Soleil est deuenu noir,
Ie voy la Lune qui va cheoir,
Cest arbre est sorty de sa place.

LA paix trop long temps desolee
Reuient aux pompes de la Cour,
Et retire du Mausolee
Les ieux, les dances, & l'amour,
Au seul esclat de nos espees
Les tempestes sont dissipees,
Tous nos bruicts sont enseuelis,
Mon Prince a faict cesser la guerre,
Et la grace a rendu la terre
Pleine de palmes & de lys.

Nostre estat d'vn triste visage
Desesperé de son salut,
Sans le Roy ne trouuoit l'vsage
D'aucun remede qui valut.
Grand Roy que vos vertus sont grandes,
Et bien dignes de nos offrandes!
Que nos trauaux ont eu de fruict!

Toute la terre en est semee,
Et la voix de la renommee
N'en sçauroit faire assez de bruict.

Et bien races desnaturees,
Qu'auez-vous plus à murmurer?
Les fureurs se sont retirees,
Le desordre n'a peu durer:
Vos estendars sont nostre proye,
Vos flammes sont nos feux de ioye,
Le Roy triomphe du mal-heur,
Et iamais on n'a veu Monarque
Qui grauast de meilleure marque
Son iugement, ny sa valeur.

La trahison confuse & blesme
Ne sçait plus sur quoy rauager;
Le Roy a mis tout ce qu'il aime
Loing de la honte & du danger.
Il a reprimé la licence
Dont on pressoit son innocence,
Et ses desseins laborieux,
Qui ne vont point à l'aduanture,
Ont fait voir que sa creature
Estoit aussi celle des Dieux.

Dans nos victorieuses armes,
Si la clemence l'eust permis,

Et plus de ſang, & plus de larmes
Euſſent marqué ſes ennemis.
Et dirois bien à quels ſupplices
S'attendoient leurs noires malices :
Mais il eſt las de les punir,
Il eſt honteux de leur diffame,
Et ſeroit faſché que ſon ame
En euſt gardé le ſouuenir.

Il ſuffit que la paix eſt ferme,
Que ces eſprits audacieux
Ont en fin acheué le terme
De leurs complots ſeditieux :
Il ſuffit que rien n'importune
Ny ſa vertu, ny ſa fortune,
Que le Ciel rit à ſon plaiſir,
Que ſa gloire a laſſé l'enuie,
Et que ſa grandeur aſſouuie
Ne trouue ny but, ny deſir.

Traiſtres outils de nos folies,
Inſtrumens de flamme & de fer,
Que vos races enſeuelies
Se recachent dedans l'enfer :
Auſſi bien nos Dieux tutelaires,
Dont ces reuoltes ordinaires
Ont armé nos mains tant de fois,
Iurent que le premier rebelle

*Sera la victime eternelle*
*De l'iniure de tous nos Roys.*

*Esperer encore des graces,*
*Et croire en de pareils forfaits,*
*Que vous, ny vos futures races*
*Puissiez iamais trouuer de paix;*
*C'est doubter que vos felonnies*
*Ne soient proches d'estre punies;*
*C'est ne sçauoir point de prison,*
*S'imaginer qu'vn a deux testes,*
*Que le ciel n'a point de tempestes,*
*Ou qu'il ayme la trahison.*

*Mais ie faux en mes deffiences,*
*Nostre mal vous a fait patir,*
*Et ie croy que vos consciences*
*L'ont fait auec du repentir.*
*Auriez vous bien la barbarie*
*De confesser que la furie*
*Vous ait fait venir sans remors*
*Au trauers du fer & des flammes,*
*Où tant de genereuses ames*
*Ont accreu le nombre des morts?*

*Ie dis de quel sanglant orage*
*L'enfer se desborda sur nous,*
*Et voulus mal à mon courage*

De m'auoir fait venir aux coups.
La campagne estoit allumee,
L'air gros de bruict & de fumee,
Le Ciel confus de nos debats,
Le iour triste de nostre gloire,
Et le sang fit rougir la Loire
De la honte de vos combats.

C'est assez fait de funerailles,
On void vn assez grand tableau
De cheuaux, d'hommes, de murailles,
Que la flamme a ietté dans l'eau.
C'est assez, le Ciel s'en irrite;
Et de quelque si grand merite
Dont l'honneur flatte nos exploits,
Il n'est rien de tel que de viure,
Soubs vn Roy tranquille, & de suiure
La saincte majesté des loix.

DAns ce temple, où ma passion
Me mit dedans le cœur les beautez de Madame,
Ie bannissois l'Amour, encore que sa flamme
Destournast ma deuotion.

Au lieu de penser à nos Dieux,
I'adorois vous voyant l'image de Diane,
Et m'estimois heureux de deuenir profane,

En me consacrant à vos yeux.

Ce fut auec de mesmes traits
Que la mere d'Amour perça le cœur d'Anchise :
Suis-ie pas glorieux de donner ma franchise
A la mercy de ses attraits ?

A ce premier rauissement
Mon ame triompha de se sentir blessee,
Et l'Autel m'eust desplein d'oster à ma pensee
L'entretien d'vn si doux tourment.

Me deust le Ciel faire perir,
Ie mesure ma peine auecques mes annees,
Et l'amour se fait fort d'oster aux destinees
La puissance de me guerir.

Au poinct que ceste ardeur m'a mis,
Mon superbe bon-heur se mocque de l'enuie,
Et quelque mal qui vienne à menacer ma vie,
Ie me ris de mes ennemis.

Tout ce monde de poursuiuans
Me font perseuerer auecques plus de ioye,
Ce renommé Iason n'eust iamais eu sa proye
S'il eust craint la mer ny les vens.

*Soubs l'auſpice de voſtre loy*
*Il n'eſt point de grandeur que mon eſprit ne braue,*
*Et le meſme accident qui me fait eſtre eſclaue,*
*Il me ſemble qu'il m'a fait Roy.*

# AV ROY.

LE dessein que i'auois de saluër le Roy,
Et de luy faire vn don de mes vers & de moy,
D'vne vieille coustume aux presens ordonnee,
Attendoit que le temps recommençast l'annee:
Mais mon iuste deuoir ne s'est peu retenir,
Ie trouue que ce iour est trop long à venir,
Et ce n'est point icy le temps, ny la coustume,
A qui ie donne loy de gouuerner ma plume:
Quelque iour de l'annee où ie respire l'air,
C'est de ce fils des Dieux de qui ie dois parler,
Mon ame en adorant à cest obiect s'arreste,
Et mon esprit en fait mon trauail & ma feste.
Tout ce que la nature a de rare & de beau,
Ce qui vit au Soleil, qui dort dans le tombeau,
Tout ce que peut le ciel pour obliger la terre,
Les plaisirs de la paix, les vertus de la guerre,

*Les roſes, les rochers, les ombres, les ruiſſeaux,*
*Le murmure des vẽts, & le bruict des oyſeaux,*
*Le veſtement d'Iris, & le teint de l'Aurore,*
*Les attraits de Venus, ny les douceurs de Flore:*
*Tout ce que tous les Dieux ont de cher & de doux,*
*Grãd Prince, ne peut point ſe cõparer à vous:*
*Ceſar aupres de vous perd ce renom d'Auguſte,*
*Mars celuy de Vaillant, Themis celuy de Iuſte:*
*La vertu n'eut iamais des mouuemẽs ſi ſaincts*
*Qu'elle en a rencontré dans vos heureux deſſains:*
*C'eſt par où dans nos cœurs ſon amitié s'imprime.*
*C'eſt pour l'amour de vous que nous quittons le crime:*
*L'exemple de vos mœurs force plus que la loy,*
*Et voſtre ſaincte vie authoriſe la foy.*
*Lors que ces grands deſſeins, à qui l'Europe entiere,*
*Pour vn mois d'exercice eſtoit peu de matiere,*
*Furẽt mis au tombeau du plus vaillant Heros,*
*Dont le ſein de la terre ait iamais eu les os:*
*La vertu s'en alloit, mais vous l'auez ſuiuie,*
*Et retenant de luy la couronne & la vie,*
*Il vous pleut d'arreſter auecques vous auſſi*
*Les belles qualitez qui l'honoroient icy:*

*Ie croyois l'Vniuers perdu dans ceste perte,*
*Que la terre apres luy demeureroit deserte,*
*Que l'air seroit tousiours de tempeste allumé,*
*Que le ciel dans l'enfer se verroit abismé,*
*Et que les elemens sans ordre & sans lumiere,*
*Reuiendroient en l'horreur de la masse premiere:*
*Sa gloire alloit du pair auec les immortels,*
*Et pour luy n[illegible]os cœurs n'estoient que des autels:*
*Tous les peuples Chrestiens l'auoient fait leur arbitre,*
*Iamais autre que luy ne posseda ce tiltre:*
*Sa vertu luy gaigna tous ces noms glorieux,*
*Que nostre fantaisie accorde aux demy-Dieux,*
*Les plus grands Roys trouuoient du merite à luy plaire,*
*Tout aymoit sa faueur, tout craignoit sa cholere.*
*Ainsi que ce Soleil penchant vers le tombeau,*
*Iettoit sur l'Vniuers l'œil plus grand & plus beau,*
*Sa valeur trop long tẽps honteusement oysiue,*
*Meditoit d'arracher son myrthe & son oliue:*
*Le bruict de ses desseins par l'Europe voloit,*
*Chacun de ses proiects differemment parloit,*
*Tous les Roys ses voisins pendoient sur la balance,*

Esgallement douteux où fondroit sa vaillance:
Son courage rioit, de voir que la terreur
Se mesloit parmy tous dãs leur confuse erreur:
Son biẽ s'alloit borner de la terre & de l'onde,
Et sans vous c'eust esté le plus grand Roy du monde:
Que sans vous son trespas eust causé de malheurs!
Qu'il nous eust fait verser, & de sang, & de pleurs!
Mais grace au Roy des Cieux, tout preuoyant & sage,
Dont vous estes icy la plus parfaicte Image,
Nous sommes consolez, & le mesme cercueil,
Qui renferma ses os, renferma nostre dueil:
Les arts, & les plaisirs, les autels, & les armes,
Ont presque du regret d'auoir ietté des larmes,
Quel de tous les plus grands, & des plus braues Roys
Asseure mieux que vous l'authorité des loix?
Vostre Empire nous sçait si doucement contraindre,
Que les plus libertins ont plaisir à vous craindre:
L'ame la plus sauuage a pour vous de l'amour,

Quel si grand Roy n'est point ialoux de vostre
Cour?
Et les Dieux contemplans vostre adorable vie,
Si vous n'estiez leur fils vous porteroiẽt enuie:
Le Soleil est rauy quand son œil vous reluit,
Et ne voudroit iamais de repos ny de nuict:
Ses rayons n'ayment point à chasser le nuage,
Que pour n'estre empeschez de vous voir au
visage;
C'est pour l'amour de vous qu'il bastist ses
maisons,
Qu'il rompist le chaos, qu'il changea les saisons,
Qu'il nous fit discerner le ciel d'auecques l'onde,
Et mit le grand esclat de la lumiere au monde:
Pour vous son feu s'occupe à ce metal pesant,
Par tout dedans le Louure à vos yeux re-
luysant.
Pour vous sa fantaisie en nos vergers errãte,
Forme le gris de lin, l'orangé, l'amarante,
Et sçachant que vos yeux se plaisent aux cou-
leurs,
Il vous peint son amour dãs la face des fleurs:
Que cest astre fut gay, quãd aux riues de Loire,
Il vid les mouuemẽs graues pour vostre gloire,
Sentãt que son deuoir touchoit vostre grãdeur,
Il n'esclaira iamais auecques tant d'ardeur,
Et receut comme Encens l'honorable fumee,
Que le canon donnoit à vostre renommee:

Le fleuue de son lict alors fit vn cercueil,
Qui de vos ennemys fut le sanglant accueil,
Et redoubla ses pas pour conter à Neptune,
Ce que vostre vertu fit faire à la fortune:
Neptune resiouy de vos succez heureux,
Rendit de vostre nom tous ses flots amoureux,
Et d'vn char empané fendât ses routes calmes,
Vint planter sur ses bords vne forest de palmes,
Et le Ciel glorieux d'vn si iuste bon-heur,
Auec affection fit feste à vostre honneur:
Mars n'a point faict encor vne si belle proye,
Et vante ce iour là, plus que la nuict de Troye,
Voyant vostre ieunesse en nos sanglants combats,
Dans le sein du peril rechercher ses esbats:
Que nous eusmes de peur qu'vn excez de courage
Ne vous mist au hazard d'vn general naufrage!
Benist soit ce grand Dieu, qui d'vn soin paternel
Garde à vostre genie vn bon-heur eternel:
Il a faict vil pour vous ce que la terre admire,
Et n'a pas mieux fondé le Ciel que vostre Empire.
Ce sage & grand esprit, que vostre sainct desir
Pour le salut commun nous a daigné choisir:
Ce grand Duc nous faict voir auec trop d'asseurance

Que le destin du Ciel est celuy de la France;
Que vos plus grands desseins arriuent à leur port,
Et que vous & les Dieux n'auez qu'vn mesme sort:
On dict que ce grand Siege où tous les Dieux reposent,
Et d'vn cõseil secret de nos desseins disposent,
Ce grand pourpris d'azur, d'où cent mille flambeaux
Esclattent à nos yeux si puissants & si beaux,
Eut autresfois besoin, qu'vn mortel print l'audace
De se charger du faix de sa pesante masse:
Atlas s'auantura de soustenir les Cieux,
Autrement la nature eust veu tomber les Dieux:
Ce n'est point qu'en effect la celeste machine
Se trouuast quelquesfois proche de sa ruine,
Ny que iamais vn homme à nostre sort pareil,
Ait penetré les airs, ny touché le Soleil:
Ceste fable au vray sens que la raison luy dõne,
Nous enseigne qu'Atlas eut la trempe si bõne,
Et l'esprit si hardy, qu'il osa s'esleuer
Iusqu'où mortel que luy ne pouuoit arriuer:
Il sçauoit les secrets d'Iris, & du Tonnerre,
Et cõme chaque estoille a pouuoir sur la terre.
L'Vniuers le croyoit son general appuy,

Et plusieurs Potentats se reposoient sur luy.
La nature y reprit une vertu seconde,
Le destin luy laissa la conduicte du monde,
Et les Dieux par plaisir mirent entre ses mains
L'ineuitable droict qu'ils ont sur les humains.
Grand Roy, vous auez fait un Ciel de vostre Empire;
Il eut un bon Atlas, le vostre n'est pas pire,
Et chacun voit assez qu'en sa comparaison,
Vostre amitié s'accorde auecques la raison:
Tant que vostre faueur esclaire à ses pensees,
Nos fortunes ne sont d'aucun dueil menacees:
Quoy que les factieux retrament de nouueau,
Leurs complots en naissant trouueront leur tombeau,
Et vous verrez tousiours durer à la Couronne,
La paix, qu'à vostre esprit vostre innocence donne:
Ainsi fasse le Ciel, & iamais son courroux
N'approche aucun danger, ny de luy, ny de vous.

# BALET.

## Venus aux Reynes.

*Ors que ie ſortis de la mer*
*Moins couuerte d'eau que de flãmes,*
*La beauté qui me fit aymer*
*Me deſtina Reyne des ames,*
*Et me diſt que ie cederois*
*A vos yeux qu'elle a faict mes Roys.*

*Le Soleil monſtrant ſon flambeau,*
*Par Cythere & par Amathonte,*
*Lors qu'il eut veu le mien ſi beau,*
*Il faillit à mourir de honte:*
*Mais vous emportez auiourd'huy*
*L'auantage que i'eus ſur luy.*

*L'eſtonnement qu'il eut aux Cieux,*
*Lors que ie me leuay de l'onde,*
*Ie le reſſens deuant vos yeux,*
*Qui ſont les plus beaux yeux du monde:*
*Aſtres des eſprits bien-heureux,*
*Dont mes amours ſont amoureux.*

Mes petits amours, mes appas,
Et mes graces les plus parfaictes,
Belles Reynes sont-elles pas
Aux mesmes places où vous estes ?
Ie sçay que veritablement
Vostre Cour est leur element.

Les bords de Cypre, où mon Autel
Autresfois en si belle estime
M'auoit rendu chasque mortel
Tributaire d'vne victime,
Sont deserts à cause de vous,
Qui receuez les vœux de tous.

Ces Princes qu'vn deuoir d'amour
Retenoit en ma seruitude,
Lassez d'vn si mauuais seiour,
En ont faict vne solitude,
Et rendent à vos majestez
Mon Empire & leurs libertez.

Leur cœur desgouté de mes loix,
Aussi bien que de mon visage,
Demande à captiuer des Rois
Quelque plus glorieux seruage:
Vous seules auez des liens
Plus honorables que les miens.

*Vos beautez font qu'auec raison*
*Ces Princes m'ont esté rebelles,*
*Craignez la mesme trahison,*
*Quand vous ne serez plus si belles:*
*Mais si c'est par là seulement,*
*Ils sont serfs eternellement.*

## LES NAVTONNIERS.

*LEs amours plus mignars à nos rames se lient,*
*Les Tritons à l'enuy nous viennent caresser,*
*Les vents sont moderez, les vagues s'humilient*
*Par tous les lieux de l'onde où nous voulons passer.*

*Auec nostre dessein va le cours des estoilles,*
*L'orage ne fait point blesmir nos matelots,*
*Et iamais Alcyon sans regarder nos voiles*
*Ne commit sa nichee à la mercy des flots.*

*Nostre Ocean est doux comme les eaux d'Euphrate,*
*Le Pactole & le Tage sont moins riches que luy,*
*Icy iamais nocher ne craignit le Pirate,*
*Ny d'un calme trop long ne ressentit l'ennuy.*

*Soubs vn climat heureux, loing du brun du Tonnerre,*
*Nous passons à loisir nos iours delicieux,*
*Et là iamais nostre œil ne desira la Terre,*
*Ny sans quelque desdain ne regardà les Cieux.*

*Agreables beautez pour qui l'amour souspire,*
*Esprouuez auec nous vn si ioyeux destin,*
*Et nous dirons par tout qu'vn si rare nauire*
*Ne fut iamais chargé d'vn si rare butin.*

## LES PRINCES DE CYPRE.

*LEs lieux que nous auons laissez*
*Sont beaucoup plus heureux qu'autres lieux de la terre,*
*Le desgoust de la paix, ny la peur de la guerre*
*Iamais ne les a menacez.*

*Mars arriuant à la contree,*
*Que nostre esloignement conuertit en desers,*
*Hait le fer & la flamme, & veut que les baisers*
*Fassent l'honneur de son entree.*

*Cypre ne se peut estimer,*
*Ses riuages feconds que Neptune enuironne,*
*Sont au milieu des flots la plus belle couronne*

Que porte le Roy de la mer.

Cupidon y eſt ſans malice :
Les plus grandes beautez ont le plus d'amitié ;
Là iamais vn eſprit qui manque de pitié
Ne ſçauroit manquer de ſupplice.

Les plaiſirs y ſont en vigueur,
La loy de l'Hymence aux deſirs aſſeruie
Dans le contentement de noſtre douce vie
Ne meſla iamais ſa rigueur.

Comme les Dieux en leur Empire,
De tout ce qu'il nous plaiſt nous nous rendons
eſpris;
Et pour vne beauté qui n'a que du meſpris,
Iamais noſtre ame ne ſouſpire.

Ce qu'amour faict deſſoubs les eaux,
Eſt vne loy pour nous que le Ciel meſme or-
donné,
Accordant à nos feux la liberté qu'il donne
A l'innocence des oyſeaux.

Autour de nos fontaines viues,
Toutes peintes d'azur, & des rayons du iour,
Les zephirs & les eaux parlent touſiours d'a-
mour

Aux Nymphes de ces belles riues.

Nostre Ciel est tousiours serain,
Nostre ioyeux destin n'est iamais en disgrace,
Et chez nous le Soleil ne void aucune trace
Du siecle de fer ny d'airain.

Nous n'oyons point le bruict des Syrthes,
Le plus fresle vaisseau se mocque des rochers,
Trouue le vent facile, & conduit les nochers
Iusqu'à l'ombrage de nos myrthes.

Nous ne voyons iamais pleuuoir,
Si ce n'est des rubis eschappez à l'aurore,
Que nos champs glorieux plus ennoblis encore
Daignent à peine receuoir.

Nostre sort aux Dieux admirable,
Lors qu'vn renom meilleur nous a parlé de vous,
A perdu son estime, & s'est rendu jaloux
Du vostre encor plus desirable.

Aux pieds de vostre Majesté,
Nos grandeurs mesprisant leur premiere puissance
Mettent au seul honneur de vostre obeyssance

Tout l'eſpoir qui leur eſt reſté.

Au nombre des ſubiects de France,
Auiourd'huy bien heureux nous nous venons ranger,
Et noſtre maſque oſté de ce front eſtranger
Nous oſtera la difference.

LE plus aymable iour qu'ayt iamais eu le monde,
Le plus riche prin-temps que le Soleil ayt veu,
Celuy de nos amours, d'attraits le mieux pourueu,
Ny toutes les beautez de la fille de l'onde.
Ce que donne Apollon pour embellir ſa ſœur
Aux graces de vos yeux à peine s'accompare,
Ny toutes ces fleurs d'or dont l'aurore ſe pare,
Quand elle va baiſer ſon amoureux chaſſeur.

QVi voudra penſe à des Empires,
Et auecques des vœux mutins
S'obſtine contre ſes deſtins,
Qui touſiours luy deuiennent pires:
Moy ie demande ſeulement
Du plus ſacré vœu de mon ame,
Qu'il plaiſe aux Dieux & à Madame,
Que ie bruſle eternellement.

Mon frere ie me porte bien,
La Muse n'a soucy de rien:
I'ay perdu cest humeur profane,
On me souffre au coucher du Roy,
Et Phœbus tous les iours chez moy
A des manteaux doublez de pane.

Mon ame incaue les destins,
Ie fay tous les iours des festins;
On me va tapisser ma chambre,
Tous mes iours sont des Mardi-gras,
Et ie ne bois point d'hypocras
S'il n'est faict auecques de l'ambre.

## ODE.

Heureux tandis qu'il est viuant
Celuy qui va tousiours suiuant
Le grand Maistre de la nature,
Dont il se croit la creature:
Il n'enuia iamais autruy,
Quand tous les plus heureux que luy
Se mocqueroient de sa misere;
Le rire est toute sa cholere:
Celuy là ne s'esueille point
Aussi tost que l'Aurore point,
Pour venir des soucis du monde
Importuner la terre & l'onde:

Il est tousiours plein de loisir,
La iustice est tout son plaisir,
Et permettant à son enuie
Les douceurs d'vne saincte vie,
Il borne son contentement
Par la raison tant seulement.
L'espoir du gain ne l'importune,
En son esprit est sa fortune:
L'esclat des cabinets dorez,
Où les Princes sont adorez,
Luy plaist moins que la face nuë
De la campagne ou de la nuë.
La sottise d'vn courtisan,
La fatigue d'vn artisan,
La peine qu'vn amant souspire
Luy donne esgallement à rire.
Il n'a iamais trop affecté,
Ny les biens, ny la pauureté;
Il n'est ny seruiteur, ny maistre,
Il n'est rien que ce qu'il veut estre;
Iesus-Christ est sa seule Foy,
Tels seront mes amis & moy.

# LARISSA.

ANcillabar in ædibus Romani ciuis conſeruo Græco adoleſcente quẽ infœlix marium fides à libertate patria in exoticam ſeruitutem egerat: nam quibus indiciis natura ſignat in fronte, aut genus, aut educationem, nobilitatem ſtirpis ingenuus iuuenis liberali prorſus vultu præ ſe ferebat, & quam ingenuis occupationibus ætatem incepiſſet tota vitæ ſuæ ratione monſtrabat: tam enim à ſeruilibus muniis erat alienus, vt ſi quando veru depromeret dixiſſes tenere lanceam, ſi geſtandum eſſet onus leuioribus impar erat, & viginti pondo vltra milliarium non valebat. Enitebatur tamen ad omnia, & difficillimis obſequiis facilem ſe præbebat, animumque docilem generis oblitum ſui ſeueritati ſortis obedientem fecerat. Excruciabat itaque teneros artus inexpertæ ſeruitutis iugum, & breui poſtquam ſeruire cœpit mollis & delicati corporis vires duriori victu, asperiori cultu languidę marcescunt labore, & vigiliis quibus non assueuerant minuuntur & deficiunt. Aurei capilli puta calamistris olim discriminati tunc sordidis, & intricatis nodis impexi negligebātur: frontis niueę venustas ad rugas, & squalorem prope deformata, oculi languidi, genæ diductæ, manus callosæ, macies per vniuersa membra horridulum, & eneruem ad extremam pene tabem perduxerant: animus autem in tanta ruina corporis si qua spirabat aura singultus erāt, & suspiria. Dolebam ego vicem afflicti, & de Fortunæ tam sæua varietate commiseratione illius mœsta conquerebar: tum si quando se dederat occasio hortabar ærumnosum, & sæpissime fletibus meis, lachrimosum aut solabar, aut adiuuabam; tum quæ illius erant officia præripiebam, & anxiè defungebar, imo quæcumque domi curanda erant ipsa penè sola peragebam. Neque vero illius demum obire munera, ac laboribus meis otium illi comparare, sed & proprio seruitio vltroneum eius mancipium facta socium colere, & demereri conata sum. Enimuero quātumuis nouæ conditionis fato demissa facies aliquid habebat ſublimioris genij, & quamlibet nubilo oculorum lumine fulgebat quiddam lucidioris humili, & obſcuro meo ſideri iure veluti aliquo dominantis. Eminebat itaque ex vultu planè nobili neſcio quid in nos imperij, quod meus animus haud inuitus ſequebatur: intellexit tamen benè natus iuuenis quãtum deberet humanitati meæ, & quoties beneficium accepit, puduit non potuiſſe referre, gratiaſque verecundus egit iis verbis quibus ſolet vrbanitas aulica truciorib us animis ſuppalpari: vt erat ingenium mite, placidi mores, ſermo blandus, os amabile, & planè diuiniſſimi vultus formoſa & luculenta maceria breui de miſericordia ærumnarum in amorem eius lapſa ſum. Primo quidem inoffenſum antea pectus leuiter cœpit ſauciari, necdum penitus admiſſus Cupido in ipſo mentis aditu naſcẽtibus flammis militabat; ſenſit animus orientem oculis ignem, & hoſte gauiſus ſuo vltrò ſe illi permiſit.

Ad lenocinantem huiuſmodi fabulam progrediens Lariſſa, omnium aures ad ſedulam attentionem erexerat: ſed duarum præcipuè virginum. Illæ autem inaduersione simulata, ne sermoni castis animis refugiendo inuerecundius interesse viderentur, faciem ab ore narrantis auerterant, ac iugiter oscitantes, tum conniuentibus oculis, nutanteque capite molliter in somnum tota corporis specie fluere videbantur, vt quietis desiderium ementitæ, tuto silentio indulgerent secretæ libidini, ac lasciui sermonis gratissimè blandientes illecebras mentibus prorsus experrectis, & vigilantissimis auribus hauriebant. Vibrauit etiam interim altera in conspectum loquentis curiosa lumina, sed velut improuisa & obtutu vago in somni recentis imaginibus errantia subinde recondidit. Altera spontaneo lapsu de sede sua commota, tanquam è cubili sub diluculum excitata: Hem! (ait) num illucescit rubor? tamen in parum confirmata fronte vero pudore fictæ verecundiæ latebras indicauit. Risimus, & tantillum in punicantibus virginum malis intuitu morati commentum apparuisse prodidimus. Desierat tamen à sermone Larissa, ac negans verba se vlterius habituram, quæ cuiuspiam supercilium neue per speciem irritarent, veterem nescio quam de Carmēta historiam minabatur, quum Philæsus interceptæ narrationis impatiens: Et hæ (inquit) ô Larissa, soporem tentant haud dubie, quò tui Græculi libidinosam imaginem in somnis amplexari queant: tum impetu iuuenili rugosæ vetulæ marcidas genas exosculatus: Et per tuam te Venerem obtestor (ait) noli tam grauiter nobis irasci: ac diutissime de rancido collo pendulus bellulus puer impetrauit vt pergeret, puellis vero cætera se quam pudicissimè posset absoluturum. Anus pollicita est, iussitque propius assiderent sibi: Licet (inquit) iuuenibus quotidie semel insanire. Tum his verbis tanquam data venia moribus improbis, & quiduis audiendi facta copia virgines haud grauatim morem gerunt, & applicarunt se proximè Larissæ, quæ suas expectatissimas omnibus voces sic recepit.

Sensim illapsus amor, ac de tenui principio velut in ardente segete factus validior, breui sibi per vniuersam animā viā fecit. Iam ex illo in suis primordiis oblectāte fallaci cupidine sæuior nescio quis Deus, & de triūpho captiuæ mentis ferocior in nos imperium exercere cœpit, deque hospite primo fœliciter in oculis & innocuè diuersanti sensimus incẽdiariũ, qui tepidum venis sanguinem & exustis voret ossibus medullas. Nihil hic contra, pudor! quàm gemere aut lachrimari potuit, ac quicquid de misera Larissa placeat Tyranno grauius statuere, neue ipsa voluntas ausit reluctari. Quid id est, aut quomodo dicendum haud satis scio, spõte ne an per vim subeatur amoris iugum quî iudicem? quæ subinde querelis illum atque in eodem labore mentis votis etiam prosequuta sim. O pestem, dixi, quoties sapere voluit meus furor, & humani generis pestem! cur tibi tantum de me licuit? tum repente de contumeliis in preces versa: Parce, inquam, ô potentissime Deorum Domine, insania mea est quæ te criminatur, ac siquid est in hoc corde reliquum sani, Paphium & Idalium venerata quæso Glisonem meum mihi conciliato, & quicquid ego vnquam in te patraui sceleris, feruido passerum & columbarum sanguine roseis in altaribus tuis diluetur. At verò consternatis animis, ad vltimum lethali vulnere properantibus, non iam cibus, non somnus ad leuamen placuerunt, mentemque nostram impotentissima rabie seruolo mancipatam nulla ratio liberauit. Et formosior inde meus Gliso (hoc enim erat puero nomen) & gratior loquentis sermo videri cœpit, oculisque in horas clarius nitescentibus illecebræ nouæ voluptatis accedebant : nam vbi lenta dierum medicina luctus acerbitatem mitigauit, atque animus assuetudine malorum obduruit ad dolores, enituit vultus pristino splendori restitutus tãta pulchritudine, vt Venerem referre potuisset eam quam Apelles dicitur effinxisse. Interim mihi tacito vulnere pereunti toto corpore languescunt vires; & quantum ad speciem formosi iuuenis noui decoris additum, tantum decessit meæ formæ illa ætate haud omnino pœnitendæ. Quod autem est in tormentis amantium acerbius quæ me incẽderat flãma iam adultior premebatur misero metu, quumque prouectæ libidinis ferociores essent impetus quam vt vlterius cohiberi possent, minus tamen audax erat tenellus & amorum inexpertus animus, quam vt pudoris mei pretium tanto repulsæ periculo auderet temerariæ voci committere. Itaque desperandum fuit; quippe in tabescente corpore moriens anima suam sibi sepulturam foderat ni misericordia fatorum meus amator conclamatæ propemodum vitæ meæ salutis viam aperuisset : nam vbi pertinaci morbo labefactari vidit eam, cui plurimum debere se voluit, indoles generosi genij haut potuit mœrorem inhibere, imo ne lachrimis quidem pepercit, sed recentis sui casus memor, solatiis humanitatis meæ rependit officiosam vicem.

Dies erat quem à Venere nominamus. Illo die ferè sub vesperam de reliquiis herilis mensæ cibum sumpturi simul accumbimus. Gliso iampridem à fastidio veteris tristitiæ liberior cœnam haud ita parcam cœnabat lubens, meque obtutu gemino oculis eius affixam, ac tridua inedia labilem ad cibum identidem solicitauit. Quicquid ille de me aut cerneret, aut loqueretur, videbantur amoris inuitamenta, & insanam mentem multa spe ad cupidinem adiuuabant. Quicquid ego de suis affectibus cogitassem, sui mihi videbantur oculi promittere, ac postquam amandi rabies altius in præcordiis efferuuit, aut pereundum erat, aut tandem experiundum etiam euentu dubio quorſum effrenis audaciæ primi conatus euaderent. Igitur poſtero die cœpi pudorem pueri ſolicitare, & ſecreti occaſionem nacta adorta ſum in meo lectulo meridiantem: ibi in lachrimas vberius effuſa, Gliſo, inquam, aut tua baſia, aut mea funera liceat erogare, hos oculos, & hos quos amplexor poplites obteſtor, miſerere tua cauſa pereuntis. Arriſit ſerenus amatoris vultus, & primis efflagitationibus ſtatim annuit. Quid plura? rapuit in cubile nõ recuſantem, & repentino caſu turbatam ad latus ſuum applicuit, longiſſimiſque baſiis periculoſo gaudio deficientem animauit. O diem nunquam rediturae voluptatis! nos deinceps libere clandeſtinis amoribus indulſimus. Vos dum per ætatem licet viuite, & fœliciter ductæ iuuentutis dulcia ſtamina ad canos perducite, vt recordatione grata exacta gaudia veluti repetentes querulæ ſenectutis otioſa tædia ſolemini.

# ODE
# POVR MONSIEVR LE MARQVIS DE BOQVINGANT.

VOus pour qui les rayons du iour
Sont amoureux de cet Empire,
Que Mars redoute, & que l'amour
Ne ſçauroit voir qu'il ne ſouſpire.
C'eſt bien auecques du ſubject
Qu'vn grand Roy vous a fait l'obiect
d'vne affection infinie,
Et que toutes les nations
Ont permis que voſtre genie
Forçaſt leurs inclinations.

Les faueurs que vous meritez
Ont obligé meſmes l'enuie,
D'accroiſtre vos proſperitez,
En diſant bien de voſtre vie.
Lors qu'elle veut parler de vous,
Sans artifice, & ſans courroux,

Elle se produit toute nuë,
Et ses vains desirs abatus
Fait gloire d'estre recogneuë
Pour triomphe de vos vertus.

Personne n'est fasché du bien
Dont vostre sort heureux abonde,
D'autant qu'il ne vous sert de rien
Qu'à faire du plaisir au monde.
Ainsi le celeste flambeau,
Qui me fut l'ornement le plus beau
Qu'enfanta la masse premiere,
N'a iamais eu des enuieux;
Car il n'vse de sa lumiere
Que pour en esclairer nos yeux.

Chaque saison donne ses fruicts:
L'Automne nous donne ses pommes,
L'Hyuer donne ses longues nuicts
Pour vn plus grand repos des hommes:
Le Prin-temps nous donne des fleurs,
Il donne l'ame, & les couleurs
Et la fueille qui semble morte:
Il donne la vie aux forests,
A l'autre saison nous apporte
Ce qui fait iaunir nos guerets.

La terre pour donner ses biens

Se laiſſe fouiller iuſqu'au centre ;
Et pour nous les champs Indiens
Se tirent les threſors du ventre.
L'onde enrichit de cent façons
Nos vaiſſeaux, & nos hameçons ;
Et cet element ſi barbare,
Pour ſe faire voir liberal,
Arrache de ſon ſein auare,
L'Ambre, la Perle, & le Coral.

Ce qu'on dict de ce grand threſor
Decoulant de la voix d'Alcide,
C'eſtoient vrayment des chaiſnes d'or,
Qui tenoient les eſprits en bride.
Cognoiſſant ces diuins appas
Alexandre donnoit-il pas
Tout ſon gain de paix & de guerre ?
Ce Prince auec tout ſon bon heur,
S'il n'euſt donné toute la terre,
Ne s'en fuſt iamais faict Seigneur.

Les Zephirs ſe donnent aux flots,
Les flots ſe donnent à la Lune,
Les Nauires aux Matelots,
Les Matelots à la fortune.
Tout ce que l'uniuers conçoit
Nous apporte ce qu'il reçoit
Pour rendre noſtre vie aiſee ;

L'Abeille ne prend point du Ciel
Les doux presens de la rosee,
Que pour nous en donner le miel.

Les rochers, qui sont le tableau
Des sterilitez de nature,
Afin de nous donner de l'eau,
Fendent-ils pas leur masse dure?
Les champs les plus impuissans
Nous donnent l'yuoire & l'encens;
Les desers les plus inutiles
Donnent de grands tiltres aux Roys,
Et les arbres les moins fertiles
Nous donnent de l'ombre & du bois.

Marquis, tout donne comme vous,
Vous donnez comme celuy mesme,
Dont les animaux sentent tous
La liberalité supresme.
Dieu nous donne par son amour,
Auecques les presens du iour
Mesme les traicts de son visage;
Ce monde, ouurage de ses mains,
N'est point basty pour son vsage,
Car il l'a fait pour les humains.

Que le Ciel reçoit de plaisir
Alors qu'il voit sa creature

*Viure dans vn si beau desir,*
*Et si conforme à sa nature!*
*Ie voudrois bien vous imiter;*
*Mais ne pouuant vous presenter*
*Ce que la fortune me cache,*
*Puis que tout donne en l'Vniuers,*
*Ie veux que tout le monde sçache*
*Que ie vous ay donné des vers.*

# SVR LE BALET DV ROY.

## LE FORGERON POVR LE ROY.

*Je ne suis point industrieux*
*Comme ce Forgeron des Dieux,*
*Dont les subtilitez nuisibles*
*Pour un chef-d'œuure de son art,*
*Dessoubs des filets inuisibles*
*Firent voir qu'il estoit cornard.*

*Cest infame aux creux Ætneans*
*Dessus le tombeau des Geans,*
*Enyuré de souffre & de flamme,*
*Forgeoit des armes pour autruy,*
*Cependant que Mars & sa femme*
*Faisoit des Forgerons pour luy.*

Ie suis vn Forgeron nouueau,
Qui sans enclume & sans marteau
Forge vn tonnerre à ma parole,
Et du seul regard de mes yeux,
Fais partir vn esclair qui vole,
Plus puissant que celuy des Cieux.

Les plus rebelles des humains
Subiuguez des traits de mes mains,
Ont faict esmerueiller l'Europe;
Et Vulcan auoüe aisément
De n'auoir iamais veu Cyclope
Battre le fer si rudement.

Le dard qu'amour me fait forger,
Sans desplaisir & sans danger
Penetre au fonds de la pensee,
Et la Dame qu'il veut toucher
En est si doucement blessee,
Qu'elle n'en peut hayr l'archer.

Mais les fleches de mon courroux,
Fatales qu'elles sont à tous,
Font trembler le Dieu de la guerre,
Et rien ne l'a fait habiter
Dans vn Ciel si loing de la terre,
Que le soing de les euiter.

# POVR MONSEIGNE LE DVC DE LVYNE.

## APOLLON EN THESSALIE.

*Sloigné du celeste Empire,*
*Et du siege de la clarté;*
*N'attendez point que ie souspire :*
*Car les faueurs du Roy dont ie suis arresté,*
*Font que mon destin n'est pas pire,*
*Et que i'ay plus d'honneur, & plus de liberté.*

*Au rauissement qui me reste*
*Parmy ces agreables lieux,*
*Ie croy que la maison celeste*
*Ne se doit point nõmer la demeure des Dieux,*
*Pour moy ie la iuge funeste,*
*Et ce nouueau seiour me plaist mille fois mieux.*

*Ce Prince a les vertus parfaictes,*
*Ses appas ont gaigné ma foy :*

*Iupiter faict bien les tempestes,*
*Et quoy que les mortels tremblent dessous sa loy,*
*On ne celebre point ses festes*
*Auec tant de respect qu'on sert ce ieune Roy.*

*A voir comme quoy tout succede*
*A ses desseins aduantureux,*
*Et qu'on ne sçait point de remede*
*Pour ceux que sa cholere a rendu malheureux:*
*Sa faueur à qui la possede,*
*Rend le sort à son gré propice ou rigoureux.*

## VN BERGER PROPHETE.

*E vis dans ces lieux innocens,*
*Où les esprits les plus puissans*
*Quittans leurs grandeurs souueraines,*
*Suiuent ma prophetique voix*
*Dans le silence de nos bois,*
*Et dans le bruict de nos fontaines.*

*Icy mon desir est ma loy,*
*Mon entendement est mon Roy,*
*Ie preside à mes aduantures:*

Et comme si quelqu'vn des Dieux
M'eust presté son ame & ses yeux,
Ie comprends les choses futures.

I'ay veu quand des esprits mutins
Sollicitoient nos bons destins
A quitter le soin de la France,
Et deuiné que leur mal-heur
Trouueroit dans nostre valeur
Le tombeau de leur esperance.

Ie voy qu'vn ieune Potentat
Bornera bien tost son Estat
Du plus large tour de Neptune,
Et son bonheur sans estre vain
Pourra voir auecques desdain
Les caresses de la fortune.

# APOLLON CHAMPION.

Moy de qui les rayons font les traits du tonnerre,
Et de qui l'Vniuers adore les Autels:
Moy dont les plus grands Dieux redouteroient la guerre,
Puis-ie sans deshonneur me prendre à des mortels?

I'attaque malgré moy leur orgueilleuse enuie,
Leur audace a vaincu ma nature & le sort:
Car ma vertu qui n'est que pour donner la vie,
Est auiourd'huy forcee à leur donner la mort.

I'affranchis mes Autels de ces fascheux obstacles,
Et foulant ces brigands que mes traicts vont punir,
Chacun doresnauant viendra vers mes oracles,
Et preuiendra le mal qui luy peut auenir.

C'est moy qui penetrant la dureté des arbres,
Arrache de leur cœur une sçauante voix,

Qui fais taire les vents, qui fais parler les marbres,
Et qui trace au destin la conduicte des Roys.

C'est moy dont la chaleur donne la vie aux roses,
Ie fais ressusciter les fruicts enseuelis,
Ie donne la duree & la couleur aux choses,
Et fais viure l'esclat de la blancheur des lys.

Si peu que ie m'absente, un manteau de tenebres
Tient d'une froide horreur ciel & terre couuerts,
Les vergers les plus beaux sont des obiects funebres,
Et quand mon œil est clos tout meurt en l'Vniuers.

www.ingramcontent.com/pod-product-compliance
Lightning Source LLC
LaVergne TN
LVHW010533100826
845148LV00001B/172
* 9 7 8 2 0 1 2 6 9 7 0 9 6 *